Friedrich Schweitzer

Postmoderner Lebenszyklus und Religion

Eine Herausforderung für Kirche und Theologie

Chr. Kaiser
Gütersloher
Verlagshaus

Bibliografische Information Der Deutschen Bibliothek

Die Deutsche Bibliothek verzeichnet diese Publikation in der Deutschen Nationalbibliografie; detaillierte bibliografische Daten sind im Internet über http://dnb.ddb.de abrufbar.

ISBN 3-579-05199-7

Umschlaggestaltung: Finken & Bumüller, Stuttgart, unter Verwendung der Arbeit »Sleepless Night Sitting« von Yoshitomo Nara, © beim Künstler
Satz: Druckerei Sommer, Feuchtwangen
Druck und Bindung: Těšínská Tiskárna AG, Český Těšín
Printed in Czech Republic

www.gtvh.de

Inhalt

Einleitung

Der *postmoderne Lebenszyklus* ist ein Thema, das in Kontroversen und Widersprüche führt. Es ist mit Sorge und Befürchtungen verbunden, aber auch mit Neuaufbrüchen, Hoffnungen und Sehnsüchten. Wer sich – in Pfarramt, Beratung oder Religionspädagogik – auf die Bedürfnisse heutiger Menschen beziehen sowie Unterstützung und Orientierung bieten will, kommt an diesem Thema nicht vorbei. In allen diesen Bereichen müssen die Herausforderungen eines sich wandelnden Lebenszyklus und die Erfahrung persönlicher Diskontinuität aufgenommen werden, und dies zu einer Zeit, die auf Grund ihres diskontinuierlichen Charakters selbst als »Postmoderne« bezeichnet worden ist.

Es geht aber nicht nur um professionelle Interessen und Bedürfnisse. Die Frage nach dem Lebenszyklus und seiner religiösen Dimension berührt an erster Stelle einzelne Menschen, die an verschiedenen Punkten in ihrem Leben und mit unterschiedlichen Aufgaben vor Augen über den Sinn ihres Lebens nachdenken. Das Bild eines Zyklus ist dabei attraktiv und tröstlich. Es verweist auf eine gelungene Form – eine abgerundete Gestalt, die für Ganzheit, Vollendung und Erfüllung stehen kann. Aber gibt es für das heutige Leben eine solche Form des Kreises? Ist es überhaupt noch möglich, diese Art der Ganzheit zu erreichen?

Manche Leserinnen und Leser mögen sich durch den inneren Widerspruch im Titel dieses Buches – der *postmoderne Lebenszyklus* – herausgefordert fühlen. Vielleicht nehmen sie Anstoß an diesem Titel und weisen darauf hin, daß »Postmoderne« doch bedeute, daß alles, was stabil, abgeschlossen und auf Dauer festgelegt schien, nun offen, flexibel und bereit zur Neubestimmung oder Rekonstruktion geworden sei. Liegt in der Rede vom postmodernen Lebenszyklus ein Selbstwiderspruch? Steht dahinter – was nicht viel besser wäre – eine Nostalgie, die dem Druck der Postmoderne dadurch entkommen möchte, daß man sich auf den individuellen Lebenszyklus konzentriert? Der Buchtitel kann allerdings auch aus entgegengesetzter

Perspektive gelesen werden – der Perspektive nicht von Nostalgie, sondern der Forderung nach postmoderner Verwandlung. Aus dieser zweiten Perspektive könnte der Bezug auf den postmodernen Lebenszyklus etwa bedeuten, daß wir uns an die Postmoderne anpassen sollten, indem wir die Lebensläufe, die diese uns bietet, akzeptieren und selber wahrhaft postmodern werden.

Je stärker sich mein Interesse an solchen verwirrenden Fragen im Blick auf die Beziehung zwischen Postmoderne und Lebenszyklus entzündete, desto überraschender war es für mich, daß diese Fragen in der Literatur bislang vergleichsweise wenig bearbeitet worden sind. Besonders in Praktischer Theologie und Religionspädagogik hat die zunehmend wichtige Frage nach dem Wandel des Lebenszyklus noch nicht genügend Aufmerksamkeit gefunden. Wie ich in diesem Buch zeigen möchte, ist der postmoderne Lebenszyklus jedoch in sich selbst bereits insofern ein theologisches Problem, als er auf Leitbildern, Symbolen und Erwartungen beruht, die deutlich eine religiöse Dimension aufweisen. Welche Art von Glaube oder Religion gibt dem postmodernen Lebenszyklus seine Ausrichtung? Welche religiösen Leitbilder schließt er ein, und wie sind diese Leitbilder aus der Perspektive der Theologie zu beurteilen? Was haben Theologie und Kirche in einer Situation des radikalen Wandels und der Pluriformität beizutragen?

Die erste Gelegenheit, meine Überlegungen und Forschungsergebnisse zu solchen Fragen in einen größeren Zusammenhang zu stellen, erhielt ich durch die unerwartete und ehrenvolle Einladung, am Princeton Theological Seminary die Stone-Lectures des Jahres 2000 zu halten. Gerne nahm ich diese Einladung an und hielt Vorlesungen über den »Postmodernen Lebenszyklus«. Damit war die Idee für das vorliegende Buch geboren. Zugleich faßt dieses Buch meine früheren Arbeiten mit unterschiedlichen Schwerpunkten auf Religion in verschiedenen Stufen des Lebenszyklus zusammen – Kindheit, Jugend- und Erwachsenenalter.

Der Anstoß für dieses Buch kam auch in weiteren Hinsichten aus den Vereinigten Staaten, wo ich zunächst an der Harvard Divinity School und später am Center of Theological Inquiry in Princeton dem Thema des Buches begegnet bin. Zugleich steht das Buch aber auch in einem deutlichen Zusammenhang meiner auf Religion in der Lebensgeschichte bezogenen Arbeit in Deutschland. Vielleicht können diese Entstehungszusammenhänge selbst als gewissermaßen postmodern angesprochen werden. Auf jeden Fall entsprechen sie einer neuen internationalen und dialogischen Praktischen Theologie, die sich nicht mehr auf einen einzigen nationalen Kontext beschränken kann. Immer häufiger stehen wir vor Herausforderungen, die nicht auf ein bestimmtes Land oder auf nur einen geographischen Kontext begrenzt sind. Am deutlichsten ist dies wohl bei der Globalisierung, aber auch die Postmoderne ist eine internationale Erscheinung. Deshalb kann ich hoffen, daß der Versuch, nordamerikanische und europäische Perspektiven dialogisch miteinander zu verbinden, auch dazu beitragen kann, die Herausforderungen des postmodernen Lebenszyklus zu entziffern. Das Buch erscheint in parallelen Ausgaben in den Vereinigten Staaten und in Deutschland – wobei die deutsche Ausgabe nicht einfach eine wörtliche Übersetzung bietet, sondern eine eigene Bearbeitung für Leserinnen und Leser in Deutschland, die allerdings nach wie vor etwas von dem amerikanischen Entstehungszusammenhang erkennen lassen sollte.

Das Buch besitzt im übrigen eher den Charakter eines Essays, der sich nicht in erster Linie an eine im engeren Sinne wissenschaftliche Leserschaft wendet. Meine Überlegungen und Analysen basieren zwar auf wissenschaftlicher Forschung, aber ich habe mich durchweg darum bemüht, die Darstellung für Leserinnen und Leser über die Universität hinaus und auch über die in Gemeinde und Schule professionell Tätigen hinaus zugänglich zu machen. In diesem Sinne verfolge ich das Anliegen einer öffentlichen Theologie, die sich nicht nur Fragen von öffentlichem Interesse zuwendet, sondern auch nach öffentlich zugänglichen Darstellungsformen sucht. Aus diesem Grunde habe ich auch die Anmerkungen und Literaturverweise stark beschränkt. Am wichtigsten ist mir jedoch, Kirche und Theologie auf die weitreichenden Herausforderungen, die der postmoderne Lebenszyklus für deren Arbeit einschließt, aufmerksam zu machen sowie Konsequenzen und Perspektiven für die Praxis zu entwickeln.

Viele Anregungen, die in dieses Buch eingegangen sind, verdanke ich dem Kollegium und den Studierenden des Princeton Theological Seminary. Darüber hinaus gilt mein besonderer Dank drei amerikanischen Kollegen, deren Freundschaft für dieses Buch besonders wichtig war – Richard Osmer vom Princeton Theological Seminary, Don S. Browning von der Chicago University und James W. Fowler von der Emory University. Ihre Veröffentlichungen haben mehr zu meinen Überlegungen beigetragen, als ich in Anmerkungen deutlich machen kann.[1] Ohne die gemeinsame Bemühung um internationale Kooperation in der Praktischen Theologie wäre dieses Buch nicht geschrieben worden.[2] Darüber hinaus haben mich die ersten Leserinnen dieses Buches mit wichtigen Rückfragen begleitet, zunächst meine Frau, Marianne Martin, und später dann als studentische Mitarbeiterin Meike Huber, der ich auch für die stilistische Betreuung der Übersetzung sehr zu Dank verpflichtet bin. Und nicht zuletzt: Dies ist das letzte meiner Bücher, das Heidrun Schmid als Sekretärin mit enormer Geduld und Sorgfalt im Manuskript erstellt hat. Ihr möchte ich es deshalb widmen.

Tübingen, im Frühjahr 2003 *Friedrich Schweitzer*

Kapitel 1
Religiöse Anforderungen des postmodernen Lebens: Herausforderungen für die Praktische Theologie

Als die »Postmoderne« vor etwa 20 Jahren ins Gespräch kam, war dies häufig mit der inzwischen weithin bekanntgewordenen Vorhersage von Jean-François Lyotard verbunden, daß alle »Großerzählungen« an ihr Ende gekommen seien.[1] Die Interpreten der Postmoderne vertreten die Auffassung, daß sämtliche Versuche, Gesellschaft, Geschichte, menschliches Verhalten oder den Sinn des Lebens umfassend zu beschreiben oder zu erklären, in sich zusammengebrochen seien. Die Postmoderne galt und gilt als eine Zeit, in der alles flüssig und flexibel wird – pluriform und kontingent, schnellebig und vergänglich.

Und noch mehr: Es scheint keine Deutungen oder gar Systeme mehr zu geben, welche die zunehmende Vielfalt menschlicher Erfahrungen zusammenhalten könnten. Alles erscheint als eine Frage der Perspektive, die man einnimmt oder in deren Interesse man sprechen möchte. Die Postmoderne ist eine Zeit vieler Geschichten und zahlreicher unterschiedlicher Stimmen – Stimmen verschiedener Altersgruppen, unterschiedlicher Ethnien, von Frauen und Männern, um nur einige der vielen möglichen Perspektiven zu nennen.

Was ist das für eine Zeit für Theologie und Kirche? Ist es eine Zeit für hoffnungsvolle Neuanfänge, oder ist es eine Zeit ständig zunehmender Schwierigkeiten? Wenn wir Pfarrerinnen und Pfarrern, Lehrerinnen und Lehrern oder den in Beratung, Religionspädagogik und Jugendarbeit Tätigen zuhören, erfahren wir von Sorge und Betroffenheit. Wie steht es um den christlichen Glauben, wenn es für die großen Erzählungen, die unser Leben leiten können, keinen Raum mehr gibt? Wie sollen Kinder und Jugendliche für sich einen Weg finden, wenn alles pluriform und kontingent ist? Gibt es noch Kriterien für verantwortliches Erwachsensein? Und kann die Theologie mit Menschen, deren Biographien immer weniger Gemeinsamkeiten aufweisen, überhaupt noch erfolgreich kommunizieren?

Nicht zu übersehen sind aber auch diejenigen, die sich freudig der heraufziehenden Postmoderne öffnen, auch im Bereich von Theologie, Pfarramt und Erziehung. Für sie stellt die Postmoderne keine Bedrohung des christlichen Glaubens dar. Ihrem Verständnis zufolge eröffnet die Postmoderne vielmehr neue Möglichkeiten für all diejenigen, die unter dem Einfluß der Moderne zum Schweigen gebracht und unterdrückt waren und die es jetzt – endlich – wagen, sich Gehör zu verschaffen: Frauen, Minderheiten, machtlose Menschen. In dieser Sicht schließt das Ende der Großerzählungen die Möglichkeit des christlichen Glaubens keineswegs aus. Im Gegenteil: Dieser Einschätzung gemäß können die vielen Geschichten, die dem Glauben Ausdruck verleihen, nur dort zum Tragen kommen, wo die modernen Großerzählungen von Naturwissenschaft und Ökonomie ihre unbestrittene Vorherrschaft verloren haben. So gesehen bedeutet die »Postmoderne« Befreiung, nämlich Freiheit für das Evangelium und ebenso Freiheit für die Menschen, die ihm in ihrem Leben und durch die Gestaltung der Gemeinschaften, in denen sie leben, Form geben wollen.

Eine Zeit der Hoffnung also, aber auch des Zweifels und der Hoffnungslosigkeit – die Postmoderne hat viele Gesichter. In diesem Buch werden nicht alle von ihnen zur Sprache kommen. Es sind zu viele Aspekte mit im Spiel, als daß ein einzelnes Buch noch eine erschöpfende Behandlung für sich in Anspruch nehmen könnte. Gleichwohl will ich versuchen, die Bedeutung der Postmoderne für die Theologie klarer zu fassen und vor allem aufzuzeigen, wie Theologie und Kirche von ihren spezifischen Möglichkeiten her die postmodernen Herausforderungen kritisch und konstruktiv aufnehmen können.

Mein Schwerpunkt soll durchweg auf dem Lebenszyklus liegen – auf dem Lebenszyklus in seinem Wandel von Moderne und Postmoderne. Dabei ist freilich nicht ohne weiteres klar, wie der postmoderne Lebenszyklus zu definieren oder zu beschreiben ist. Manche zweifeln sogar daran, daß es so etwas wie einen postmodernen Lebenszyklus überhaupt gibt. Unsere erste Aufgabe besteht deshalb darin, ein zumindest vorläufiges Verständnis dessen zu gewinnen, was mit dem »postmodernen Lebenszyklus« gemeint ist.

1. Die Veränderlichkeit des menschlichen Lebenszyklus: Bilder aus dem Familienleben

Bei meinen Vorlesungen und Vorträgen stellen Fotographien verschiedener Familiensituationen, die zu verschiedenen Zeiten im 20. Jahrhundert aufgenommen wurden, oft eine wichtige Hilfe dafür dar, ein erstes Verständnis vom Wandel des Familienlebens zu gewinnen. Solche Bilder fangen für gewöhnlich Szenen aus dem Alltagsleben ein, aus dem Bereich der Arbeit ebenso wie dem der Freizeit. Zum Teil erinnern sie uns an unsere eigene Kindheit, zum Teil verweisen sie uns auf die Geschichten, die uns unsere Eltern oder Großeltern erzählt haben. Auf jeden Fall aber macht solches Bildmaterial, wie es in den Fotoalben vieler Familien zu finden ist, sofort klar, daß der menschliche Lebenszyklus keineswegs eine Konstante oder eine anthropologische Gegebenheit jenseits allen Wandels sein kann.

Bilder dieser Art sehen in verschiedenen Ländern verschieden aus. Die Häuser sind anders, die Autos sind anders, auch die Kleidung, die Sitten usw. Was alle diese Bilder gemeinsam haben ist jedoch, daß sie deutlich belegen, in welch hohem Maße sich die Welt für die Familie im Laufe der letzten 100 Jahre verändert hat.

Wer dies bezweifelt, mag das eigene Familien-Fotoalbum im Bücherregal des Wohnzimmers zu Rate ziehen. Ich selbst denke vor allem an drei verschiedene Szenen, die in einer Studie über die Modernisierung von Kindheit und Familie wiedergegeben sind.[2] Die drei Szenen umfassen einen Zeitraum von 60 Jahren. Sie kommen aus den 30er, den 50er und den 90er Jahren des 20. Jahrhunderts.

Die erste Szene zeigt eine Familie in den 30er Jahren. Auf dem Bild sind zehn Menschen zu sehen, Männer und Frauen, Kinder und Erwachsene. Sie gehören eindeutig zu drei verschiedenen Generationen. Zweierlei beschäftigt sie gemeinsam. Sie unterbrechen die Erntearbeit auf dem Feld mit einer Pause, und sie halten gemeinsam eine Mahlzeit, die aus einfachen Broten und einem Getränk aus einem einfachen Krug besteht.

Den Betrachter läßt diese Szene keineswegs unberührt. Die ganze Situation ist in hohem Maße ansprechend, sie strahlt Frieden aus und auch eine gewisse Dankbarkeit. Die Menschen sind gerne beisammen. Sie sind vielleicht nicht sehr reich, aber sie haben offenbar alles, was sie brauchen. Sie sind zufrieden.

Den Hintergrund des Bildes stellt eine bäuerliche Gesellschaft dar. Das Familienleben – hier die gemeinsame Mahlzeit auf dem Feld – ist mit der Arbeit verbunden. Die Menschen arbeiten zusammen und sie essen zusammen, alles geschieht mehr oder weniger am selben Ort. Es gibt keine täglich zu bewältigenden langen Anfahrten zur Arbeit. Die drei Generationen sind im Alltag gegenwärtig. Und noch mehr: Sie alle nehmen aktiv an der gemeinsamen Aufgabe teil, die Felder zu bestellen.

*

Die zweite Szene kommt aus den 50er Jahren. Im Zentrum des Bildes ist ein Auto zu sehen, ein kleines einfaches Auto. Heute mag ein solches Fahrzeug nicht einmal mehr Gefühle der Nostalgie auslösen, aber das Auto auf dem Bild ist deutlich mehr als ein Auto. Tatsächlich war ein solches Auto für viele Menschen in vielen Ländern ein hochbedeutsames Symbol. Es stand für persönlichen Erfolg und für individuelle Mobilität. Für die Familie hat das Auto auf dem Bild sogar noch weitere Implikationen. Die Anzahl von Sitzplätzen, die in diesem Fahrzeug zur Verfügung stand, bestimmte gleichsam die ideale Größe der Familie: zwei Erwachsene und maximal zwei oder drei Kinder – eine begrenzte Familiengröße, die es auch zuließ, sich einen Urlaub mit dem Auto in den Bergen oder am Meer leisten zu können. Wenn die Großeltern kein eigenes Auto besaßen, konnten sie nicht mitkommen. Es ist kein Zufall, daß die älteste Generation bei dieser Szene fehlt.

Diese Szenerie steht für die Erfahrung verbesserter Lebensbedingungen in den Nachkriegsjahrzehnten. Zu dieser Zeit wurde die sogenannte Kernfamilie mit ihrer Beschränkung auf zwei Generationen (Eltern und Kinder) zunehmend zur vorherrschenden Form des Familienlebens. In vielen Fällen war das Zuhause nicht mehr der Arbeitsplatz. Zur Mobilität gehörten nun längere Anfahrten zur Arbeit, die ihrerseits durch die Verfügbarkeit von Autos ermöglicht wurden.

*

Mit der dritten Szene sind wir in den frühen 90er Jahren angekommen, unserer unmittelbaren Vergangenheit und beinahe Gegenwart. Das Bild zeigt, wie die Versprechungen der 50er Jahre in den Vorstäd-

ten zur Blüte gekommen sind. Das einfache Auto der 50er Jahre ist durch ein weit anspruchsvolleres Fahrzeug ersetzt worden, das keineswegs allein ein Transportmittel und auch nicht mehr bloß ein Symbol persönlichen Erfolgs darstellt. Dieses Auto erscheint vielmehr als eine Art Spielzeug, das für den neuen Wohlstand vieler Mittelklassefamilien jener Zeit steht. Jetzt muß die Familie auch nicht mehr in die Berge gehen, um das Leben zu genießen – sie kann es im eigenen Garten tun, der sich seinerseits in ein fast perfektes Stück Rasen verwandelt hat. Und wieder ist die Familie kleiner geworden. Bezahlte Arbeit und Familienleben sind klar voneinander getrennt, wobei die Trennung nun häufig beide Elternteile betrifft. Bestenfalls ein Elternteil ist übrig, um mit den Kindern zu spielen. Die ältere Generation der Großeltern ist nicht mehr zu sehen, sie wohnt auch nicht mehr im Haus der Familie. Wahrscheinlich leben die Großeltern irgendwo anders, möglicherweise weit weg. Zumindest teilen sie weder ihre Arbeit noch ihren Alltag mit ihren Kindern und Enkelkindern.

Es lohnt sich, darüber nachzudenken, welche Szene aus dem Familienleben der Gegenwart wir selbst wohl auswählen würden, um unsere Situation damit einzufangen. Welche Art von Fotographie könnte für die Postmoderne stehen? Es fällt uns offenbar leichter, auf frühere Zeiten zurückzuschauen und zu erkennen, wie weit entfernt uns diese Zeiten erscheinen – die Ruhe und Beschaulichkeit der Landwirtschaft in den 30er Jahren, aber auch die Zeit der 50er oder sogar die der 90er Jahre. So können wir entweder warten, bis uns die Zukunft ein Bild davon geben wird, wer wir am Anfang des neuen Jahrhunderts waren, oder wir können jeweils für uns selbst unsere eigenen Beobachtungen und Vorstellungen vom postmodernen Lebenszyklus einsetzen. Man könnte auch an das Titelbild des vorliegenden Buches denken: Die Bilder des japanischen Künstlers Yoshitomo Nara werden häufig als Ausdruck eines postmodernen Lebensgefühls gedeutet. Ich selbst belasse es vorerst bei einem Fragezeichen, das uns an die offene Frage erinnern kann, wie der postmoderne Lebenszyklus zu beschreiben wäre. Am Ende des Buches wird sich diese Frage leichter beantworten lassen.

An dieser Stelle ist es aber hilfreich sich klarzumachen, was die verschiedenen Formen der Erfahrung von Familie für den einzelnen

Menschen auf dem Weg durch den Lebenszyklus bedeuten. Die erste Szene verweist auf einen Lebenszyklus, der in vieler Hinsicht von Geburt an vorherbestimmt ist. In den meisten Fällen durchläuft ein Mensch hier sein Leben, indem er nach und nach die Positionen einnimmt, die vor ihm andere Familienmitglieder ausgefüllt haben – die Position von Mutter oder Vater, Arbeit auf dem Feld, Arbeit im Haus usw. Mit ihrer Generationenfolge bestimmte die Familie in vieler Hinsicht den Lebenslauf, und dabei waren nur wenige Entscheidungen zu treffen. Die eigene Zukunft sah aus wie die Vergangenheit der Familie. In der Industriegesellschaft hingegen kommt diese Kontinuität von Vergangenheit und Zukunft unter Druck. Der Weg durch den Lebenszyklus wird nun zu einem Streben nach Erfolg, der – wenn irgend möglich – den Lebenserfolg der Eltern eines Mannes (und manchmal auch einer Frau) übertreffen sollte. Erfolge gibt es nun in Bildung und Ausbildung, aber das eigentliche Maß liegt im Erfolg des Arbeitslebens, wie es durch Status und Einkommen bestimmt wird. Für den einzelnen werden jetzt Entscheidungen wichtiger, aber größtenteils geht es dabei um Entscheidungen zwischen klar bestimmten Alternativen, beispielsweise zwischen verschiedenen Arten von Bildung oder Arbeit. Wahrscheinlich unterscheidet sich die Erfahrung der einzelnen Person auf ihrem Weg durch den Lebenszyklus heute in dieser Hinsicht am stärksten von früheren Zeiten. Die Entscheidungsmöglichkeiten haben sich vervielfältigt, und die Alternativen liegen nicht mehr fest. Darüber hinaus ist auch nicht mehr abzusehen, welche Konsequenzen solche Entscheidungen auf lange Sicht haben werden. Die Vergangenheit der eigenen Familie kann kaum mehr als Leitlinie für die Zukunft dienen, und die Gesellschaft verspricht keine klar definierten langfristigen Berufsperspektiven mehr.

Kommen wir zurück zu der Frage eines vorläufigen Verständnisses der Unterschiede zwischen dem modernen und dem postmodernen Lebenszyklus. Was können wir den Bildern oder Szenen aus dem Familienleben im Blick auf den Lebenszyklus entnehmen? Drei Aspekte erscheinen besonders wichtig:

(1) Zunächst hat sich die Gestalt des Alltagslebens über die Generationen der letzten 50 oder 60 Jahre hinweg deutlich gewandelt. Die

routinemäßigen Abläufe, in die das Alltagsleben eingebettet ist, haben sich selbst innerhalb der Familie in fast jeder Hinsicht gewandelt. Die Zahl der Menschen, die daran beteiligt sind, ist geringer geworden. Der Charakter des Familienlebens selbst wurde durch die Verlagerung der bezahlten Arbeit weg vom Haus und hinein in davon abgetrennte Institutionen von Industrie und Handel stark verändert. In der Folge mußte auch die zeitliche Ordnung des Alltagslebens eine andere Gestalt annehmen usw. In allen diesen Hinsichten unterlag der Lebenszyklus einem radikalen Wandel. Um es allgemeiner zu formulieren: Der Lebenszyklus ist offenbar keine anthropologische Vorgabe, die sich niemals wandeln könnte. Das Leben in unserer eigenen Gegenwart macht uns vielmehr bewußt, wie wandelbar der Lebenszyklus tatsächlich ist oder wie wandelbar er zumindest geworden ist.

Eine erste Orientierung für das Nachdenken über den Lebenszyklus kann die dreifache Unterscheidung zwischen *vormodernen*, *modernen* und *postmodernen* Erfahrungen geben. In einer traditionellen, landwirtschaftlich geprägten Lebenssituation vollzieht sich der Alltag des einzelnen in integrierten Formen des gemeinsamen Lebens und Arbeitens von drei oder mehr Generationen. Dabei durchschreitet der einzelne ganz natürlich und automatisch einen Lebenszyklus, der größtenteils schon durch die Geburt in eine bestimmte Familie vorherbestimmt ist. Wenn die Kinder auf ihre Eltern und Großeltern sehen, können sie erkennen, wie ihr eigenes Leben sein wird, wenn sie selbst das entsprechende Alter erreichen. Wie bereits gesagt, herrscht zwischen Vergangenheit und Zukunft große Kontinuität. Angesichts des vorindustriellen Hintergrunds dieser Lebensform und Gesellschaft spreche ich hier vom *vormodernen Lebenszyklus*.

Die Bezeichnung als »vormodern« ist natürlich nicht sehr genau. Im wörtlichen Sinne bezeichnet sie alles »vor der Moderne«, sozusagen von der Steinzeit bis zum Mittelalter. Es wäre gewiß irreführend, wollte man annehmen, daß der menschliche Lebenszyklus über alle diese unterschiedlichen Zeiten hinweg einfach gleichgeblieben wäre. Wenn ich vom »vormodernen Lebenszyklus« spreche, meine ich daher etwas anderes. Es geht mir nicht um romantische Annahmen hinsichtlich des Lebens in früheren Perioden der Geschichte oder der angeblichen Stabilität des Lebenszyklus in früherer Zeit. Statt dessen suche ich nach einer Vergleichsmöglichkeit, die durch den Kontrast eine genauere Wahrnehmung des gegenwärtigen Wandels des Lebenszyklus erlaubt. Deshalb müssen wir weiter fragen: Was geschieht mit dem Lebenszyklus, wenn die landwirtschaftliche Prägung der Gesellschaft nachläßt?

Auch ohne auf Details einzugehen, ist eines offensichtlich: Mit dem zunehmenden Einfluß der Industrialisierung und der bezahlten Arbeit außerhalb der Familie wird der Lebenszyklus für den einzelnen zu einer weit anspruchsvolleren Aufgabe. Das Familienleben wird von der Arbeit abgetrennt, die Familien werden kleiner und verlieren an Stabilität. Darüber hinaus verändert sich der Lebenszyklus und wird zur Karriere[3] – einer Karriere, deren Maß größtenteils der wirtschaftliche und soziale Erfolg des einzelnen darstellt. In diesem Sinne sind wachsender Erfolg und persönliche Leistung die bezeichnenden Ideale des *modernen Lebenszyklus*.

Wiederum muß zugegeben werden, daß die Bezeichnung »Karriere« nur eine sehr vorläufige Beschreibung für den modernen Lebenszyklus abgibt. Wie ich in den nachfolgenden Kapiteln zeigen möchte, ist es zugleich eine sehr einseitige, widersprüchliche und sogar ideologische Sicht des Lebenszyklus. Der enorme Einfluß, den die Vorstellung des Karrieremachens oder das Gefühl, die Chance auf eine erfolgreiche Karriere versäumt zu haben, auf das moderne Leben ausgeübt hat, läßt sich jedoch schwerlich bezweifeln. In dieser Sicht soll die Familie, in die hinein ein Kind geboren wird, den Verlauf des Lebenszyklus gerade nicht bestimmen. Das Vorbild der Eltern und Großeltern soll die eigene Zukunft nicht mehr prägen. Die moderne Gesellschaft verspricht allen, die sie nutzen können, eine Vielfalt neuer Chancen.

Gegen Ende des 20. Jahrhunderts sind nun freilich weitere Entwicklungen in den Blick gekommen, die sich noch nicht ohne weiteres abschließend beschreiben lassen. Manche Beobachter sprechen von einem neuen Typus von Biographie in dem Sinne, daß sich das Leben in ein individuelles Projekt verwandelt habe und zu einer Frage persönlicher Wahl geworden sei.[4] Andere sind skeptischer und bezweifeln, daß es wirklich einen postmodernen Lebenszyklus gibt. Ihrem Urteil zufolge haben wir es eher mit einer weiteren Erstreckung der Moderne zu tun.[5] In diesem Anfangskapitel möchte ich diese Frage gerne offen halten. Zu Beginn dieser Untersuchung genügt es zu sagen, daß als *postmoderner Lebenszyklus* das angesprochen werden soll, was zum Tragen kommt, nachdem das Modell des Lebenszyklus als Karriere zumindest einen Teil seines Einflusses und seiner Überzeugungskraft verloren hat. Dieses vorläufige Verständnis reicht aus, um uns in weitere Untersuchungen der Veränderungen, denen wir in der Gegenwart begegnen, hineinzuführen.

(2) Zu den oben beschriebenen Szenen aus dem Familienleben ist noch mehr zu sagen. Die Bilder, auf denen meine Beschreibung beruht, sind nicht einfach Bilder der Wirklichkeit. Dies trifft zu, obwohl es Fotographien sind. Familienbilder, wie sie sich in Familienalben finden, sind häufig höchst künstlich und zugleich voller Symbolkraft. Oft sind es nicht einfach Schnappschüsse, die zufällig aufgenommen wurden, und auf jeden Fall sind sie nicht das Ergebnis wirklichkeitsgetreuer Dokumentation. In früherer Zeit wurden solche Bilder erst nach einem längeren Prozedere aufgenommen, um die Menschen im Bild richtig zu plazieren, wobei sorgsam darauf geachtet wurde, wer im Bild sein sollte und vor welchem Hintergrund, mit welchen zusätzlichen Objekten wie Häusern, Autos, Bäumen, Bergen usw. Und nicht jedes Bild wurde durch Aufnahme ins Album oder durch einen Bilderrahmen geehrt.

Deshalb dürfen solche Bilder nicht mit der *Wirklichkeit* des Familienlebens verwechselt werden. Diese Bilder versuchen vielmehr, bestimmte *Ideale* einzufangen – Ideale dessen, was die Familie sein soll, in den Augen des Fotographen oder gemäß der Auffassung der Menschen, die diese Bilder aufbewahren.

Folglich sind die Szenen des Familienlebens, die oben beschrieben wurden, nicht wirklich dokumentarisch. Sie belegen nicht, wie die Familie vor 20, 30 oder 50 Jahren wirklich war. Sie können uns jedoch etwas darüber mitteilen, wie die Familie zu jener Zeit sein sollte, zumindest innerhalb der herkömmlichen Mittelklasse. Der ideale Charakter solcher Bilder und Szenen erklärt auch, warum bestimmte Realitäten des Familienlebens in den offiziellen Fotographien fehlen. Dies ist vielleicht am leichtesten bei der Szene aus dem späten 20. Jahrhundert zu erkennen. Die Familie, die ihr Leben in der Vorstadt genießt, ist ja nur die eine Seite. Auf der anderen Seite steht beispielsweise die Situation einer alleinerziehenden Mutter, die ihre Ausbildung abzuschließen versucht – mit dem Baby auf dem Schoß. Mit großer Wahrscheinlichkeit fehlen dieser Frau schon die Ressourcen, um im vollen Sinne an der Welt materieller Genüsse zu partizipieren, und ihr dicht gedrängter Zeitplan läßt ihr nur wenig Raum, um mit dem Spielzeug des postmodernen Lebens zu spielen.

Dem *Ideal* stehen also zahlreiche *Realitäten des Lebens* gegenüber. Und ganz offenbar stimmen Ideal und Realität nicht überein. Zugleich ist wichtig, sich klarzumachen, daß der ideale Lebenszyklus und der reale Lebenszyklus nicht einfach auseinanderklaffen, sondern daß das Idealmodell auch einen Einfluß auf die Wirklichkeit des Lebenszyklus ausübt – indem es die öffentliche Meinung bestimmt, persönliche Ziele beeinflußt, der Politik ihre Gestalt gibt und zudem all das unterdrückt, was nicht zum Ideal paßt. Aus diesem Grunde reicht es nicht aus, den Lebenszyklus bloß empirisch zu untersuchen. Auch die idealen Vorstellungen und Beschreibungen des Lebenszyklus müssen beachtet werden. Daher werde ich im folgenden einen Schwerpunkt auf die Vorstellungen und Ideale legen, die sich in der Kultur der Gegenwart mit dem Lebenszyklus verbinden.

Der Einbezug von Idealvorstellungen und ihrer Beziehung zu den Realitäten des Lebenszyklus ist auch durch das Interesse an der Postmoderne motiviert. Manche gehen davon aus, daß die Postmoderne besonders im Blick auf solche Modellvorstellungen verändernd wirksam ist: Wenn die Postmoderne beispielsweise das Ende aller klar definierten Modelle der Familie bedeutet – manche Soziologen sprechen sogar von der »postfamilialen Familie«[6] –, schließt dies dann auch das Ende aller einheitlichen Vorstellungen vom Lebenszyklus ein? Kann man überhaupt noch von einem »Zyklus« sprechen, wenn alles nur noch im Fluß ist – rückwärts und vorwärts, zur Seite genauso wie nach unten und oben, aber niemals so, daß eine ideale, in sich abgerundete Figur oder Gestalt vollendet wird? Dies wird eine weitere zentrale Frage sein, auf die wir im folgenden eingehen müssen.

(3) Der dritte Aspekt, auf den ich mit den oben beschriebenen Szenen aus dem Familienleben aufmerksam machen möchte, ist in der Diskussion über den Lebenszyklus häufig übersehen worden. Die Szenen aus dem Familienleben weisen nicht nur einen idealen und deshalb symbolischen Charakter auf – sie schließen deutlich auch eine *religiöse Dimension* ein. Sie zeigen an, ja, sie schreiben sogar vor, wie das Leben des einzelnen ein Ganzes werden soll, wie es eine perfekte und in sich abgeschlossene Gestalt erreichen kann. Daher sind es Bilder davon, wie das Leben als sinnvoll erfahren werden kann. Mit dieser Beobachtung erreichen wir einen Punkt, an dem die *Theologie* einbezogen werden muß. Eine theologische Analyse ist jedenfalls dann notwendig, wenn wir mit den Vorstellungen vom sinnvollen Leben zu Rande kommen wollen – nicht nur im Sinne der Übernahme eines bestimmten Glaubens, sondern einer kritischen Auseinandersetzung mit den Idealbildern des Lebens, wie sie beispielsweise die Medien anbieten. Viele Menschen mußten in den Zusammenhängen ihres Lebens oder ihrer Arbeit lernen, daß die Vorstellungen von einem sinnerfüllten Lebenszyklus keineswegs immer so harmlos sind, wie sie auf den ersten Blick erscheinen. Im Gegenteil: Idealbilder des menschlichen Lebens haben schon immer Opfer erzeugt – beispielsweise indem sie all jene abwerten, deren Leben dem Idealbild nicht entspricht und deren Leben dann sinn- und wertlos erscheint. Und dies gilt natürlich um so mehr, wenn der Sinn, der dem Lebenszyklus zugesprochen wird, einen letzten oder religiösen Charakter besitzt. In diesem Falle ist auch das Fehlen von Sinn von letzter Bedeutung. Daher ist die religiöse Dimension des Lebenszyklus von besonderem Gewicht und verdient besondere Beachtung, nicht nur in der Theologie, sondern bei allen, die sich für die mit dem Lebenszyklus verbundenen Erfahrungen interessieren.

Weiterhin ist leicht einzusehen, warum Veränderungen des Lebenszyklus auch aus inneren Gründen ein Thema für die christliche Theologie sind oder zumindest sein sollten. Vielfach betreffen solche Veränderungen ja nicht nur die Ebene der alltäglichen Routinen, sondern berühren auch die Sinnstrukturen, die mit dem Lebenszyklus verbunden sind – die Vorstellungen von Ganzheit und Vollendung. An dieser Stelle möchte ich lediglich einige Fragen nennen, um auf diese Weise zu verdeutlichen, wie eine theologische Perspektive am Prozeß der Interpretation verschiedener Erfahrungen des Lebenszyklus beteiligt sein kann: Wie z. B. ist das Verhältnis zwischen den Vorstellungen von Ganzheit und Vollendung, die in der Gesellschaft wirksam sind, und einem theologischen Verständnis von Ganzheit und Vollendung? Lassen diese Vorstellungen zu, daß Menschen wirklich menschlich sind, oder verleiten sie zur Selbstvergötterung und führen so zu einer Lähmung? Welche Leitbilder oder Ideale sind hilfreich und lebensförderlich, welche hingegen nicht? Und wie können wir verhindern, daß wir leeren Versprechungen aufsitzen und auf Wege gelockt werden, die sich als Sackgassen erweisen?

Solche Fragen zeigen an, daß die Theologie im Verhältnis zum postmodernen Lebenszyklus eine öffentliche Rolle spielen könnte – jedenfalls eine Rolle, die für Kultur und Gesellschaft im ganzen bedeutsam ist. Zugleich steht jeder Versuch, sich unter postmodernen Voraussetzungen auf die christliche Theologie zu beziehen, vor den Herausforderungen des religiösen Lebens in der Postmoderne. Viele Beobachter nehmen an, daß die Postmoderne die Religion nicht weniger tangiert als das individuelle Leben. Deshalb müssen wir uns jetzt der religiösen Landschaft der Postmoderne zuwenden.

2. Signaturen des religiösen Lebens heute

Inzwischen ist schon häufiger festgestellt worden, daß das religiöse Leben der Gegenwart sich an erster Stelle anders darstellt, als es die Propheten der Moderne erwartet haben. Vor noch nicht allzu langer Zeit waren sich Sozialwissenschaftler und Theologen darin einig, daß sich die Religion auf dem Rückzug befinde, weil sie mehr und mehr einem übermächtigen und umfassenden Säkularisierungsprozeß weichen müsse. So wurde erwartet, daß religiöse Weltbilder in zunehmendem Maße von naturwissenschaftlichen und rationalen Sichtweisen abgelöst und daß persönliche religiöse Überzeugungen nur noch einen minimalen Einfluß auf das Leben haben würden.

Zwei weltweit beachtete Bücher des Harvard-Theologen Harvey

Cox stehen symbolisch für den Wandel der Erwartungen. 1965 veröffentlichte Cox seinen Bestseller »Stadt ohne Gott?«, in dem er den Einfluß des säkularen Lebens in der Großstadt beschreibt und eine Zukunft ohne Religion erwartet.[7] Etwa dreißig Jahre später, im Jahre 1984, veröffentlichte er gleichsam als Fortsetzung ein Buch über »Religion in der Stadt ohne Gott«, in dem er die unerwartete Wiederkehr von Religion beschreibt.[8] In diesem zweiten Buch verweist Cox auf neue vitale Formen von Religion, die erst nach den 60er Jahren aufgetreten sind, beispielsweise den Fundamentalismus auf der einen und die Befreiungstheologie auf der anderen Seite. In dieser Sicht ist Religion so lebendig wie eh und je, auch wenn sie sich heute anders darstellt als in der Vergangenheit. Darüber hinaus macht dieses Buch die Relativität all jener Prophezeiungen bewußt, die vom Ende der Religionen sprachen und die sich darin keineswegs als empirisch, sondern als spekulativ und ohne wirklichen Grund erwiesen. Schließlich wirft Cox auch die Frage auf, wie eine postmoderne Theologie auszusehen hätte. In dieser Hinsicht bietet er, in seinem Bereich der Systematischen Theologie, ein Vorbild für die Frage, die ich im Blick auf den Lebenszyklus und im Horizont der Praktischen Theologie stelle.

Der erwartete Niedergang der Religion ist nicht eingetreten, weder in den Vereinigten Staaten noch in vielen anderen Ländern der Welt, auch wenn Teile Europas und besonders der früheren Ostblockländer in Europa und Asien in dieser Hinsicht einen Sonderfall darstellen.[9] Selbst wenn das Ende der Religion also keineswegs so nahe ist, wie die Säkularisierungstheorie dies erwartet hatte, haben sich die Dinge aber doch nachhaltig verändert. In erster Linie haben die traditionellen Kirchen in der westlichen Welt einen erheblichen Mitgliederschwund erfahren und, was vielleicht noch wichtiger ist: sie haben das von der Soziologie sogenannte Monopol auf Religion in der Gesellschaft verloren.[10] Während noch vor dreißig oder vierzig Jahren zumindest für die Mehrheit der Menschen in Deutschland feststand, daß religiös sein bedeute, Mitglied einer der großen Kirchen zu sein, so hat sich die Situation in dieser Hinsicht nachhaltig verändert. Einerseits gibt es eine wachsende Zahl sogenannter konfessionsloser Menschen, die sich keiner Konfession oder Religionsgemeinschaft zurechnen. Andererseits hat der Einfluß kleinerer christlicher Kirchen und Gruppen sowie nicht-christlicher Religionen deutlich zugenommen, nicht zuletzt auf Grund ihrer wachsenden zahlenmäßigen Präsenz in vielen westlichen Ländern.[11]

Diese Lage läßt sich mit einer Reihe von Begriffen beschreiben, die sich auf verschiedene Aspekte der religiösen Gegenwartssituation beziehen. Da diese Begriffe im folgenden immer wieder auftauchen werden, möchte ich sie hier kurz umschreiben:

- *Pluralisierung* bezieht sich auf den Prozeß, in dem religiöse Orientierungen und Einstellungen eine vielfältige Gestalt angenommen haben. Dies schließt den inneren Pluralismus des Christentums ein, im Sinne verschiedener Gruppierungen und Konfessionen, aber auch innerhalb der einzelnen Konfessionen, sowie die religiöse Pluralität einer multireligiösen Gesellschaft, die über das Christentum hinaus eine ganze Reihe anderer Religionen umfaßt.
- Religiöse *Individualisierung* ist die Kehrseite der religiösen Pluralisierung. Sie ergibt sich daraus, daß religiöse Orientierungen immer weniger durch Kirchen oder religiöse Institutionen bestimmt sind und auch nicht mehr durch die Traditionen, für die diese Institutionen stehen. Statt dessen wird Religion zu einer Frage der individuellen Wahl – als unausweichliche Konsequenz einer Situation, in der die Möglichkeit verschiedener religiöser Optionen von Kindheit an erfahren wird. In seinem weithin bekanntgewordenen Buch spricht der Soziologe Peter Berger vom »häretischen Imperativ«, um die Situation einer erzwungenen religiösen Wahl für jeden einzelnen in der Gesellschaft zu charakterisieren.[12] In ähnlicher Weise bezeichnet der geläufiger werdende Begriff der *Spiritualität* ein persönliches Interesse, das nicht an Institutionen, formelle Mitgliedschaft, traditionelle Autoritäten usw. gebunden ist. In diesem Zusammenhang verweist Spiritualität häufig auf einen Typus von Religion, der als individualisiertes Christsein ohne Beziehung zu einer Gemeinde verstanden werden kann.
- Häufig wird noch ein dritter Begriff herangezogen, um die religiöse Situation der Gegenwart zu beschreiben: die *Privatisierung* von Religion. Im vorliegenden Zusammenhang bedeutet dies, daß Religion zu einer Privatangelegenheit geworden ist.[13] Dabei spielen verschiedene Aspekte eine Rolle. Zum Teil wird bei Priva-

tisierung an die Herausbildung einer Privatsphäre im Zuge der Moderne gedacht – einer Lebenssphäre, die von Arbeit, Wirtschaft und Politik getrennt ist. Gedacht werden kann aber auch an die rechtliche Trennung zwischen Staat und Kirche bzw. zwischen Staat und Religion. In beiden Fällen jedoch, so wird argumentiert, ist Religion in den Privatbereich verwiesen und auf diesen beschränkt. In dieser Sicht ist moderne oder postmoderne Religion nur eine Angelegenheit des persönlichen Lebens und damit auch eine intime Frage, über die in der Öffentlichkeit nur selten gesprochen wird und die selbst in der Familie kaum einmal zum Gesprächsgegenstand wird.

Der Hinweis auf den zunehmend intimen Charakter von Religion sollte gewiß ernstgenommen werden. Zugleich haben allerdings Sozialwissenschaftler wie José Casanova und, in anderer Weise, Peter Beyer hervorgehoben, daß Religion in vielen Ländern auch zu Beginn des 21. Jahrhunderts eine öffentliche Rolle spielt.[14] Dabei kann zunächst etwa an die Religiöse Rechte in den Vereinigten Staaten gedacht werden oder an die religiös motivierten politischen Bewegungen für Frieden, Gerechtigkeit und Bewahrung der Schöpfung, die in vielen Ländern der westlichen Welt anzutreffen sind. Weiter zu nennen ist der Einfluß des Islam auf die Politik in zahlreichen arabischen und asiatischen Ländern. In unserer Gegenwart ist Religion zu einer Privatangelegenheit geworden, doch gibt es daneben Gegenbewegungen, bei denen Religion wieder eine öffentliche Rolle für sich beansprucht – in einem Prozeß, der keineswegs konfliktfrei verläuft. Dies zeigt sich, wenn wir einen vierten Begriff aufnehmen: Globalisierung.

– Im Zusammenhang mit Religion wird erst seit kurzer Zeit von *Globalisierung* gesprochen. Noch immer kann es Überraschung auslösen, wenn Globalisierung mit der religiösen Situation in Verbindung gebracht wird. Weltweit wird Globalisierung als ein wirtschaftlicher Prozeß verstanden, dessen Implikationen vor allem finanzieller und technologischer Art sind. Hat Globalisierung auch religiöse Implikationen? Eine der am stärksten beachteten Darstellungen zu Globalisierung und Religion stammt von Samuel Huntington.[15] Nach Huntington führt die Globalisierung zu der Gefahr eines konflikthaften Zusammenpralls der Zivilisationen. Dabei handelt es sich, genauer betrachtet, um den Zusammenstoß der verschiedenen Kulturen und Religionen in der Welt, da Kultur und Religion ein integraler Bestandteil der verschiedenen Zivilisationen sind. Die Globalisierung bringt diese Religionen geographisch näher zusammen und bedeutet daher ein wachsendes Potential für Konflikt und religiöse Feindschaft. Andere Wissenschaftler wie Roland Robertson, Peter Beyer und Anthony Giddens sprechen ebenfalls von religiösen Implikationen der Globalisierung.[16] Ihren Analysen zufolge werden viele der oben beschriebenen Tendenzen, vor allem die Pluralisierung und Individualisierung, durch die Globalisierung weiter verstärkt. Die Herausbildung eines neuen Bewußtseins von der Welt als einem einzigen Ort gebe unseren religiösen Auffassungen einen neuen Hintergrund, relativiere sie möglicherweise und fordere sie auf jeden Fall durch die Einsicht heraus, wieviele religiöse Möglichkeiten es in der Welt gibt. Daher besteht auch eine enge Beziehung zwischen Postmoderne und Globalisierung.

Diese Bezugnahme auf die Begriffe der religiösen Pluralisierung, Individualisierung, Privatisierung und auf den Prozeß der sich durchsetzenden Globalisierung ergibt natürlich kaum mehr als einen ersten, mit groben Strichen gezeichneten Überblick. Aufgabe dieses Einleitungskapitels ist es jedoch nicht, ein möglichst detailliertes Bild der postmodernen Religion, wie sie in der Religionssoziologie gesehen wird, zu geben.[17] Der Schwerpunkt liegt vielmehr beim postmodernen *Lebenszyklus* und bei den religiösen Dimensionen, die dieser Lebenszyklus einschließt. Wir müssen deshalb fragen, wie die religiöse Situation der Gegenwart den Lebenszyklus beeinflußt. Anders formuliert: Welche Anforderungen stellt das postmoderne Leben im Blick auf den Lebenszyklus und seine religiösen Dimensionen?

Bei der Betrachtung verschiedener Szenen aus dem Familienleben sind wir auf die problematischen Auswirkungen der Idealbilder von Ganzheit und Vollendung, die als Beschreibungen eines erfolgreichen Lebenszyklus angeboten werden, gestoßen. Deutlich wurde dabei auch, daß solche Ideale häufig einen religiösen Charakter annehmen und dem Lebenszyklus unbedingten Sinn oder Wert verleihen bzw. umgekehrt einem bestimmten Leben einen solchen Sinn oder Wert vorenthalten. Nachdem wir uns nun einen knappen Überblick zur religiösen Situation der Postmoderne verschafft haben, können wir eine erste Zusammenfassung im Blick auf die spezifischen Anforderungen und Herausforderungen des postmodernen Lebenszyklus versuchen. Drei aufeinander bezogene Anforderungen sind dabei besonders wichtig:

- Die erste Anforderung ergibt sich ganz offenbar schon aus dem *Wandel des Lebenszyklus selbst*. Wie deutlich geworden ist, verliert der Lebenszyklus seine herkömmliche Form und Struktur. Die Verläufe des individuellen Lebens werden zunehmend vielgestaltig. Das Leben wird zu einem Projekt, für das jeder und jede einzelne selbst verantwortlich ist. Zumindest in einem weiten Sinne kann dieses Projekt als religiös bezeichnet werden, weil es stets von dem unbedingten Sinn oder Wert abhängig ist, durch den der Lebenszyklus geleitet oder beurteilt wird, sei es in den Augen der Person selbst oder in den Augen anderer. Dies ist die *Herausforderung eines Lebenszyklus im Umbau.*
- Zweitens haben die *religiösen Orientierungen und Werte*, die dem Projekt des postmodernen Lebenszyklus eine Zielrichtung oder Unterstützung geben können, ebenfalls eine *vielgestaltige* Form angenommen. Eine klar identifizierbare Quelle, aus der religiöse Einsicht oder Glaube geschöpft werden könnte, gibt es nicht mehr, jedenfalls nicht im Singular. Statt dessen herrscht religiöse Pluralität, innerhalb wie außerhalb der Kirche. Für sich selber einen Glauben zu finden und sich anzueignen ist ebenfalls zu einem Projekt geworden: Die einzelne Person muß sich entscheiden zwischen zahlreichen unterschiedlichen Optionen, die von Kindheit an gegenwärtig sind und die alle gleichermaßen Anspruch auf Geltung erheben. Wenn der postmoderne Lebenszyklus die Möglichkeit einer neuen und intensivierten Suche nach unbedingtem Sinn in sich schließt, so ist es eine postmoderne Religion, auf die diese Suche trifft. Und so wie der menschliche Lebenszyklus ins Fließen geraten ist, gilt dies auch für die postmoderne Religion. Dies ist die *Herausforderung, in einer religiös pluralen Situation für sich selber einen Glauben zu finden und sich anzueignen*.

– Drittens stellt das Finden eines eigenen Glaubens als Grundlage für den Lebenszyklus nicht nur eine Aufgabe für Kindheit oder Jugendalter dar. Religiöse Erziehung im Sinne eines bestimmten Glaubens oder einer bestimmten Religion in der Kindheit wird nicht alle Probleme des postmodernen Erwachsenenalters lösen. Statt dessen ist die Suche nach einem überzeugenden Glauben zu einem *lebenslangen Projekt* geworden. Die Anforderungen des postmodernen Lebenszyklus bleiben gegenwärtig und fordern uns immer wieder aufs Neue heraus: Was bedeutet es, ein christliches Leben in einer Gesellschaft zu leben, die einem beständig suggeriert, daß ein solches Leben nur eine von vielen möglichen Optionen ist? Und wie begreife ich meinen Glauben, wenn ich mir all dieser Optionen bewußt bin? Dies ist die *Herausforderung, an einem Glauben auch angesichts vieler anderer Optionen festzuhalten.*

Um es in einem Satz zusammenzufassen: Die Herausforderung besteht darin, mit einem Lebenszyklus zurechtzukommen, der sich als permanente Baustelle darstellt, mit konkurrierenden Bauplänen im Überfluß und ohne klare Kriterien, um eine Wahl zwischen ihnen zu treffen.

Am Ende dieses Abschnittes möchte ich noch hervorheben, daß diese Herausforderungen und Anforderungen des postmodernen Lebenszyklus weitreichende Implikationen nicht nur für die einzelne Person, sondern auch für Kirche und Gesellschaft haben. Im Zusammenhang der religiösen Pluralisierung, Individualisierung und Globalisierung sind wir auf die wachsende Angst vor einem »Kampf der Kulturen« gestoßen, wie S. Huntington es genannt hat. Eine zunehmend multireligiöse Situation kann leicht zu Intoleranz, religiösen Konflikten und sogar zu extremer Gewalt führen. Dem ist noch die Gefahr hinzuzufügen, daß eine Gesellschaft ihre normative Grundlage verliert. Je weniger es eine gemeinsame Religion gibt, die eine Gesellschaft zusammenhalten kann, desto schwieriger wird es, eine gemeinsame Kultur oder gemeinsame Werte zu entwickeln. Kein Zweifel: Religiöse Vielfalt gibt es schon lange. Sie war ein Kennzeichen moderner westlicher Gesellschaften, schon lange bevor von der Postmoderne auch nur die Rede war. Die religiöse Pluralisierung und Individualisierung in der Gegenwart reichen jedoch weiter als die herkömmliche religiöse Vielfalt, die in westlichen Ländern zumeist kaum mehr als eine christliche Vielfalt war, weil die verschiedenen Kirchen, Konfessionen, Gruppierungen usw. zwar auf unterschiedliche Weise, aber eben doch alle christlich sein wollten. Dies ist nicht mehr der Fall. Die religiöse Vielfalt in der Gegenwart reicht weit über das Christentum hinaus. Sie schließt nicht-christliche Religionen ebenso ein wie nicht-christliche Weltanschauungen. Eine weithin geteilte Grundlage für gemeinsame Werte zu finden ist deshalb zunehmend schwer geworden.

Schließlich umfaßt der postmoderne Lebenszyklus auch wichtige Herausforderungen für die Kirche. Besonders die herkömmlichen Kirchen scheinen beim Kontakt mit den von der Postmoderne geprägten Menschen vor enormen Schwierigkeiten zu stehen. Genauer gesagt liegt die größte Schwierigkeit darin, postmoderne Menschen davon zu überzeugen, daß die Bindung an eine religiöse Institution wie die Kirche sich noch lohnt. Worin genau besteht denn die Bedeutung des Evangeliums angesichts der vielen anderen religiösen und nicht-religiösen Überzeugungen, die jetzt zur Verfügung stehen? Gibt es Gründe dafür, die christliche Tradition anderen vorzuziehen? Und was bedeutet diese Tradition für den Lebenszyklus – für den postmodernen Lebenszyklus, wie er heute erfahren wird und Gestalt gewinnt? Wenn die Kirche keine gangbaren und überzeugenden Antworten auf solche Fragen finden kann, ist ihre Zukunft ungewiß.

Offenbar bringt der moderne Lebenszyklus zahlreiche Herausforderungen mit sich – für die Kirche, für die Gesellschaft und für die einzelne Person. Wie sollen wir mit diesen Herausforderungen umgehen? Ich schließe dieses Einleitungskapitel mit einigen Hinweisen zur Vorgehensweise, nach der ich in den weiteren Kapiteln des Buches verfahren möchte. Auf diese Weise wird auch deutlich, was von den Analysen dieses Buches erwartet werden kann.

3. Zwei Wege, sich der Postmoderne zu nähern

Es gibt viele verschiedene Wege, auf denen man sich dem Thema der Postmoderne nähern kann. In der Philosophie und in den Sozialwissenschaften wird von Postmoderne gesprochen, aber auch im Journalismus und in der Politik, in der Ökonomie und in vielen anderen Bereichen.[18] Meine eigene Perspektive ist die der Theologie, um genauer zu sein, die der Praktischen Theologie. Und da diese Perspektive erläuterungsbedürftig ist, sollen in dieser Einleitung nicht nur Fragen für die nachfolgenden Kapitel benannt, sondern soll auch die Art und Weise umrissen werden, wie ich diese Fragen angehen möchte. Mit anderen Worten: Im folgenden möchte ich einen speziellen Ansatz bzw. eine spezielle Methodologie einsetzen, die zunächst vorgestellt werden muß.

Ohne dies ausdrücklich deutlich zu machen, habe ich diesen Ansatz bzw. diese Methodologie bereits eingesetzt. Besonders in dem Abschnitt über den Wandel des Familienlebens habe ich versucht, bei den Erfahrungen heutiger Menschen einzusetzen, einschließlich ihrer Erinnerungen und ihrer Wahrnehmungen – zum Beispiel anhand der Familien-Alben und der in ihnen gesammelten Fotographien. Manchmal wird diese Art von Vorgehensweise – heutige Erfahrungen und Situationen als Ausgangspunkt zu nehmen – als die Methodologie der Praktischen Theologie angesehen. Sie kann als *Methodologie von unten* bezeichnet werden.

Eine solche Methodologie von unten wendet sich der Postmoderne nicht mit philosophischen Begriffen und Definitionen zu. Ihr Ausgangspunkt ist nicht ein begrifflicher Vergleich zwischen Vormoderne, Moderne und Postmoderne, um solche Begriffe dann in deduktiver Weise auf die Praxis des sozialen und christlichen Lebens anzuwenden. Gemäß einer weithin verbreiteten Auffassung stünde ein deduktiver Ansatz bzw. eine *Methodologie von oben* der philosophischen oder systematischen Theologie näher.[19] Die Stärke des deduktiven Ansatzes liegt in begrifflicher Klarheit, seine Schwäche in dem vergleichsweise abstrakten Charakter, der leicht zu einer Distanz zu Erfahrungen der Gegenwart und zur Praxis der Kirche führen kann. Im Blick auf den induktiven Ansatz der Praktischen Theologie kann das Gegenteil behauptet werden: Er steht der heutigen Welt und der Praxis der Kirche nahe, aber läßt es manchmal an begrifflicher Klarheit fehlen. Erfahrungen und Situationen der Gegenwart sind oft vielgestaltig, schwer zu durchschauen und in jedem Falle ambivalent.

Beide Ansätze haben daher ihre möglichen Gefahren und Unzulänglichkeiten. Deshalb sollte die Praktische Theologie nicht mit einer Methodologie von unten identifiziert werden, jedenfalls nicht im naiven Sinne einer bloßen Erfahrungsnähe, die ohne theoretische Hintergründe und Begriffe auskommen möchte. Nach meinem Verständnis muß die Praktische Theologie tatsächlich die Erfahrungen heutiger Menschen so ernst wie nur irgend möglich nehmen. Zugleich können diese Erfahrungen nicht einmal verstanden werden, wenn wir nicht Augen haben, um zu sehen, und Ohren, um zu hören – oder, um weniger metaphorisch zu sprechen: wenn wir keine Theorien, Begriffe und Kategorien haben, die uns dazu befähigen, das, was uns heutige Menschen sagen, wirklich zu erfassen. Etwas wirklich zu verstehen schließt immer ein, Unterschiede wahrzunehmen und Unterscheidungen zu treffen. Sonst würde alles nur gleich aussehen. Deshalb bedarf auch die Praktische Theologie der Begriffe und Kategorien, nicht weniger als jeder andere theoretische Ansatz.

Nehmen wir noch einmal die Szenen aus dem Familienleben, die oben beschrieben wurden, als Beispiel: Um zu verstehen, was diese Szenen und Situationen enthalten, mußte ich mich bald auf die Unterscheidung zwischen verschiedenen historischen Zeiten stützen und mir darüber klar werden, was bei diesen Szenen real, ideal oder sogar religiös ist. Von der Erfahrung auszugehen gelingt nicht ohne Begriffe und theoretische Klärungen. Eine praktisch-theologische Vorgehensweise kommt nicht ohne begriffliche Unterscheidungen aus. Was sie gleichwohl von den meisten Vorgehensweisen in der Systematischen Theologie oder Philosophie unterscheidet, ist der kontinuierliche und bewußte Versuch, möglichst dicht bei den Erfahrungen der Menschen zu bleiben. Die Thematisierung des Lebenszyklus ist ein gutes Beispiel für diese Vorgehensweise. Eine Analyse des postmodernen Lebenszyklus, die den Kriterien der Praktischen Theologie gerecht werden soll, läßt sich nur im engen Kontakt und Dialog mit heutigen Erfahrungen entwickeln, was für entsprechende Analysen aus der Systematischen Theologie nicht immer zutrifft.[20] Eine solche Analyse schließt jedoch auch die Aufgabe ein, mit unterschiedlichen Modellen des Lebenszyklus zu arbeiten und diese Modelle zu überprüfen.

Dies ist natürlich noch immer eine recht allgemeine Feststellung. Über solche Reflexionen zur Methodologie und zur Praktischen Theologie im allgemeinen hinaus müssen wir uns der Eigenart unseres Themas bewußt sein – des postmodernen Lebenszyklus. Die Wahl einer bestimmten Methodologie muß dem Gegenstand, den wir untersuchen wollen, entsprechen. In einer zumindest vorläufigen Weise läßt sich sagen, daß die postmoderne Situation – gleichsam ihrer ganzen Natur gemäß – dadurch charakterisiert ist, daß sie sich allen klar definierten begrifflichen Ordnungssystemen entzieht. Wie in der Literatur immer wieder wiederholt wird, gibt es keine konsensuelle Definition von Postmoderne[21], zumindest nicht bis zum heutigen Tage, und vielleicht wird es niemals eine solche Definition geben, weil die Natur der Postmoderne schon der Absicht solcher Definitionen widerspricht. Wenn dies zutrifft, muß die Art und Weise, wie der postmoderne Lebenszyklus untersucht wird, dieser Situation Rechnung tragen. Der fließende Charakter der Postmoderne muß ernstgenommen werden, nicht nur als spezifisches Thema oder als Inhalt, sondern auch im Blick auf die Methoden, die bei der Untersuchung eingesetzt werden. Was bedeutet dies für die Analyse in den folgenden Kapiteln?

Da wir nicht voraussetzen können, was mit dem postmodernen Lebenszyklus gemeint sein soll, müssen wir sicherstellen, daß wir zumindest herausfinden können, um was es dabei geht. Und da wir ein besonderes Interesse an den Erfahrungen heutiger Menschen und an der Praxis der Kirche haben, müssen wir diese Perspektiven dabei stets im Auge behalten. Angesichts dieser Zielsetzung habe ich die fünf Kapitel, die auf diese Einleitung folgen, als Untersuchung von Testfällen aus fünf Stufen oder Abschnitten des Lebenszyklus angelegt: Kindheit, Jugendalter, Postadoleszenz, Erwachsenenalter, Hohes Alter.

Bei Vorträgen über entsprechende Themen werde ich manchmal gefragt, ob es diese verschiedenen Lebensalter in der Postmoderne überhaupt noch gebe und ob die herkömmlichen Bezeichnungen noch sinnvoll seien. Diese Frage ist m.E. überaus berechtigt. Wenn wir uns Klarheit über den postmodernen Lebenszyklus verschaffen wollen, dürfen wir die herkömmlichen Beschreibungen nicht ungeprüft voraussetzen. Genau deshalb verstehe ich die nachfolgenden Kapitel als

»Testfälle«. Ich setze nicht voraus, daß es diese Lebensalter noch in ihrer herkömmlichen Gestalt gibt oder daß sie sich nur in ihrem Inhalt verändert haben. Statt dessen möchte ich sie gerade insofern als Testfälle benutzen, als es jeweils herauszufinden gilt, wie die eingebürgerten Beschreibungen und Sichtweisen dieser Lebensalter von der Postmoderne verändert bzw. herausgefordert werden.

Aus diesem Grund habe ich diese Kapitel auch in einer bestimmten Weise angeordnet. Ich beginne jeweils, bei jedem Abschnitt des Lebenszyklus, mit der Frage nach dem *modernen Verständnis*, das jetzt zu einem traditionellen Verständnis geworden ist (1). In einem weiteren Schritt untersuche ich die *Veränderungen*, die sich beobachten lassen, wenn wir den modernen Lebenszyklus mit heutigen Erfahrungen in Kindheit, Jugendalter, Erwachsenenalter und Hohem Alter vergleichen (2). Aufmerksame Leserinnen und Leser haben vielleicht bemerkt, daß ich soeben die Postadoleszenz übergangen habe, obwohl ich sie oben als einen meiner Testfälle anspreche. Der Grund dafür, daß die Postadoleszenz hier nicht genannt wurde, hat mit dem besonderen Charakter dieses Lebensalters zu tun. Dieser Abschnitt des Lebenszyklus kommt im modernen Verständnis noch nicht vor. Der gleichsam klassischen Auffassung zufolge folgt nach dem Jugendalter das Erwachsenenalter, wobei zwischen diesen beiden Lebensaltern nur ein kurzer und mehr oder weniger erfolgreicher Übergang steht. Deshalb ist im Falle der Postadoleszenz eine andere Vorgehensweise erforderlich, die dem besonderen Charakter dieses Lebensalters entspricht. – In allen Kapiteln, sowohl im Blick auf den modernen Lebenszyklus als auch hinsichtlich der heutigen Situation, soll ein besonderer Schwerpunkt bei den Herausforderungen für *Religion* im allgemeinen und für das *Christentum* im besonderen liegen. Auf der Grundlage dieser Analyse wird es dann möglich sein, im letzten Teil jedes Kapitels zu fragen, wie *Theologie* und *Kirche* kritisch und konstruktiv auf die Herausforderungen, vor die sie durch die postmoderne Situation gestellt werden, reagieren können (3). Durchweg werde ich versuchen, jede Form der Nostalgie zu vermeiden, ebenso aber auch den naiven Optimismus, der die Postmoderne mit dem Paradies verwechselt. Die »Hermeneutik des Verdachts« (Paul Ricoeur) soll auf beide angewendet werden, auf die Moderne ebenso wie auf die Postmoderne.

Die beschriebene Vorgehensweise beruht mit ihren drei Schritten auf einem Vergleich zwischen dem modernen und dem postmodernen Lebenszyklus. Bei diesem Vergleich beziehe ich mich auf eines der einflußreichsten Modelle des Lebenszyklus: auf das Modell von Erik H. Erikson. Erikson entwickelte sein Modell in einer Reihe von Veröffentlichungen ab etwa 1950.[22] Sein Einfluß erstreckt sich auf zahlreiche Bereiche in den Human- und Sozialwissenschaften, aber auch in der Praktischen Theologie. Der Vergleich zwischen Eriksons Modell und heutigen Erfahrungen ist daher von besonderem Interesse, nicht nur im Blick auf eine Überprüfung der heutigen Tragfähigkeit dieses Modells, sondern auch hinsichtlich seiner Bedeutung und seines Gebrauchs in der Theologie.

Hauptsächlich dient mir Eriksons Modell also als Hintergrund für den Vergleich zwischen dem modernen (und jetzt traditionellen) Lebenszyklus auf der einen und dem postmodernen Lebenszyklus auf der anderen Seite. Es geht mir nicht um eine Abhandlung über Erikson.[23] Gleichwohl können die Kapitel dieses Buches auch als ein Kommentar besonders zu seinen Vorstellungen über Religion im Lebenszyklus aus heutiger Sicht gelesen werden.

Dem beschriebenen Aufriß für dieses Buch entsprechend folgen die Kapitel 2 und 3 sowie die Kapitel 5 und 6 in etwa derselben Vorgehensweise, indem jeweils ein Abschnitt des Lebenszyklus schrittweise unter drei Perspektiven betrachtet wird: *Moderne, Postmoderne, Reaktionen von Kirche und Theologie*. Dies schließt eine besondere Berücksichtigung der empirischen Beschreibung heutiger Erfahrungen ein und damit auch einen beständigen Bezug auf die Sozialwissenschaften. Kapitel 4 bezieht sich auf die Postadoleszenz als eine neue Stufe im Lebenszyklus. Das letzte Kapitel (Kapitel 7) unterscheidet sich jedoch von allen vorhergehenden. Im Mittelpunkt dieses Kapitels steht eine weitere Frage, der ich in unserer Auseinandersetzung mit der Postmoderne eine entscheidende Bedeutung beimesse: die Frage einer *Theologie des Lebenszyklus*.

Nach einer Theologie des Lebenszyklus zu fragen bringt es mit sich, daß wir im letzten Kapitel noch einmal die Perspektive wechseln müssen. Im Hauptteil des Buches bildet die heutige Situation den Ausgangspunkt, während Theologie und Kirche unter dem Aspekt der Reaktion auf diese Situation betrachtet werden (niemals jedoch allein unter dem Aspekt der Anpassung, sondern mit einer kritisch-konstruktiven Perspektive). Demgegenüber soll im letzten Kapitel ein anderer Ansatz erprobt werden. In diesem Falle sollen theologische Perspektiven als Herausforderung für die heutige Situation verstanden werden, um auf diese Weise ausdrücklich werden zu lassen, was in bestimmter Hinsicht für alle meine Überlegungen gilt: Ich plädiere nicht für eine Theologie der Anpassung, deren Hauptaufgabe darin bestünde, postmodernen Menschen möglichst aktuell, modisch oder attraktiv zu erscheinen. Selbst dort, wo ich die heutige Situation zum Ausgangspunkt mache, biete ich zugleich eine kritische Bewertung dieser Situation samt ihrer religiösen und theologischen Implikationen, um auf diese Weise das kritische Potential, das der christlichen Tradition zu eigen ist, zum Tragen kommen zu lassen.

Ein letzter Aspekt muß in diesem Einleitungskapitel noch erwähnt werden. Die Untersuchung des postmodernen Lebenszyklus und seiner religiösen Implikationen ist mit Notwendigkeit ein interdisziplinäres Unternehmen. Es muß verschiedene wissenschaftliche Disziplinen miteinander ins Gespräch bringen: Psychologie, Philosophie, Soziologie und Theologie, um nur die wichtigsten zu nennen. Diese Art von Dialog ist ein weiteres kennzeichnendes Merkmal der Praktischen Theologie, wie ich sie verstehe. Zugleich ist diese Aufgabe deshalb so wichtig, weil Religion in zahlreichen Untersuchungen zum menschlichen Lebenszyklus nicht einmal erwähnt wird. Ein Beispiel für die Vernachlässigung ist die sonst höchst beeindruckende Untersuchung von Robert Kegan über die »geistigen Anforderungen des modernen Lebens«, die bei diesen Anforderungen nicht auf Religion eingeht.[24] Als ich dieses Einleitungskapitel »Religiöse Anforderungen des postmodernen Lebens« überschrieb, hatte ich nicht zuletzt die Notwendigkeit eines kritischen und konstruktiven Dialogs mit solchen Autoren im Sinn, deren Darstellungen zum modernen und postmodernen Leben im Blick auf Religion ergänzt werden müssen. Das gesamte Buch kann als ein Versuch gelesen werden, diesen Dialog in Gang zu setzen.

Kapitel 2
Hineingeboren in eine plurale Welt: Aufwachsen zwischen multikulturellem Reichtum und religiöser Heimatlosigkeit

In den letzten Jahrzehnten sind zahlreiche Darstellungen zur Kindheit und zur Kindheitsreligion veröffentlicht worden.[1] Der Wandel des Kindesalters ist von besonderem Interesse für Eltern und in der Erziehung Tätige, aber auch für alle, die sich um die Zukunft der westlichen Kultur und Gesellschaften sorgen. Die Erziehungswissenschaft verweist seit langem auf die besondere Bedeutung der Kindheit für Erziehung und alle Arten des Lernens. Die Psychologie und neuerdings auch die Hirnforschung haben dargelegt, daß die Kindheit für viele oder sogar die meisten Menschen im Erwachsenenalter zum Schicksal wird, sei es in einem glücklichen oder unglücklichen Sinne. Theologie und Seelsorge mußten lernen, auf die versteckten Einflüsse von Kindheitserfahrungen im religiösen Leben von Erwachsenen zu achten. Heute warnt die Medienforschung die Öffentlichkeit davor, daß sich die uns bislang vertraute »Kindheit« in einem Belagerungszustand befinde, wobei die Bedrohung von dem noch immer wachsenden Einfluß einer zunehmenden Anzahl von Medien ausgehe, die bis in die Kinderzimmer vordringen. So überrascht es nicht, daß Neil Postmans Buch über das »Verschwinden der Kindheit«[2] zu einem internationalen Bestseller geworden ist. Eltern, Erzieher und Theologinnen sind gleichermaßen im Blick auf die Zukunft von Kindern und Kindheit besorgt.

Es gibt viele Gründe, sich dafür zu interessieren, was Kindsein heute bedeutet und wie heutige Kindheitserfahrungen das religiöse Leben von Kindern beeinflussen. Im folgenden soll es jedoch nicht um eine erneute Darstellung solcher allgemeiner Beobachtungen oder Sorgen gehen. Auch dieses Kapitel folgt vielmehr dem speziellen Interesse am postmodernen Lebenszyklus als der Schlüsselfrage dieses Buches. Zudem wird an der Absicht festgehalten, den postmodernen Lebenszyklus im Blick auf die Bedeutung für die Praktische Theologie zu betrachten. Ehe wir uns weiter der Kindheit als dem Hauptthema dieses Kapitels zuwenden, scheint es mir sinnvoll, dieses besondere Interesse näher zu beleuchten.

Im ersten Kapitel haben wir bereits gesehen, daß sich der menschliche Lebenszyklus gleichsam im Umbau befindet und daß auch die religiösen Dimensionen des Lebenszyklus nachhaltig von den Veränderungen im heutigen Leben bestimmt sind. Die Frage nach dem postmodernen Lebenszyklus und seiner Bedeutung für Kirche und Theologie muß nach dem Gesagten unter der Perspektive heutiger Erfahrungen aufgenommen werden, d. h. der Erfahrungen von Menschen, die diesen Lebenszyklus durchschreiten – bzw., um es offener zu formulieren: die auf dem Wege durch ein Leben sind, wie es sich in einer postmodernen Welt darstellt. Und da die vorliegende Untersuchung, wie oben begründet, die Postmoderne nicht im Ausgang von der philosophischen oder theologischen Debatte in den Blick nehmen soll, sondern ihren Schwerpunkt auf die beobachteten Veränderungen im Lebenszyklus selbst legt, müssen nun die verschiedenen Stufen des Lebenszyklus thematisiert werden. Dabei lege ich eine chronologische Abfolge zugrunde, beginnend mit der Kindheit und bis hin zum Hohen Alter. Zugleich muß aber bewußt bleiben, daß die herkömmliche Gestalt dieser Ordnung nicht mehr naiv vorausgesetzt werden kann. Es versteht sich ja nicht mehr von selbst, daß das chronologische Alter als Hauptmerkmal dient, das eine grundlegende Orientierung zuläßt. Unterschiedliche Lebensstile oder soziale und kulturelle Hintergründe können uns vielleicht ebenso wie auch die individuellen Lebensumstände mehr über eine Person mitteilen, als dies für das Lebensalter der Fall ist.

Der wichtigste Grund dafür, daß wir dem Lebenszyklus mit seinen verschiedenen Stufen von der Kindheit bis ins Hohe Alter folgen, hat denn auch mit dem in dieser Studie beabsichtigten Vergleich zu tun. Indem wir den *modernen* Lebenszyklus (der jetzt, aus der Perspektive der Postmoderne, zum *herkömmlichen* Lebenszyklus geworden ist) als Ausgangspunkt wählen, können wir seine »klassischen« Beschreibungen mit gegenwärtigen Beobachtungen vergleichen. Aus den bereits oben genannten Gründen werde ich mich dabei besonders auf das Werk Erik H. Eriksons als Bezugspunkt stützen und ziehe ihn somit als Hauptrepräsentanten der herkömmlichen oder klassischen Sicht des Lebenszyklus heran. Anders gesagt: Wenn sich dieses Buch in seiner Anlage an der chronologischen Ordnung des modernen Lebenszyklus orientiert, so ist dies nicht eine heimliche Bestätigung herkömmlicher Sichtweisen des Lebenszyklus. Es darf vielmehr erwartet werden, daß gerade eine solche Anlage die Kontraste maximal zum Vorschein bringt, wenn nämlich jede der hauptsächlichen Lebensstufen daraufhin untersucht wird, ob und in welcher Weise sich die Dinge zwischen Moderne und Postmoderne tatsächlich verändert haben.

Gemäß der beabsichtigten Vorgehensweise, die Postmoderne in einer induktiven Perspektive aufzunehmen, beginne ich mit einem kontrastierenden Vergleich zwischen dem herkömmlichen modernen Verständnis von Kindheit einerseits und den Herausforderungen heutiger Erfahrungen von Kindheit andererseits. Einer dieser Herausforderungen – der Erfahrung religiöser Vielfalt oder Pluralität – soll dabei besondere Aufmerksamkeit geschenkt werden, weil gerade diese Erfahrung so häufig mit der Postmoderne verbunden wird und weil sie weitreichende Konsequenzen für Religion in der Kindheit und für religiöse Erziehung in sich schließt. Die Erörterung dieser Erfahrung wird sich daher auf die Spannung zwischen multikultureller Offenheit einerseits und religiöser Zugehörigkeit andererseits konzentrieren.

1. Die moderne Sichtweise: Kindheit als Grundlage religiöser Zugehörigkeit

Auf den ersten Blick mag es erstaunen, wenn die Auffassung von Kindheit als Grundlage religiöser Zugehörigkeit als eine *moderne* Überzeugung bezeichnet wird. Was ist denn modern an dem Verständnis von Kindheit als der Zeit, zu der erstmals ein religiöser Glaube erworben wird und die Geschichten und Lehren einer bestimmten Religion gelernt werden? Es scheint doch nur natürlich, daß Kinder in einen Glauben eingeführt werden müssen und daß diese Einführung sich auch mit der Erwartung verbindet, daß sie bei diesem Glauben bleiben, sei es als Kinder oder als Jugendliche und Erwachsene.

Um die spezifisch moderne Sicht von Religion in der Kindheit genauer verstehen zu können, müssen wir uns zunächst solchen Sichtweisen zuwenden, wie sie sich *vor der Moderne* finden. Auf diese Weise können wir uns klar machen, wie sich diese Sichtweisen dann mit der Moderne verändert haben. Eine kurze Betrachtung vormoderner Gegebenheiten erweist sich an dieser Stelle als klärend.

Die Bedeutung von religiöser Erziehung in der Kindheit ist tatsächlich in der ganzen Geschichte betont worden. Selbst im Altertum und im Mittelalter sprachen Pädagogen häufig von der »wächsernen« oder »wachsartigen« Natur des Kindes, die als besonders offen und geeignet für christliche Erziehung und für eine katechetische Unterweisung angesehen wird. Wichtig schien vor allem, daß man möglichst früh anfängt, so daß die einzigartige Zeit der Kindheit mit ihrer Offenheit für religiöse Erziehung nicht versäumt würde. Es ist viel leichter, sagt zum Beispiel Martin Luther, mit den »jungen Bäumlein« zu arbeiten als mit dem hart gewordenen Holz, mit dem er dann die Erwachsenen vergleicht.[3] Luthers Sicht bringt nicht nur seine theologische Wahrnehmung der im Lebenslauf zunehmenden Wirkungen der Sünde zum Ausdruck, sondern entspricht auch dem mittelalterlichen Denken hinsichtlich der Beeinflußbarkeit der kindlichen Natur, die eine frühe Erziehung zu einem vielversprechenden Unternehmen macht.

In bestimmter Hinsicht trifft es somit zu, daß religiöse Erziehung in der Kindheit schon immer als natürlich und wichtig angesehen wurde. Diese Vorstellung ist gewiß nicht auf die Moderne begrenzt. Aufschlußreich ist jedoch, daß moderne Pädagogen wie Johann Heinrich Pestalozzi oder Theologen und Religionspädagogen wie Friedrich Schleiermacher diese Sicht von Religion in der Kindheit vor ungefähr 200 Jahren einen wichtigen Schritt weiterführten und ihr dabei eine neue und spezifisch moderne Wendung gaben. Schon am Beginn der Moderne führten diese Theoretiker nämlich das Verständnis ein, daß die religiöse Erziehung in der Kindheit eine besondere *psychologische* Grundlage besitze, die mit den frühen Erfahrungen der Kinder zu tun hat. Sie nahmen an[4], daß die Beziehung zu Gott auf eine ihr vorausliegende Erfahrung mit menschlichen Beziehungen aufbaue und sogar aufbauen müsse, weil diese Beziehungen erst die erforderliche psychologische Grundlage für den

Gottesglauben bieten. Dieser Auffassung zufolge muß die Beziehung zu Gott stets in der frühen Beziehung zu Mutter oder Vater in der Kindheit gründen. Deshalb müsse die Vorstellung von Gott, aber auch die Hoffnung auf Gott gleich zu Beginn des Lebenszyklus begründet werden. »Gott ist der Gott meiner Mutter«, sagt Pestalozzi in einer berühmt gewordenen Formulierung. »Er ist der Gott meines Herzens, er ist der Gott ihres Herzens. Ich kenne keinen anderen Gott, der Gott meines Hirns ist ein Hirngespinst«[5]. Oder, um mit Schleiermacher zu sprechen: Die »Liebe zur Mutter« ist der »erste Keim« der Religion.[6] Beide, Pestalozzi und Schleiermacher, verleihen der Kindheit damit eine neue religiöse Bedeutung. In ihren Augen ist die Kindheit weit mehr als eine Zeit, die für pädagogische Einflüsse besonders offen ist. Zugespitzt: Die Kindheit legt die erfahrungsmäßige und psychologische Grundlage, ohne die der Prozeß der religiösen Entwicklung und Erziehung gar nicht in Gang kommen kann. So wird Kindheit zur Grundlage von Religion – zur unerläßlichen Basis jeder Religion im späteren Leben.

Die Bezeichnung dieser psychologischen Interpretation der Anfänge der religiösen Entwicklung und Erziehung als modern läßt sich rechtfertigen, weil der Schwerpunkt dabei ganz beim Menschen und bei der menschlichen Erfahrung liegt, nicht mehr bei Offenbarung und objektiver Lehre wie vor der Moderne. Eine solche Ausrichtung ist typisch modern. Es sollte jedoch auch nicht übersehen werden, daß Pädagogen und Theologen wie Pestalozzi und Schleiermacher keineswegs naive Vertreter der Moderne waren. Ganz im Gegenteil: Zu ihrer Zeit wollten sie die religiöse Erziehung und das Kind gegen den oft mit der Moderne einhergehenden Reduktionismus einer rationalistischen und utilitaristischen Erziehung – deren einseitige Ausrichtung allein an der Vernunft und einem Nützlichkeitsdenken – verteidigen. Ihr Bezug auf die psychologischen Ursprünge von Glaube und Religion in der Kindheit sollte genau dies leisten: Er sollte die anthropologische Bedeutung der religiösen Dimension in der Erfahrung von Kindern und auch in der Erziehung aufzeigen und neu begründen. Auf diese Weise wollten sie diese Dimension gegen all diejenigen verteidigen, denen nur an einer Steigerung der rationalen Fähigkeiten der Kinder gelegen war. Diese Intention gibt ihren Erziehungstheorien eine bleibend bedeutsame kritische Ausrichtung gegen den engen Rationalismus der Moderne. Zumindest aus heutiger Sicht ist jedoch nicht zu übersehen, daß diese Verteidigung gegen den Modernismus ihrerseits eine deutlich moderne Tendenz in sich schließt. Die psychologische Sicht von Religion in der Kindheit steht selbst in der Gefahr einer reduktionistischen Deutung, z.B. dann, wenn Religion auf Gefühle oder auf kindliche Beziehungen zur Mutter reduziert wird.

Es überrascht nicht, daß die Betonung der psychologischen Voraussetzungen von Religion in der Kindheit nicht das einzige Verständnis ist, das die Moderne hervorgebracht hat. Wie mit dem Hinweis auf die Hintergründe, vor denen Pestalozzi und Schleiermacher ihre Ideen entwickelten, bereits deutlich geworden ist, schloß die allgemeine Betonung von Rationalität in der Moderne auch eine scharfe Kritik und sogar verächtliche Ablehnung aller Kindheitsreligion als kindisch und als dauerhafte Beschädigung menschlicher Vernunft mit ein. Jean-Jacques Rousseau[7] beispielsweise riet von jedem Versuch einer religiösen Erziehung in der Kindheit ab. Er war davon überzeugt, daß Religion vor dem Jugendalter keinen legitimen Platz im Lebenszyklus finden könne, u.a. weil den Kindern die geistigen Fähigkeiten schon zum Verstehen der Bedeutung des christlichen Glaubens fehlen, noch ganz abgesehen von der Möglichkeit einer persönlichen Aneignung. Deshalb schlug Rousseau vor, mit der religiösen Erziehung bis zum Alter von 14 Jahren zu warten.

Die einseitige Betonung von Rationalität und eine damit verbundene skeptische Haltung gegenüber der Religion von Kindern blieb im modernen Erziehungsverständnis weithin einflußreich, aber auch die konkurrierende Absicht, an der psychologischen Grundlegung des Glaubens in der Kindheit festzuhalten, hat in der Moderne beträchtliche Aufmerksamkeit erfahren. In der Psychologie des 20. Jahrhunderts wurde die Annahme psychologischer Voraussetzungen des Gottesglaubens von modernen Psychologen und besonders Psychoanalytikern aufgenommen. Sigmund Freud[8] selbst, der Begründer der psychoanalytischen Bewegung, stand eher auf der Seite der modernen Religionskritik. Seine Aufmerksamkeit galt der neurotisierenden Wirkung von Religion in der Kindheit, besonders in der Zeit, in der sich das Über-Ich oder das Gewissen entwickelt. Während Freud also nicht von einer gesundheitsförderlichen Rolle von

Religion im allgemeinen ausging und auch keine konstitutive Rolle von Religion in der Kindheit in einem positiven Sinne erkennen konnte, war er doch davon überzeugt, daß die religiösen Erfahrungen in der Kindheit für das spätere Leben entscheidend seien.

Einer der einflußreichsten Psychologen bzw. Psychoanalytiker des 20. Jahrhunderts verlieh dann der Annahme einer positiven Rolle der Kindheitsreligion durch seine Arbeiten zum menschlichen Lebenszyklus neu Bedeutung und Gewicht. Dieser Psychologe war Erik H. Erikson, der die entsprechenden psychologischen Prozesse mit seinen Begriffen des »Grundvertrauens« und der »Identifikationen« in Kindheit und Familie als erster Grundlage einer gemeinsamen »Identität« beschrieb.[9] Seiner Darstellung der psychosozialen Entwicklung in der Kindheit zufolge stellt eine vertrauenswürdige Beziehung zwischen Mutter und Kleinkind den Ursprung religiöser Sehnsucht und Hoffnung dar. Es ist das Gesicht der Mutter, in dem das Kind sich selbst zu erkennen lernt, so daß dieses zum Vorläufer von Gottes Angesicht wird. Erikson beschreibt diesen Vorgang in fast poetischer Weise. In seinem Buch »Der junge Mann Luther«[10] findet sich folgende Aussage:

> »Unter allen ideologischen Systemen stellt jedoch allein die Religion jenes früheste Gefühl wieder her, einem zugewandt zu sein, der Fürsorge und Vorsorge trifft. In der jüdisch-christlichen Tradition zeigt kein Gebet dies deutlicher als ›der Herr lasse sein Angesicht leuchten über dir und sei dir gnädig. Der Herr hebe sein Antlitz über dich und gebe dir Frieden‹. Keine Andachtshaltung verkörpert dieses Erleben stärker als das in der Hoffnung, erkannt zu werden, emporgewandte Gesicht.«

Wenn das Kind dann älter wird, treibt die feste Identifikation mit den Eltern den psychosozialen Prozeß der religiösen Entwicklung weiter voran. Diese Identifikation verbindet die religiösen Erfahrungen der frühen Kindheit mit der religiösen Erziehung durch Mutter, Vater und erweiterte Familie. Die in der Erfahrung des »Grundvertrauens« (oder »Grund*mißtrauens*«) implizit enthaltene religiöse Dimension wird nun explizit, wird aber weiterhin durch die Beziehungen innerhalb der Familie vermittelt.

Die Kindheitserfahrung einer festen Verwurzelung im Glauben der Eltern ist beispielsweise von dem französischen Autor Jacques

Lusseyran in den 1960er Jahren geradezu gepriesen worden. In seinen autobiographischen Schriften spricht er von dem »Gefühl der Wärme« und von dem geradezu intimen »Schutz«, der für ihn zum »Anfang des Glaubens« geworden und niemals dem »metaphysischen Zweifel« gewichen sei.[11] Und selbst zeitgenössische Autorinnen und Autoren wie die New Yorker Journalistin und Mutter Martha Fay sprechen nicht weniger eindrücklich von der Erfahrung, »daß das eigene Selbst, gleichsam in die weiche Watte einer perfekten Familie verpackt, das wahre Zentrum des Universums bewohnt, daß alles stimmt und alle seine Gewohnheiten auf ewig Bestand haben«[12]. Solche Berichte verweisen auf einen der wichtigsten Gründe dafür, daß manche Eltern ihre Kinder noch immer so aufwachsen sehen möchten – fest verwurzelt im Glauben der Familie und mit einem klaren Gefühl der Zugehörigkeit zu einer bestimmten christlichen Gemeinde oder Religionsgemeinschaft – auch wenn solche Eltern heute vielleicht zu einer Minderheit geworden sind. Zusammenfassend läßt sich sagen: Nach moderner Auffassung können die frühen Stufen des Lebenszyklus als das Saatfeld eines persönlichen Glaubens angesehen werden und zugleich als feste Grundlage für eine gemeinsame religiöse Identität in dem Sinne, daß man zu seinen Eltern gehört und durch sie zu der einzig wahren Religion.

Diese Sichtweise ist noch immer sehr attraktiv, zumindest für manche Eltern oder Erzieherinnen und Erzieher. Das Loblied auf die religiöse Einwurzelung in der Kindheit ist aber nicht immer und von allen angestimmt worden. Seit moderne Pädagogen wie Jean-Jacques Rousseau oder kritische Psychoanalytiker wie Sigmund Freud ihre Stimme erhoben haben, besteht auch die Sorge, daß eine frühe religiöse Erziehung das Kind überwältigen könnte. Immer wieder ist die religiöse Erziehung in der Kindheit hinterfragt und kritisiert worden, weil sie dieser kritischen Sicht zufolge den Kindern ein moralisches und religiöses System aufzwinge. Hervorgehoben werden die Verletzlichkeit des Kindes und seine Wehrlosigkeit gegenüber einer religiösen Indoktrination, die ihm nach dem Urteil der Kritiker nur schaden kann. Die durch frühe religiöse Erziehung anerzogenen religiösen Überzeugungen seien nicht kindgemäß, für Kinder unverständlich, störend und häufig furchterregend. Besonders die Warnung vor Sünde und ewiger Verdammnis, göttlicher

Bestrafung und ewigem Verlorensein sind Hauptbeispiele für das, was Kindern dieser Auffassung zufolge niemals zu Ohren kommen sollte.

Die populäre Literatur über Erfahrungen mit religiöser Erziehung in der Kindheit, die in den letzten 30 oder 40 Jahren veröffentlicht worden ist, enthält eine Fülle von Beispielen für diese Kritik an einer Mischung aus väterlicher Autorität und Frömmigkeit, und in jüngster Zeit ist dazu noch die Frage nach einem möglichen Zusammenhang zwischen bestimmten Formen der religiösen Erziehung und Kindesmißbrauch hinzugekommen.[13] In seinem Buch über die »Suche nach Identität«, das in den späten 1950er Jahren veröffentlicht wurde, berichtet der Psychoanalytiker Allen Wheelis[14] folgende Szene: Der siebenjährige Larry hat die Aufgabe, das Tischgebet vor dem Essen zu sprechen:

> »Manchmal... folgte auf das Ende des Tischgebets der scharfe Tadel: ›Setz dich richtig hin am Tisch, mein Herr!‹ Nach einer verwirrten Schrecksekunde merkte Larry, daß er sich in seinen Stuhl gelümmelt hatte, setzte sich aufrecht hin und wartete schweigend. ›Und jetzt sagst du das Tischgebet noch einmal, mein Herr!‹ So war er gezwungen, es zu wiederholen, begann dann zögernd zu essen und fragte sich, ob ihn sein Vater wohl noch beobachtete, hatte aber Angst, hinzusehen und sich zu vergewissern.«

In dieser Szene ist religiöse Erziehung eng mit Gehorsam verbunden, mit dem Zwang, den Befehlen eines strengen Vaters zu folgen, und mit einem tiefen Gefühl der Angst. Man kann sich leicht vorstellen, wie Tischgebete oder auch andere Gebete so für diesen kleinen Jungen zu einer angstbesetzten Erfahrung wurden und daß auch sein Gottesbild wohl alles andere als freundlich oder vergebend war.

Ähnliche Berichte – mit einem anderen kulturellen Hintergrund – gibt es vielfach auch aus anderen Ländern. In Deutschland hat vor allem Tilmann Moser die weithin bekannt gewordene Rede von der »Gottesvergiftung« geprägt – in seiner Erziehung wurde Gott als ein Gift eingesetzt.[15] Die Liebe der Eltern sei stets davon abhängig gewesen, ob er bereit war, Gott zu gehorchen und die verschwommene Mischung elterlicher und göttlicher Erwartungen zu erfüllen: *Deine Eltern lieben dich, wenn du Gott liebst – Gott liebt dich, wenn du deine Eltern liebst – Gott liebt dich, wenn du erfolgreich bist – Gott wird dich nicht lieben, wenn du versagst usw.*

Eine ähnlich vernichtende Erfahrung wird von Monika Schaefer[16] berichtet, die als kleines Mädchen immer mit ihrer Mutter beten mußte. Wenn sie Gott um Vergebung für ihre Verfehlungen bat, konnte sie sicher sein, daß ihre Mutter fragen würde, was genau sie denn getan hätte. Und wenn die kleine Monika nicht um Gottes Vergebung bat, würde die Mutter sie in hilfreicher Weise daran erinnern, was sie in ihrem Gebet vielleicht vergessen hätte. So gab es keine Möglichkeit, dem bedrückenden Ritual, das sich jeden Abend im Namen von Gottes Liebe wiederholte, zu entkommen.

Wie wir im nächsten Abschnitt sehen werden, spielen solche Erfahrungen auch in der Gegenwart noch immer eine Rolle. Ein solcher Stil wird in der Kindererziehung zwar nur noch selten praktiziert, aber die heutige Elterngeneration ist sehr darauf bedacht, alles zu vermeiden, was selbst im entferntesten Sinne der Form von religiöser Erziehung gleichen könnte, an die sich viele Eltern mit bedrückenden Gefühlen aus ihren eigenen Kindertagen erinnern. Anders gesagt sind die negativen Erfahrungen mit einer das Kind unterdrückenden religiösen Erziehung für Eltern noch immer ein starkes Motiv dafür, sorgfältig sicherzustellen, daß sich die Vollzüge ihrer Kinderzeit für ihre eigenen Kinder nicht wiederholen.

Eine weitere kritische Anfrage an das moderne Verständnis des Lebenszyklus bezieht sich auf die Rolle der Mutter als sogenannte primäre Bezugsperson des Kindes. Die Mutter der frühen Kindheit, so das kritische Argument[17], werde mit idealisierten Vorstellungen beschrieben, die der Wirklichkeit nicht gerecht werden und die es jeder Mutter sehr schwer machen müssen, wirklich sie selber zu sein. Das idealisierte Mutterbild verlange, daß sie immerfort liebevoll für Nahrung, Trost und Sicherheit sorgt. Und wo die Mutter diesem Ideal nicht entspricht (was in Wirklichkeit die Regel ist), wird die Gefahr eines frühen religiösen Traumas vor Augen gestellt. Eine nicht den Erwartungen entsprechende Mutter wird damit verantwortlich gemacht für die zukünftige Entfremdung des Kindes vom Glauben. Schuldgefühle der Mutter sind die zwangsläufige Folge.

Das idealisierte Bild der Mutter findet sich zwar nicht bei wissenschaftlichen Psychologen wie Erik Erikson, aber dafür weithin in der populären Literatur und bestimmt so das Bewußtsein vieler Menschen. Das moderne Verständnis von Religion in der Kindheit ist also nicht ohne innere Spannungen. Auf der einen Seite steht die Begeisterung für ein sicheres Gefühl der Zugehörigkeit zum Glauben der Eltern, auf der anderen Seite wird jede Form der religiösen Erziehung in der Kindheit kritisiert, weil sie das Kind überwältigen könne. Darüber hinaus werden Eltern und besonders die Mütter mit unrealistischen Erwartungen überzogen, weil sie als frühe Vorbilder dafür dienen sollen, was später zu einem ausdrücklichen Gottesbild werden kann.

Es ist anzunehmen, daß solche Spannungen oder Ambivalenzen direkt oder indirekt auf die allgemeine Ambivalenz der Moderne im Blick auf Religion zurückzuführen sind. Religion wird zwar als eine unerläßliche Grundlage der Moralerziehung durchaus geschätzt, aber sie gilt zugleich als vorrational und als nicht aufgeklärt – als eine Angelegenheit bloß für Kinder und vielleicht noch für alte Menschen, jedenfalls aber nicht – wie wir in Kapitel 5 sehen werden – für den autonomen Erwachsenen, in dem die moderne Kultur ihr grandioses Ideal entworfen hat. Die moderne Auffassung von Kindheit kann auf Grund ihrer Ambivalenz in Frage gestellt werden, aber sie durchdringt gleichwohl nach wie vor unser Denken im Blick auf Kindheit und Religion. Sie liegt vielfach auch den Erwartungen von Menschen zugrunde, die mit Sorge den mit der Postmoderne verbundenen Wandel wahrnehmen.

2. Aufwachsen in pluralen postmodernen Zusammenhängen

Die herkömmliche Sicht der Kindheitsreligion als fester Grundlage für ein ganzes Leben trifft ganz offenbar nicht mehr zu. Das Gefühl, in der Kindheit von den Eltern auf den einen richtigen Weg zur Wahrheit geführt worden zu sein, ist für heutige Kinder zur seltenen Ausnahme geworden. Statt dessen drängt sich die Erfahrung religiöser Pluralität auf, und diese Erfahrung beginnt schon sehr früh. Darüber hinaus wird Religion selbst in der Kindheit als eine Privatangelegenheit behandelt, die jedem einzelnen überlassen bleibt.

Viele Eltern vertreten die Auffassung, daß ihr Kind selbst frei entscheiden soll, welche religiösen Überzeugungen es übernehmen will und welche religiöse Praxis ihm attraktiv scheint.[18] Vielfach scheint das Gespräch in der Familie sich von religiösen Themen fernzuhalten. Religion wird offenbar als eine intime Angelegenheit empfunden, die nicht direkt angesprochen werden sollte, nicht einmal in der Familie.

Nachdem pädagogische Einrichtungen wie der Kindergarten sich mehr und mehr durchgesetzt haben und von der Mehrheit der Kinder besucht werden, begegnen Kinder schon früh Angehörigen anderer Kulturen und verschiedener Religionsgemeinschaften. Solche Einrichtungen bringen oft Kinder mit sehr unterschiedlicher Herkunft zusammen. Und selbst wenn in diesen Einrichtungen Religion nicht direkt angesprochen wird, werden die Kinder doch aller Wahrscheinlichkeit nach schon durch den Kontakt mit ihren Freundinnen und Freunden von religiösen Unterschieden erfahren.

Heute sind sich die Kinder also, zumindest der Möglichkeit nach, von Anfang an bewußt, daß alles, was sie von ihren Eltern lernen, auch anders gesehen werden kann. Manche Kinder gehen zum Gottesdienst und manche nicht, manche Familien beten und andere nicht, manche Kinder hören von Jesus und andere nicht, manche von Mohammed und wieder andere von Shiva oder Vishnu, während einige nicht einmal das Wort »Gott« kennen. Es ist tatsächlich schwer vorstellbar, daß es noch eine nachhaltige Verwurzelung in einer einheitlichen Glaubenstradition der Familie geben kann, so wie dies zu anderen Zeiten erwartet werden konnte. Statt dessen herrscht die Erfahrung religiöser Vielfalt vor, mit verschiedenen Optionen und Auffassungen.

Wünschen sich Eltern eigentlich überhaupt noch eine solche Verwurzelung, wie sie herkömmlicherweise erwartet wurde? Bislang war meine Beschreibung der gegenwärtigen Situation auf die Sichtweisen von Eltern und Familien konzentriert, die sich aktiv um die religiöse Erziehung ihrer Kinder bemühen oder die sich zumindest wünschen, daß ihre Kinder im Sinne eines bestimmten Glaubens erzogen werden. Vielfach ist dies heute aber nicht mehr der Fall, zumindest nicht im herkömmlichen Sinne. Ein beträchtlicher Anteil heutiger Eltern besitzt keine formelle Religionszugehörigkeit, und selbst von denen, die einer Religion angehören, sind viele unsicher, ob sie ihre Kinder in eine bestimmte religiöse Tradition einführen sollen.[19] Häufig zu finden ist die Befürchtung, daß das Kind indoktriniert oder überwältigt werden könnte – eine Befürchtung, die, wie oben gezeigt, nicht nur vor dem Hintergrund der modernen Pädagogik mit ihrer Betonung der Autonomie des Kindes verstanden werden muß, sondern die auch in einem Zusammenhang mit den Erfahrungen der Elterngeneration mit religiöser Erziehung in der eigenen Kindheit steht.[20] Viele der heutigen Eltern denken bei religiöser Erziehung noch immer an autoritäres Verhalten, an das Auswendiglernen festliegender Glaubenssätze und an das Bemühen, die Furcht vor Strafe in die Herzen der Kinder einzupflanzen. Es ist leicht zu erkennen, warum die heutigen Eltern eine Wiederholung der Form von religiöser Erziehung vermeiden wollen, die sie selbst früher erhalten haben. Die Generation, die um eine Befreiung von dem zumindest damals so wahrgenommenen autoritären Verhalten von Eltern oder der Gesellschaft gekämpft hat, verabscheut alles, was an religiöse Autorität erinnern könnte. In seinem Buch »Leben nach Gott« spricht Douglas Coupland, einer der bekanntesten Autoren der 1990er Jahre mit wichtigen Veröffentlichungen zur »Generation X«, von der »ersten Generation, die ohne Religion aufgewachsen« sei[21]:

> »Ich begann mich zu fragen, woran genau ich bislang geglaubt habe… So etwas fällt nicht leicht. Genau zu sagen, woran man glaubt, fällt schwer. Für mich war die Aufgabe dadurch noch erschwert, daß ich ohne Religion erzogen worden war, und dies von Eltern, die mit ihrer eigenen Vergangenheit gebrochen hatten … – die ihre Kinder von jeder Ideologie fern gehalten hatten.«

Dieses Zitat verweist auch darauf, daß wir uns der besonderen geschichtlichen Lage der religiösen Erziehung heute bewußt werden müssen. Es sind die oftmals rebellischen Jugendlichen und jungen Erwachsenen der 1960er Jahre, die jetzt das Alter von 40, 50 oder sogar 60 Jahren erreicht haben. Zum Teil ist es bereits die Generation ihrer Söhne und Töchter, die jetzt Eltern kleiner Kinder sind. Und es sei denn, daß diese Söhne und Töchter der ersten antiautoritären Elterngeneration gleichwohl eine autoritäre Erziehung erhalten hätten, was angesichts der Revolte gegen alle Gehorsamsforderungen in den 1960er und 70er Jahren nicht sehr wahrscheinlich ist, müssen ihre Eltern darin erfolgreich gewesen sein, ihre starke Abneigung gegen alles, was nach Indoktrination riecht, an die nächste Generation weiterzugeben.

Neben denen, die ihre Kinder religiös erziehen wollen, und denen, die dies nicht wollen, gibt es noch eine dritte Gruppe von Eltern, die ebenfalls rasch zu wachsen scheint. Mehr und mehr geht es nicht nur um verschiedene Konfessionszugehörigkeiten in der Familie – es geht vielmehr um religiöse Unterschiede in dem Sinne, daß beispielsweise ein Elternteil zum Islam, der andere zum Christentum gehört, ein Elternteil jüdisch ist, der andere christlich usw.[22] In einer umstrittenen Äußerung hat etwa der bekannte Harvard-Theologe Harvey Cox die Auffassung vertreten, daß zumindest zwischen Judentum und Christentum eine Art dualer religiöser Erziehung möglich sein sollte.[23] Tatsächlich wissen wir aber sehr wenig über die Erziehung in solchen Familien. Auf jeden Fall aber scheint die religiöse Erziehung in einer bi-religiösen Familie nicht immer leicht zu sein. Martha Fay[24] berichtet von dem Fall eines geschiedenen Paares in Colorado:

> »Der Ehemann war … jüdisch, die Ehefrau eine Katholikin, die zum Zeitpunkt der Eheschließung zum Judentum übergetreten war. Nach einigen Jahren und der Geburt von zwei Töchtern ließen sich die Eltern scheiden. Die Töchter, die zu dieser Zeit den Unterricht in einer Hebräischen Schule aufgenommen hatten und sich selbst angeblich als Jüdinnen verstanden, wurden der Mutter zugesprochen. Bald nach der Scheidung kamen der Mutter jedoch Zweifel im Blick auf ihren Übertritt, sie kehrte zum Katholizismus zurück und heiratete später einen Katholiken. Während sie ihre Töchter auch weiterhin am Samstag zur Hebräischen Schule brachte, nahm sie sie auch zur Messe am Sonntag mit und vertrat die Auffassung, daß die Mädchen dazu berechtigt seien, beide Glaubensweisen kennenzulernen. Der Vater sah dies jedoch anders und ging vor Gericht, um für sich das ausschließliche Recht zu erstreiten, über die religiöse Bildung seiner Kinder zu bestimmen. Wie sein Anwalt in einem Zeitungsinterview formulierte: ›Entweder ist Jesus der Messias oder er ist es nicht‹«.

Dieser Bericht mag extrem klingen, und er stellt gewiß keine ausreichende Grundlage dafür dar, die Situation bi-religiöser oder multireligiöser Familien zu beurteilen. Dennoch hinterläßt der Bericht Fragen hinsichtlich der Möglichkeit, wie unterschiedliche religiöse Überzeugungen, die oft tief in der eigenen Persönlichkeit oder Biographie verwurzelt sind, wirklich damit vereinbart werden können, sein Leben aufs engste mit einer anderen Person und einer ganzen Familie zu teilen. Und selbst wenn die wissenschaftliche Theologie inzwischen zahlreiche Veröffentlichungen über eine stärker dialogische Einstellung zu anderen Religionen hervorgebracht hat[25], wird diese Einstellung dort doch nur selten auf das Alltagsleben oder auf Fragen der religiösen Familienerziehung bezogen.

Eine meiner Mitarbeiterinnen, Regine Froese, hat ein Forschungsprojekt zur religiösen Erziehung in christlich-muslimischen Familien durchgeführt.[26] Sie geht empirisch vor, u. a. mit Interviewgesprächen sowohl mit Kindern als auch mit Erwachsenen. Auf der Grundlage ihrer Ergebnisse vertritt sie die These, daß das Aufwachsen mit einer doppelten religiösen Prägung innerhalb der Familie leicht zu einer sehr stark verinnerlichten und privatisierten Religion führen könne. Ihren Beobachtungen zufolge haben Eltern häufig Angst davor, daß die direkte Auseinandersetzung mit trennenden religiösen Fragen wie beispielsweise nach der Form, in der Weihnachten, Ostern, Hanukkah oder Ramadan gefeiert werden soll, zu familiären Konflikten führen könnte, deren Lösung über die Kräfte der Eltern geht. Wenn also die Alternative so klar ist, wie der oben zitierte Anwalt meint – entweder ist Jesus der Messias oder er ist es nicht –, dann ziehen es die Familien vor, solche Fragen um des Friedens willen überhaupt zu vermeiden, anstatt sich in einen Konflikt um Angelegenheiten, die sie ohnehin nicht begreifen, verwickeln zu lassen. Offenbar wird es als Widerspruch erlebt, als ein verheiratetes Paar zusammen zu bleiben und doch in grundlegenden Glaubensfragen verschiedene Wege zu gehen. So erscheint es sicherer, das gemeinsame Leben auf religiös neutrale Grundlagen zu stellen und alle religiösen Entscheidungen zu einer Privatangelegenheit der einzelnen Familienmitglieder zu machen, seien es nun die Erwachsenen oder die Kinder.

Die Erfahrung des Aufwachsens in kultureller und religiöser Vielfalt ist gewiß bereits herausfordernd genug – mit religiöser Pluralität als Teil des Alltagslebens schon in der Kindheit und vielleicht sogar in der eigenen Familie, und mit einer Elterngeneration (und manchmal auch einer Großelterngeneration), die ihre Kinder nur ungern auf einen bestimmten Glauben verpflichten möchte. Die Situation der Postmoderne enthält jedoch mit Sicherheit noch mehr Herausforderungen, als wir bislang genannt haben. Vermutlich stellt die wachsende Anzahl sogenannter unvollständiger oder postfamilialer Familien[27] eine der am weitesten reichenden Herausforderungen des herkömmlichen Bildes von der Kindheit als sicherem Anfang des Lebenszyklus dar. Hohe Scheidungsraten – am höchsten sind sie mit mehr als 50 % in den Vereinigten Staaten – und zweite oder dritte Ehen sind nur die sichtbarsten Anzeichen dafür, wie selten die Erfahrung des Aufwachsens in einer stabilen und kontinuierlichen Familiensituation geworden ist. Die sogenannten primären Bezugspersonen eines Kindes, die für die herkömmliche moderne Sicht der religiösen Erziehung in der Familie so wichtig waren, können auf diese Weise sogar mehrmals während der ersten Lebensjahrzehnte ausgetauscht werden.

Leider stehen bislang noch keine psychologischen Beschreibungen oder empirischen Untersuchungsergebnisse zur Verfügung, die Aufschluß über die Folgen sogenannter postfamilialer Situationen für die religiöse Entwicklung des Kindes geben könnten. Die klassischen Modelle beispielsweise aus der Psychoanalyse setzen kontinuierliche Beziehungen zwischen Kind, Mutter und Vater voraus. Es wird daher für die künftige Forschung wichtig sein, ob und in welcher Weise die mütterlichen und väterlichen Wurzeln des kindlichen Gottesbildes von den postmodernen Veränderungen der Familie betroffen sind. Oder, um es allgemeiner auszudrücken: Wenn die Erfahrung von Scheidung immer häufiger auftritt, müssen wir auch die psychologischen Folgen für die religiöse Entwicklung und Erziehung untersuchen. Diese Frage hat jedenfalls noch nicht die Aufmerksamkeit gefunden, die sie verdient.

Es liegt auf der Hand, daß noch weit mehr über heutige Kindheitserfahrungen gesagt werden könnte. So ist auch der Einfluß der Medien auf die religiöse Erziehung bislang nicht wirklich erforscht. Das Gesagte reicht jedoch aus, um feststellen zu können, daß die herkömmlichen modernen Erwartungen hinsichtlich von Religion in der Kindheit nicht mehr tragfähig sind. Daher wird es immer wichtiger, neu über die Aufgaben von Kirche und Theologie angesichts solcher Herausforderungen nachzudenken.

3. Das Recht des Kindes auf Religion: Perspektiven zwischen Zugehörigkeit und Offenheit

Wie sollen wir die Veränderungen, die sich für den postmodernen Lebenszyklus abzeichnen, nun beurteilen? Wie ist auf die sich wandelnde religiöse Situation in der Kindheit zu reagieren? Ein Großteil der Literatur konzentriert sich auf die Frage der Vielfalt oder Pluralität.[28] Zwei Sichtweisen herrschen dabei vor und liegen häufig miteinander im Streit: Einerseits wird die religiöse Vielfalt in der Kindheit sehr positiv wahrgenommen, weil sie als Voraussetzung für Toleranz und eine neue Offenheit gegenüber anderen Religionen gilt. Auf der anderen Seite stehen Befürchtungen, daß Kindern die Möglichkeit fehlt, überhaupt noch ein festes Gefühl der Zugehörigkeit zu einer Religionsgemeinschaft und zu einer klar identifizierbaren Glaubenstradition auszubilden. Idealvorstellungen eines multikulturellen und multireligiösen Reichtums stehen Befürchtungen im Blick auf religiöse Heimatlosigkeit gegenüber. Welches Verständnis erweist sich als tragfähig? Welche Konsequenzen sollten gezogen werden?

M.E. geht die weithin geteilte Deutung der heutigen Situation, wie ich sie soeben beschrieben habe, nicht weit genug. Religiöse Heimatlosigkeit ist nicht einfach das Ergebnis multikultureller Einflüsse. Heute erwächst sie auch – und vielleicht an erster Stelle – aus einer unzureichenden oder überhaupt fehlenden religiösen Erziehung. Auf sich selbst gestellt sind viele Familien nicht in der Lage (oder nicht willens), die Verantwortung für diese Aufgabe der Erziehung zu übernehmen. Deshalb ist die Spannung zwischen religiöser Zugehörigkeit und Offenheit in Wirklichkeit nicht die erste Frage, die heute aufgenommen werden muß. Dieser Frage gleichsam vorgelagert ist ein tieferreichendes Problem – die Möglichkeit, daß in der Postmoderne viele Kinder überhaupt keine wirklich religiöse Erziehung erhalten.

Gewiß: Alle Kinder haben religiöse Fragen oder zumindest Fragen, die potentiell religiös sind. Die Angst davor, Kinder zu indoktrinieren, sowie eine verbreitete materialistische Lebensorientierung können aber selbst die größten Fragen, die Kinder stellen, zum Verschwinden bringen. Douglas Coupland, dessen Buch über das »Leben nach Gott« ich bereits zitiert habe, berichtet von einem aufschlußreichen Gespräch mit einem Kind:

> »Du stelltest Fragen über die Tiere, manche davon richtig schwierig, und diese Fragen waren eine willkommene Abwechslung ... Als du gerade den Adler gesehen hattest, fragtest du mich, scheinbar aus blauem Himmel: ›Woher kommen die Menschen?‹ Ich war mir nicht sicher, ob du die Vögel und Bienen meintest oder die Arche oder was auch immer. Beide Richtungen waren damals aber zu viel für mich ... Immer wieder hast du deine Frage wiederholt, und so gab ich dir eine ausweichende Antwort von der Art, wie sie Eltern nicht geben sollen. Ich sagte dir einfach, daß die Menschen ›von irgendwo im Osten‹ kommen ...«[29]

Vor dem Hintergrund solcher Antworten – oder, um es genauer zu sagen: eines solchen Vermeidens von Antworten – sehe ich eine klare Notwendigkeit dafür, das Recht des Kindes auf Religion anzusprechen. Wie ich an anderer Stelle gezeigt habe[30], haben Kinder ein Recht auf Religion, weil sie religiöse Erziehung oder Begleitung brauchen, wenn sie in gesunder Weise aufwachsen sollen. Und in meinem Verständnis kann diese Auffassung ebensogut theologisch wie psychologisch begründet werden.

Die theologischen Gründe sind leicht einzusehen. In der Bibel ist die Aufforderung, den Glauben mit den Kindern zu teilen, von Anfang an gegenwärtig, in der jüdischen ebenso wie in der christlichen Tradition. Als klassischer Beleg gilt 5. Mose 6,20f.:

> Wenn dich dein Sohn fragt ...: Was sind das für Vermahnungen, Gebote und Rechte, die euch der Herr, unser Gott, geboten hat?, so sollst du deinem Sohn sagen: Wir waren Knechte des Pharao in Ägypten, und der Herr führte uns aus Ägypten mit mächtiger Hand ...

Und in Mk 10,14 hören wir von Jesus:

> Laßt die Kinder zu mir kommen und wehret ihnen nicht; denn solchen gehört das Reich Gottes.

Selbst wenn die Rechte von Kindern in der Vergangenheit auch in Kirche und Christentum nicht immer respektiert worden sind, kann aus heutiger Sicht theologisch nicht bezweifelt werden, daß Kinder ein Recht auf Religion besitzen.[31] Das Recht des Kindes auf Religion läßt sich aber auch psychologisch begründen. Wie wir bei der psychoanalytischen Darstellung sehen konnten, schließen die frühkindlichen Erfahrungen stets eine religiöse Dimension ein. Wenn Kinder sich im Angesicht von Mutter oder Vater wie in einem Spiegel erkennen und wenn dieses Erkanntwerden die persönliche Existenz des Kindes entweder bestätigt oder verneint, dann ist diese Erfahrung von einer letzten Bedeutung und kann daher als religiös bezeichnet werden. Wenn dies zutrifft, dann darf weiter gefolgert werden, daß dem Kind auch eine Sprache angeboten werden muß, die es ermöglicht, solche Erfahrungen zum Ausdruck zu bringen oder sie zumindest anzusprechen und mit anderen darüber zu kommunizieren. Andernfalls bleibt eine ganze Dimension des menschlichen Lebens aus der Kommunikation ausgeschlossen. Der sprachliche Austausch mit anderen Menschen ist in diesem Falle aber auch die Voraussetzung für eine Heilung dessen, was in der Kindheit fehlgegangen ist, sowie dafür, Kinder bei der Suche nach Lebenssinn zu unterstützen. Nur wo frühe Erfahrungen der existentiellen Verneinung angesprochen werden können, wird es möglich sein, diese zu korrigieren und einem Menschen diejenige Bestätigung, die zur Entwicklung eines gesunden Selbst erforderlich ist, auch wirklich zu geben.

Es ist eigens hervorzuheben, daß wir mit diesem Verständnis die moderne Ambivalenz zwischen der Idealisierung von Kindheitsreligion einerseits und der Kritik der religiösen Erziehung als Indoktrination andererseits überwinden wollen. In Übereinstimmung mit postmodernen Sichtweisen betrachten wir das Kind als ein aktives Subjekt – als eine Person, die eine große Vielfalt von Erfahrungen in der natürlichen, sozialen und symbolischen Umwelt verarbeitet. Wenn wir diese Auffassung ernst nehmen, brauchen Kinder eine Umwelt, die religiöse Symbole und Erzählungen als Formen der religiösen Kommunikation anbietet. Und genau in diesem Sinne haben Kinder ein Recht auf Religion und auf religiöse Erziehung.

Wer soll dieses Recht auf Religion gewährleisten? Herkömmlicherweise war es die Familie, von der dies erwartet werden konnte. Und da Kinder auch in Zukunft Familien brauchen, liegt im möglichen Beitrag der Familie zur religiösen Erziehung ein weiterer Grund dafür, daß Kirche und Theologie die Eltern in dieser Hinsicht unterstützen sollten. Zugleich wird es aber immer wichtiger, daß Kirche und Theologie auch selbst ihre besondere Verantwortung für Kinder bewußt wahrnehmen. Für diese besondere Verantwortung wurden bereits gewichtige theologische Gründe benannt. Die Unsicherheiten bei der religiösen Erziehung fordern dazu heraus, dieser Verantwortung vermehrt Rechnung zu tragen und verstärkt auf Kinder in der Gemeinde zu achten. Wo er ernstgenommen wird, ist der Kindergottesdienst ein guter Anfang dafür. Es könnte sich jedoch zeigen, daß wir heute neue und zusätzliche Programme und Strukturen für Kinder brauchen, wenn die Herausforderungen der postmodernen Lebenssituation ernsthaft aufgenommen werden sollen. Vor allen Dingen müssen wir lernen, nicht nur an die Erwachsenengemeinde und an Angebote für Erwachsene zu denken, sondern Gemeinde mit den Augen von Kindern und von deren Bedürfnissen her wahrzunehmen.

Aus der Perspektive der Kinder ergeben sich neue Einsichten hinsichtlich der postmodernen Spannung zwischen Zugehörigkeit und Offenheit. Logisch gesehen schließen sich die einander entgegengesetzten Pole dieser Spannung wechselseitig aus. Von den Kindern her gesehen, ist dies nicht der Fall. Wenn es ein Recht des Kindes ist, daß seine großen Fragen Gehör finden und daß ihm Erwachsene das anbieten, was sie als die ehrlichsten und verläßlichsten Antworten auf solche Fragen ansehen, dann zielt religiöse Erziehung immer auf ein Gefühl der Zugehörigkeit und Einwurzelung junger Menschen in einer bestimmten religiösen Tradition. Dies bedeutet aber nicht, daß der Einfluß der religiösen Individualisierung auf die Glaubensweisen und Einstellungen der Erwachsenen, auf die oben hingewiesen wurde, nun vergessen sein soll. Soweit wir jedoch an einer verantwortlichen Erziehung interessiert sind, müssen wir unsere individuellen und persönlichen Antworten mit den Einsichten derer vergleichen, die über Jahrhunderte und Jahrtausende hinweg die religiösen Quellen studiert sowie über deren Verständnis nachgedacht und gestritten haben. In diesem Sinne hat religiöse Zugehörigkeit als Ziel der christlichen Erziehung ihre Bedeutung auch in der Postmoderne nicht verloren.

Aber dies ist nur die eine Seite. Es kann keinen vernünftigen Grund dafür geben, Scheuklappen im Sinne eines neuen Konfessionalismus zu empfehlen. Auch wenn es gute Gründe für die Notwendigkeit von Einwurzelung und Zugehörigkeit gibt, können wir doch nicht übersehen, daß Kinder beständig der Erfahrung religiöser Pluralität begegnen. Die einzige Möglichkeit, diese Erfahrung auszuschließen, bestünde darin, die Kinder auf einer Insel festzusetzen und so den alten Traum von einer rein pädagogischen Provinz, abgeschirmt von allen gesellschaftlichen Einflüssen, wieder aufzunehmen. Sobald wir uns von diesem Traum verabschieden, weil er sich nicht in die Praxis umsetzen läßt und weil es auch nicht wirklich wünschenswert wäre, die Kinder von der Welt zu isolieren, müssen wir uns fragen, wie die tatsächliche und unvermeidliche Erfahrung religiöser Pluralität für Kinder am ehesten fruchtbar gemacht werden kann.

Von diesem Verständnis aus sind wir in der Lage, die lähmenden Alternativen, vor die uns die Moderne so nachdrücklich stellt, entschieden hinter uns zu lassen. In der Postmoderne gibt es keine Wahl zwischen religiöser Zugehörigkeit und Offenheit, wie dies fälschlicherweise in der Literatur noch immer suggeriert wird. Und es gibt auch keine Wahl zwischen einer idealisierten Kindheitsreligion und religiöser Indoktrination. Statt dessen müssen wir das Kind als ein aktives Zentrum der Erfahrung anerkennen und zugleich als eine Person, die von Anfang an mit Erfahrungen, die durch die Umwelt gestaltet werden, konfrontiert ist. Die Aufgabe der religiösen Erziehung besteht dann darin, das Kind zu begleiten und es in seiner Auseinandersetzung mit diesen Erfahrungen zu unterstützen. Weiterhin kann das Ziel von Erziehung in der Postmoderne weder in einer Rückkehr zu einem nicht weiter hinterfragten Zustand natürlicher Zugehörigkeit bestehen noch ausschließlich in einer Offenheit, wie sie ohne ein Zentrum der Zugehörigkeit ohnehin nicht denkbar ist. So ist es das Gleichgewicht zwischen religiöser Zugehörigkeit und Offenheit, um das wir uns bemühen müssen, indem wir gleichzeitig eine feste Verwurzelung im eigenen Glauben betonen wie auch die Fähigkeit, den Glauben anderer zu akzeptieren und anzuerkennen.

Eine solche Sicht der religiösen Erziehung in der Kindheit als eines dynamischen Prozesses kann uns auch dabei helfen, ideologische Vorstellungen von der modernen Familie zu überwinden. Während es wahr und wichtig bleibt, daß Kinder verläßliche Familien brauchen, damit sie einen Ort für ihr Aufwachsen haben, muß dieses Bedürfnis doch zugleich mit den unvermeidlichen Realitäten des Familienlebens vereinbart werden. Es macht keinen Sinn, das Verhalten von Müttern oder Vätern in idealisierender Weise darzustellen, indem wir bloß von Liebe und fürsorglicher Zuwendung sprechen. Solche Idealbilder verweisen am Ende bloß auf die gefährliche Tendenz, die Eltern gleichsam zu vergöttlichen, indem ihnen übermenschliche Eigenschaften zugesprochen werden. Statt solche ideologischen Sichtweisen noch weiter zu unterstützen, sollten sich Theologie und Religionspädagogik um ein Verständnis der religiösen Erziehung bemühen, das auf einer kritischen und realistischen Wahrnehmung der Erfahrungen, die ein Kind in seinen ersten Lebensjahren in der Regel haben wird, gründet.

Diese Überlegungen sollen keineswegs die enormen Schwierigkeiten leugnen, vor die wir mit der postmodernen Familie bzw. der Desintegration der Familie durch Scheidung und ähnliche Entwicklungen gestellt sind. Vielmehr möchte ich darauf hinweisen, daß die moderne Familie ebenfalls nicht naiv gesehen werden sollte und vor allem nicht als eine unerläßliche Voraussetzung der religiösen oder christlichen Erziehung. Die moderne Kindheit kann sicherlich nicht als Verwirklichung einer idealen Kindheit bezeichnet werden. Daher sollten wir uns klar machen, daß religiöse Erziehung in der postmodernen Kindheit nicht nur Verlust und Unsicherheit bedeutet.

Zusammengefaßt kann von drei Herausforderungen für Kirche und Theologie in der Gegenwart gesprochen werden:

(1) In der Kirche und den Gemeinden muß weit mehr für Kinder geschehen als bisher. Erforderlich sind neue und zusätzliche Programme, die der religiösen Erziehung dienen. Voraussetzung dafür ist, daß Kirche und Theologie ihre besondere Verantwortung für Kinder erkennen.

(2) Kirche und Theologie sollten zu Anwälten für das Recht des Kindes auf Religion werden. Dieses Recht ist allerdings nicht zuerst eine juristische Frage. Es bezieht sich auf Erziehung sowie darauf, wie Kinder in Kirche und Gesellschaft wahrgenommen werden – in der Erziehungspraxis, aber auch im wissenschaftlichen Diskurs. Kinder brauchen unsere Unterstützung, damit ihre religiösen Fragen und Bedürfnisse nicht länger übergangen und von einer Gesellschaft, die von Rationalität und materiellen Bedürfnissen fasziniert ist, geleugnet werden.

(3) Theologie und Kirche müssen auf ein neues Gleichgewicht zwischen Zugehörigkeit und Offenheit hinarbeiten. Ein solches Gleichgewicht ist anspruchsvoll. Es macht neue geistige Fähigkeiten erforderlich, beispielsweise für die Auseinandersetzung mit konfligierenden religiösen Wahrheitsansprüchen, aber es verlangt auch soziale Kompetenzen sowie Beziehungsfähigkeit, wenn andere, die sich von der eigenen Bezugsgruppe unterscheiden, willkommen sein sollen. Einen Weg zurück zu dem naiven und nicht hinterfragten Gefühl der Zugehörigkeit, das es vielleicht in der Vergangenheit gab, kann es nicht mehr geben. Offenheit allein ist jedoch ebenfalls nicht möglich, weil dies heißen müßte, die eigene Identität preiszugeben.

Kapitel 3
Auf der Suche nach eigenem Glauben: Die Identität des pluralen Selbst im Jugendalter

Wenn wir dem Lebenszyklus weiter – über die Kindheit hinaus, die in Kapitel 2 dargestellt wurde – folgen, stoßen wir auf das Jugendalter bzw. die Adoleszenz, das Thema des vorliegenden Kapitels. Mit der Adoleszenz begegnen wir der Stufe im Lebenszyklus, die in der Postmoderne vielen in Kirche und Gesellschaft die größten Sorgen macht. Die Erfahrung der Pluralität und der Auflösung fester Formen scheint vor allem in der Adoleszenz den Prozeß des Aufwachsens zu bestimmen, da sich der Einfluß konkurrierender Sinnorientierungen und Weltanschauungen oder, um es genauer zu sagen: der weitreichenden Ungewißheit angesichts allzu vieler Optionen besonders auf junge Menschen auszuwirken scheint.

»Postmodernes Aufwachsen: Nachfolge im Zeitalter der Beliebigkeit« lautete im Jahre 1998 das bezeichnende Thema der jährlich in Princeton veranstalteten Vorlesungen über Jugend, Kirche und Kultur.[1] Schlagzeilen wie »Jugend ohne Gott« oder »Patchwork-Religion in der Adoleszenz« verweisen auf ähnliche Beobachtungen in Deutschland oder anderen europäischen Ländern.[2] Die Sorge darüber, was in der Adoleszenz heute tatsächlich geschieht, ist in der Gesellschaft weit verbreitet. Und insbesondere ist die Frage offen, ob und wie Kirche und Theologie fähig werden können, sich erfolgreich auf den Wandel des postmodernen Jugendalters zu beziehen. Die bekannte Frage: »Werden unsere Kinder noch Glauben haben?«[3] bezieht sich genauer betrachtet weit mehr auf Jugendliche als auf Kinder, die sich auch unter heutigen Voraussetzungen noch deutlich an elterlichen Vorgaben orientieren.

Die Sorgen und Fragen im Blick auf die Jugendlichen und ihre religiösen Orientierungen oder ihre Zugehörigkeit erwachsen häufig aus praktischen Erfahrungen der religionspädagogischen Arbeit in Schule und Gemeinde. Manchmal basieren sie auch auf Jugenduntersuchungen oder auf Umfragen in der Bevölkerung insgesamt.[4] In gewisser Weise sind die entsprechenden Wahrnehmungen zumindest für die unmittelbar Betroffenen einfach offensichtlich, und die einzige Frage, die sich für sie stellt, betrifft die möglichen Konsequenzen für die religiöse Erziehung, die neue Möglichkeiten finden soll, um mit Jugendlichen zu kommunizieren und in Kontakt mit ihnen zu bleiben. Dieses praktische Anliegen wird auch von mir geteilt. Im Zusammenhang unserer vorliegenden Analyse müssen jedoch weitere Gesichtspunkte berücksichtigt werden, die uns wieder auf die Frage nach Moderne und Postmoderne verweisen. Wie im folgenden durchweg deutlich werden wird, ist die Auseinandersetzung mit diesen Fragen eine entscheidende Voraussetzung für erfolgreiches religionspädagogisches Handeln.

M.E. gibt es spezifische Gründe dafür, warum erfolgreiche Ansätze in der Praxis in diesem Falle nur auf der Grundlage einer weiterreichenden Analyse der Situation möglich sind. Ein Großteil der Beobachtungen und Anliegen im Blick auf die heutige Jugend erwächst implizit oder explizit aus bestimmten Erwartungen, und diese Erwartungen stützen sich häufig auf das Modell des modernen Lebenszyklus. So gesehen übt die moderne Vorstellung vom Lebenszyklus – die jetzt, mit der Postmoderne, zu einer traditionellen Vorstellung geworden ist – einen bestimmenden Einfluß darauf aus, wie Erwachsene in Kirche und Gesellschaft heute den Jugendlichen begegnen. Wenn dies zutrifft, kann die Begegnung zwischen den Generationen aber kaum erfolgreich verlaufen. Postmoderne Jugendliche mit den Kriterien der Moderne beurteilen zu wollen läßt keinen Raum für die charakteristischen Bedürfnisse und Sehnsüchte, die sich mit der heutigen Situation verbinden. Aus diesem Grund müssen wir uns um der Praxis willen über den Wandel, der im heutigen Jugendalter zu beobachten ist, klar werden.

Angesichts dieser Überlegungen ist es sinnvoll, wiederum den drei Schritten des Verfahrens zu folgen, das ich in den vorangehenden Kapiteln beschrieben habe. Zunächst betrachte ich den modernen Lebenszyklus und die religiösen Erwartungen, die sich nach moderner Auffassung mit dem Jugendalter verbinden, um dann nach den Veränderungen zu fragen, die sich aus dem Vergleich zwischen der modernen Gestalt des Jugendalters und heutigen Erfahrungen ergeben, wiederum insbesondere im Blick auf Religion im

Jugendalter. In einem letzten Schritt werde ich die Frage aufnehmen, wie Theologie und Kirche auf die Herausforderungen, die aus der sich wandelnden Gestalt der Adoleszenz erwachsen, reagieren können.

1. Herkömmliche moderne Erwartungen: Glaube und Identität im Jugendalter

In der sozial- und in der erziehungswissenschaftlichen Literatur wird häufig von der »modernen Adoleszenz« gesprochen. Manchmal ist auch von der »modernen Kindheit« oder vom »modernen Erwachsenenalter« die Rede, aber die Bezüge auf die »moderne Adoleszenz« sind weit zahlreicher und weiter verbreitet. Offenbar gibt es eine besondere Verbindung zwischen der Adoleszenz und der Moderne, und diese Verbindung ist natürlich von speziellem Interesse, wenn wir nach den Veränderungen fragen, die zur postmodernen Adoleszenz führen oder geführt haben.

Wenn in der Forschung von der »modernen Adoleszenz« die Rede ist, hat der Bezug zur Moderne häufig eine doppelte Bedeutung. Die erste Bedeutung ist leicht zu verstehen: In der Moderne nahm die Adoleszenz einen besonderen Charakter an, der sie von früheren Formen des Weges durch dieses Lebensalter unterschied. Dabei brauchen wir nur an die moderne Kultur im allgemeinen zu denken sowie daran, wie sie das Alltagsleben beeinflußt: durch die Medien, das Auto und andere Transportmittel des 20. Jahrhunderts, die Verfügbarkeit von Waren, den Einfluß von Wissenschaft und Technik usw. Durch all dies hat sich auch das Jugendalter verändert, ebenso wie auch andere Phasen im Lebenszyklus sich verändert haben. In dieser Hinsicht gibt es keinen Unterschied zwischen der modernen Adoleszenz und beispielsweise dem modernen Erwachsenenalter. Dies ist anders bei der zweiten Bedeutung der »modernen Adoleszenz«: In der historischen Forschung wird von der geschichtlichen Herausbildung oder sogar von der Entdeckung und Erfindung der Adoleszenz in der Moderne gesprochen.[5] Dieser Auffassung zufolge gab es vor der Moderne keine Adoleszenz, zumindest nicht als eigene Lebensphase. Nach der Kindheit, die in früherer Zeit ebenfalls weit weniger klar bestimmt war, kam das Erwachsenenalter oder schloß sich vielmehr eine Form des gemeinsamen Lebens an, an dem alle teilhatten, ganz unabhängig vom jeweiligen Lebensalter.

Gewiß: In den meisten Kulturen, selbst in den sogenannten primitiven Kulturen, gab und gibt es Pubertätsriten, die normalerweise den Übergang ins Erwachsenenalter markieren und ausgestalten. Die Initiationsfunktion solcher Riten – daß sie ein neues Lebensalter einleiten – ist in der Anthropologie ausführlich untersucht worden, und zumindest in mancher Hinsicht sind solche Untersuchungen zu Übergangsritualen zur Grundlage gegenwärtiger Theorien der adoleszenten Entwicklung geworden und so bis heute einflußreich geblieben.[6] So gesehen gibt es eine gewisse Kontinuität hinsichtlich der verschiedenen Formen von Adoleszenz in der Geschichte. Insofern ist es übertrieben, die Adoleszenz als eine moderne Erfindung zu bezeichnen. Nicht zu übersehen ist jedoch auch, daß die Kontinuität in diesem Falle nicht gegen die Wahrnehmung von Diskontinuitäten und Veränderungen spricht, die letztlich die Kontinuität bei weitem überwiegen können. In sogenannten primitiven Kulturen führten die Übergangsriten nicht zu einer eigenen Lebensphase. Häufig mußten sie innerhalb weniger Tage abgeschlossen sein, danach war der Status des Erwachsenseins erreicht.[7] Manche der Riten, die in der Literatur beschrieben werden, schlossen einige Tage in einer veränderten Umwelt und entfernt von der eigenen Familie ein, in vielen Fällen spielten eine besondere Ernährung sowie besondere Aufgaben, die von den jungen Teilnehmern erfüllt werden mußten, eine Rolle. In heutigen Begriffen stehen solche Riten sowie die Erfahrungen, die sie erzeugen, einem hervorgehobenen Erlebnis näher als einer Lebensphase. Hochzeitszeremonien, wie sie auch heute gefeiert werden, können vielleicht als parallele Erscheinung angesehen werden. Solche Zeremonien besitzen ebenfalls eine Initiationsfunktion, indem sie den Übergang in das Eheleben markieren. Eine Zeremonie ist notwendig, damit eine Ehe zustande kommt, aber die Hochzeit ist ein Ereignis oder Erlebnis, jedoch keine Lebensphase. In ähnlicher Weise können adoleszente Übergangsriten als Erlebnisse verstanden werden, die das Erwachsenenalter einleiten.

Einer der wichtigsten Gründe für die historisch späte Herausbildung des Jugendalters als einer eigenen Stufe im Lebenszyklus lag im weitgehenden Nichtvorhandensein von Bildungseinrichtungen in der früheren Geschichte und in den entsprechenden Kulturen. Erst mit der Einführung der Schulpflicht über das Alter von zehn Jahren hinaus bestand eine soziale und institutionelle Grundlage für das Jugendalter, das nun zu einer allgemeinen Erfahrung im heutigen Sinne werden konnte. Diese Art von Beschulung ist weitgehend eine Innovation des 20. Jahrhunderts. Vor dieser Zeit besuchte nur ein kleiner Teil der jüngeren Generation regelmäßig die Schule.

Allerdings geht die *Idee* der modernen Adoleszenz der entsprechenden allgemeinen Erfahrung, die sich dann erst im 20. Jahrhundert einstellte, deutlich voraus.[8] Das Verständnis der Adoleszenz als eines raschen Übergangs von der Kindheit zum Erwachsenenalter beginnt sich mit dem Einsetzen der Moderne im 18. Jahrhundert zu wandeln. Im Blick auf die Ideengeschichte findet sich das deutlichste Beispiel bei dem französischen Philosophen Jean-Jacques Rousseau, der zugleich als Klassiker der modernen Pädagogik gilt. In seinem 1762 veröffentlichten »Emile« spricht Rousseau von der Adoleszenz als einer »zweiten Geburt«.[9] Er sieht das Jugendalter als die Zeit der Geburt ins wirkliche Leben an, weil dieses Alter die intellektuellen und emotionalen Fähigkeiten mit sich bringe, die seiner Auffassung zufolge für ein Leben jenseits des bloßen Existierens erforderlich sind. Mit der Vorstellung einer »zweiten Geburt« erhält die Adoleszenz eine bis dahin unerhörte Bedeutung. Rousseau macht das Jugendalter zum eigentlichen Zentrum des modernen Lebenszyklus.

Vorstellungen, wie wir sie bei Rousseau finden, wurden auch zur Grundlage für ein neues Verständnis von Erziehung und Bildung. Größtenteils basiert die moderne Erziehung auf der Vorstellung des autonomen Selbst, das sich in der Adoleszenz herausbilden soll. Immer mehr Kinder und Jugendliche besuchten nun die Schule für immer längere Zeit, so daß sich zumindest in westlichen Ländern zwischen Kindheit und Erwachsenenalter eine ausgedehnte Übergangsphase als allgemeines Muster herausbilden konnte. In diesem Sinne ist die Adoleszenz tatsächlich eine moderne Innovation – eine späte Erweiterung des menschlichen Lebenszyklus. Um es metaphorisch zu formulieren: Das Jugendalter ist ein Kind des 20. Jahrhunderts. Es die Zwillingsschwester der Schulpflicht und der Zwillingsbruder der mit dieser verbundenen Abschaffung von Kinderarbeit, welche die Kinder für die Schule erst freisetzte.

Soll dies bedeuten, daß die Adoleszenz nichts mit Pubertät im Sinne körperlicher oder seelischer Veränderungen zu tun hat? Ist das Jugendalter nur die Folge sozialer Umstände? Ein solches reduktionistisches Verständnis wäre sicherlich verfehlt. Richtig hingegen bleibt, das Jugendalter kontextuell zu verstehen – im Bewußtsein der sozialen, historischen und institutionellen Faktoren, die erst den Raum bestimmen und vielleicht sogar erzeugen, in dem sich die physiologischen und psychologischen Prozesse dann vollziehen und ihre besondere Gestalt annehmen können. Es ist daher kein Zufall, daß wissenschaftliche Theorien der Adoleszenz erst im 20. Jahrhundert entstanden sind. G. Stanley Hall veröffentlichte sein bahnbrechendes Buch über die Adoleszenz im Jahre 1905[10], und trotz des zum Teil fragwürdigen Inhalts wird dieses Buch als ein wichtiger Ausgangspunkt für die moderne Psychologie der Adoleszenz angesehen. Auf jeden Fall ist es ein früher Meilenstein auf dem Weg zu dieser Art von Forschung, die seither so stark ausgebaut und selbstverständlich geworden ist.

Halls Arbeit zu Beginn des 20. Jahrhunderts war innovativ und bleibt deshalb bemerkenswert. Zur maßgeblichen Grundlage für die neue Aufgabe der Psychologie, die Entwicklung in der Adoleszenz zu verstehen, ist sie aber nicht geworden. Wenn wir nach einem Verständnis der modernen Adoleszenz suchen, das weithin Akzeptanz gefunden hat, dann können wir uns wiederum eher Erik Erikson zuwenden, dessen Modell des Lebenszyklus uns deshalb erneut als Bezugspunkt dienen soll. Mit seinen Büchern, besonders über »Jugend und Krise« und über den »Jungen Mann Luther« wurde Erikson zu einem der Propheten der modernen Adoleszenz.[11] Seine Bücher erreichten nicht nur Psychologen und Soziologen, Eltern, Lehrer und Erzieher. Mit Begriffen wie »Identität« und »Identitätskrise« sprachen sie vielmehr auch direkt zu einer adoleszenten Leserschaft, die manchmal nur allzu gerne auf diese Begriffe für ihr eigenes Selbstverständnis zurückgriff. Auf einer symbolischen Ebene spiegeln und unterstützen literarische Figuren wie James Joyces

Stephen Daedalus oder Hermann Hesses *Demian* – beide sind Protagonisten in Romanen, die in den 1960er und 70er Jahren höchst populär waren – diese Art des adoleszenten Selbstverständnisses.[12]

Im Zentrum von Eriksons Modell der adoleszenten Entwicklung steht die Annahme, daß der junge Mensch nach dem Eintritt in die Zeit der Adoleszenz sämtliche Identifikationen, die in der Kindheit übernommen wurden, kritisch überprüft und zum Teil zurückweist. Erikson zufolge ist dieser Vorgang keineswegs bloß negativ, verwerfend oder sogar destruktiv (obwohl es manchmal so aussehen mag). Vielmehr ist er die Voraussetzung für das, was Erikson als das wahre Ergebnis oder Ziel der adoleszenten Entwicklung vor Augen stellt: eine neue und unabhängigere Identität. Eine solche Form der Identität könne nur dann erreicht werden, wenn Jugendliche gegenüber den in der Kindheit ohne die Möglichkeit einer kritischen und unabhängigen Überprüfung übernommenen Identifikationen Freiheit gewinnen. So gesehen ist die neue, in der Adoleszenz erworbene Identität von früheren Erfahrungen abhängig, aber sie ist zugleich mehr als die Summe dieser Erfahrungen. Erikson versteht sie als eine neue Synthese von Elementen, die allesamt unter der Voraussetzung angeeignet werden, daß das autonome Selbst sie als angemessen oder unangemessen akzeptieren oder eben verwerfen kann.

Dieser Auffassung zufolge bedeutet die adoleszente Identitätsbildung eine zumindest teilweise Unabhängigkeit von der eigenen Vergangenheit. Zugleich wird die in der Adoleszenz zu erreichende Identität als Grundlage für die eigene Zukunft angesehen. Alle Entwicklungen, die nach der Adoleszenz kommen, beruhen in der einen oder anderen Weise auf der Transformation von Kindheitserfahrungen, die in der zweiten Lebensdekade zur Hauptentwicklungsaufgabe wird. In dieser Hinsicht steht Erikson den Auffassungen Rousseaus nahe: In beiden Fällen wird die Adoleszenz zum Dreh- und Angelpunkt des Lebenszyklus.[13]

Die moderne Adoleszenz war jedoch nicht allein eine Frage von Philosophie oder Psychologie und auch nicht bloß eine Frage innerer Gefühle und individueller Erfahrungen junger Menschen. Soziologen wie Talcott Parsons beteiligten sich an der neuen Diskussion über Adoleszenz mit dem Hinweis, daß es die moderne Gesellschaft selber sei, die das Jugendalter notwendig werden lasse.[14] In soziologischer und funktionalistischer Sicht erfordern moderne Wissenschaft und Technik eine jahrelange Bildung und Ausbildung, ehe ein junger Mensch in die Arbeitswelt der Erwachsenen eintreten kann. Und mit diesem Erfordernis werde die Adoleszenz zu einer gesellschaftlichen Notwendigkeit, eben weil die Menschen auf die Arbeit im Erwachsenenalter vorbereitet sein müssen. Es ist wichtig, sich dieses gesellschaftlichen Hintergrunds der Herausbildung der Adoleszenz als einer Stufe im Lebenszyklus bewußt zu sein. Die Veränderungen, die sich mit unserer heutigen Situation verbinden, betreffen nämlich ebenfalls nicht nur psychologische Aspekte, sondern sind beispielsweise auch mit den beruflichen Erwartungen der jüngeren Generation und den gesellschaftlichen Einrichtungen verbunden, deren Einfluß diese Erwartungen bestimmt bzw. ihnen eine Grundlage gibt.

Die psychologischen und soziologischen Voraussetzungen des modernen Jugendalters, auf die ich bislang hingewiesen habe, sind weithin bekannt, und die oben dargestellten Sichtweisen sind in der Jugendforschung fast allgemein akzeptiert. Im Gegensatz dazu wurde dem religiösen Hintergrund der Herausbildung der modernen Adoleszenz kaum Aufmerksamkeit geschenkt. Es ist eine eher neue Entwicklung, daß historische Untersuchungen zum Jugendalter auf diesen Hintergrund gestoßen sind und im Rahmen geschichtlicher Darstellungen zum Jugendalter auf die Geschichte des Christentums Bezug nehmen.[15] Auch für diejenigen, die sich in der Geschichte des Christentums auskennen, mag es erstaunlich sein, daß es zwischen der Herausbildung der Adoleszenz und dem Christentum eine historische Verbindung geben soll. In welchem Sinne kann von einer solchen Verbindung gesprochen werden? Die einschlägigen Untersuchungen verweisen auf einen besonderen Einfluß des Protestantismus und speziell der Konfirmation.[16] Ganz offensichtlich ist die Konfirmation in vielen evangelischen Kirchen nicht vor der frühen Moderne zur allgemeinen Praxis geworden. Häufig wurde die Konfirmation im Laufe des 18. Jahrhunderts eingeführt, und der neue religiöse Ritus, der in der zweiten Lebensdekade – zumeist im Alter von 14 oder 15 Jahren – gefeiert wurde, beeinflußte das Verständnis der Adoleszenz. Besonders im deutschen Pietismus sowie in der Aufklärung verband sich mit der Konfirmation vielfach die

Erwartung eines persönlichen Glaubensbekenntnisses, das zum Teil die Gestalt eines formellen religiösen Eides annahm. Auf diese Weise wurde aus der Konfirmation ein religiöser Passageritus, der zum erwachsenen Glauben führte – dem Glauben eines autonomen Individuums, das selbst für diesen Glauben Verantwortung übernimmt. Dieses Verständnis der Konfirmation hatte wichtige Folgen dafür, wie junge Menschen wahrgenommen und in Familie und Gesellschaft behandelt wurden. Beispielsweise waren bestimmte Formen der Arbeit erst nach der Konfirmation erlaubt, so daß die allgemeine Einführung der Konfirmation in der Tat einen Lebensabschnitt vor der vollen Teilnahme am Arbeitsleben definierte. Zusammengefaßt: Die Einführung der Konfirmation schuf ein neues Bewußtsein der Adoleszenz, sie verband diese Zeit des Lebens mit positiven Erwartungen und unterstützte die Herausbildung eines Ortes für dieses Alter im menschlichen Lebenszyklus.

Die Konfirmation ist natürlich nur ein Beispiel dafür, wie das Christentum mit der historischen Herausbildung der Adoleszenz verbunden war. Untersuchungen zum Jugendalter im 20. Jahrhundert heben darüber hinaus die besondere Bedeutung der christlichen Jugendarbeit für die Bestimmung der modernen Adoleszenz hervor.[17] In diesem Falle waren es Erwartungen an die religiöse und moralische Entwicklung, die sich auf die Bestimmung des Jugendalters als einer Zeit der Bildung auswirkten, was zugleich zeigt, daß Theologie und Kirche ein inneres Interesse an der Existenz und Gestalt dieser Lebenszeit hatten. Als eine Zeit für Bildung und persönliche Entwicklung kann das Jugendalter dem einzelnen weit mehr Möglichkeiten für die Ausbildung christlicher und gesellschaftlicher Verantwortung bieten, als dies der Fall war, solange es eine solche Auffassung des Jugendalters noch nicht gab.

Eriksons Modell der Identitätsbildung hat in der Theologie große Aufmerksamkeit erfahren. Seine Ideen sind in der theologischen Anthropologie aufgenommen worden und ähnlich auch in zahlreichen Theorien der Seelsorge sowie der christlichen Erziehung.[18] Besonders in den praktisch-theologischen Handlungsfeldern ist Erikson gewissermaßen zu einem Klassiker geworden.[19] Was sein Modell für die Theologie so interessant macht, ist nicht nur seine Beachtung in verschiedenen wissenschaftlichen Disziplinen sowie in der Öffentlichkeit, sondern auch die für Erikson bezeichnende Auffassung, daß eine erfolgreiche Identitätsbildung stets von einer Weltanschauung abhängig ist, die dem Jugendlichen zugänglich sein muß.[20] Diese Weltanschauung ist erforderlich, um den Jugendlichen das Gefühl zu geben, daß ihre Stellung in Gesellschaft und Geschichte einen Sinn hat.[21] Damit ist bei Erikson natürlich nicht gemeint, daß alle Jugendlichen sich nun selbst als hervorragende geschichtliche Persönlichkeiten ansehen sollten – psychologisch gesprochen wäre dies eine narzißtische Selbsttäuschung. Was Jugendliche nach Eriksons Auffassung jedoch brauchen, ist die Möglichkeit, in ihrem Leben einen Sinn zu finden und sich selbst sinnvolle Ziele zu stecken. Dieses psychologische Erfordernis verleiht dem Glauben oder der Religion eine klare Aufgabe im menschlichen Lebenszyklus – und dies ist natürlich eine Vorstellung, die für die Theologie attraktiv ist, weil sie deren Sichtweisen und Perspektiven unmittelbar mit dem menschlichen Leben verbindet. Die adoleszente Entwicklung ist auf die Unterstützung durch sinnhafte Deutungen von Gesellschaft und Geschichte angewiesen, und Religion scheint genau zu diesem Entwicklungsbedürfnis zu passen. Oder, um Erikson selbst zu Wort kommen zu lassen: »Hier nun muß eine ideologische Formel, die sowohl individueller Entwicklung als auch bedeutsamer Überlieferung gerecht wird, für den jungen Menschen das tun, was einst die Mutter für ihren Säugling getan hat: sie muß Seele und Körper ernähren und die Umwelt sorgfältig sieben, damit nur übrigbleibt, was der Entwicklung dient«[22].

Auf den ersten Blick kann es bei diesem Zitat so erscheinen, als würde Erikson jedes »ideologische« Verständnis als gleichermaßen hilfreich für das Jugendalter ansehen, vorausgesetzt nur, daß es »die Umwelt sorgfältig sieben« kann, indem es für den Jugendlichen Ordnung schafft. Es sollte aber nicht übersehen werden, daß Erikson ausdrücklich von einer »bedeutsamen Überlieferung« spricht, auf die sich ein solches Verständnis stützen sollte. Und Erikson kann immerhin so weit gehen, daß er für das, was er den »Humanismus« in der Adoleszenz nennt, eine entscheidende Aufgabe vorsieht.[23] In den 1960er Jahren, als er diese Theorie entwickelte, erwartete er, daß dieser Humanismus eine wichtige Rolle für die Zukunft von Kultur und Gesellschaft spielen könnte, weil diese Zukunft einerseits gegen ein totalitäres Denken und andererseits gegen die überwältigenden reduktionistischen Einflüsse von Wissenschaft und Technologie geschützt werden müßten.[24] Wenn wir dieser Auffassung folgen, ist es zumindest aus meiner Sicht möglich, den christlichen Glauben und dessen stark ausgebildetes humanisierendes Potential als eine solche Weltanschauung zu verstehen, auf die Jugendliche ihre Identität gründen können. Wenn dies zutrifft, liegt in diesem Glauben eine wichtige Ressource für eine Zukunft der Menschheit, die vor der Reduktion auf ausschließlich technologische Visionen bewahrt bleiben soll.

Solche kritischen Bewertungen der Technologie und ihres möglichen Mißbrauchs erinnern daran, daß Erikson keineswegs ein moderner Denker im naiven Sinne war. Zumindest in manchen Hinsichten zeichnet sich in seinen kritischen Auffassungen bereits etwas davon ab, was später als Postmoderne oder als zweite – selbstkritische – Moderne angesprochen wird. Beispielsweise angesichts der heutigen Debatten über Biotechnologien und ihre Potentiale für die Perfektion des Menschen liegt es geradezu auf der Hand, daß Eriksons Aussagen über den humanisierenden Einfluß, den eine entsprechende Weltanschauung im Blick auf den Umgang mit Technologien ausüben soll, für Kirche und Theologie noch immer bedeutsam sind. Und doch schließt sein Begriff der Identität, ähnlich wie andere unter dem Vorzeichen der Moderne entwickelte Konzepte, auch eine Reihe von Ambivalenzen ein, die nicht übersehen werden dürfen. Diesen Ambivalenzen werde ich im nächsten Abschnitt nachgehen, indem ich die postmoderne Herausforderung eines pluralen Selbst aufnehme.

2. Plurales Selbst – Plurale Identitäten?

In neuerer Zeit ist das moderne – oder herkömmliche – Verständnis von Identität und Religion im Jugendalter auf zwei Ebenen in Frage gestellt worden: Zum einen wird darauf hingewiesen, daß sich die heutige gesellschaftliche und religiöse Situation drastisch von der Zeit und Situation unterscheidet, in der die moderne psychologische Sicht von Identität entwickelt wurde.[25] Wir leben in einem neuen Jahrhundert oder sogar einem neuen Jahrtausend, und die Lebensgewohnheiten der 1960er Jahren haben nur wenig gemeinsam mit dem Leben nach dem Jahre 2000. In dieser Sicht ist die moderne Vorstellung von Identität überholt und veraltet – auf Grund der weitreichenden historischen Veränderungen, die es schwer oder sogar unmöglich machen, noch an dieser Vorstellung festzuhalten. Zum anderen wird nun gesagt, der moderne Identitätsbegriff sei von Anfang an ideologisch verzerrt gewesen. Er habe sich niemals auf die Erfahrungen vieler oder sogar der meisten Menschen anwenden lassen. Demnach ist das moderne Identitätsverständnis als individualistisch anzusehen sowie als eine einseitig auf die männliche Entwicklung in der Adoleszenz bezogene Beschreibung.[26]

Betrachten wir zunächst die gesellschaftliche und religiöse Situation mit ihren Folgen für die Identitätsbildung. Eine erste Herausforderung erwächst hier aus der Beobachtung, daß das Jugendalter in den letzten Jahrzehnten erneut seinen Charakter verändert hat.[27] Die Veränderungen, auf die ich mich hier beziehe, stellen keine bloß oberflächlichen Veränderungen dar, die sich beispielsweise auf die Vorliebe für eine bestimmte Kleidung, für bestimmte Ernährungsweisen oder bestimmte Formen der populären Kultur beziehen. Der Wandel, den wir im vorliegenden Zusammenhang beachten müssen, reicht viel weiter. Er betrifft beispielsweise die zeitliche Tiefenstruktur der Adoleszenz. Um die weitreichenden Folgen solcher Veränderungen zu verstehen, müssen wir uns der entscheidenden Bedeutung der Zeitperspektive in der Herausbildung des Jugendalters bewußt sein. Die Moderne ließ die Adoleszenz als eine Übergangsperiode entstehen, die einerseits von der Kindheit und andererseits vom Erwachsenenalter abgegrenzt ist: »Nicht mehr ein Kind und noch kein Erwachsener«, das war das moderne Verständnis des Jugendlichen. Kindheit ist die Zeit vor dem Jugendalter, das Erwachsenenalter die Zeit danach. Seitdem ist das »noch nicht« in Frage gestellt worden, und dies aus einer ganzen Reihe von gleichzeitig auftretenden Gründen. Vor allem hat sich die Perspektive des Arbeitslebens verändert. Die Vorstellung, man könne sich während des Jugendalters auf eine bestimmte Form der Arbeit im Erwachsenenalter vorbereiten, ist von der Realität nicht mehr gedeckt. Viele Länder der Welt haben längere Perioden mit hoher sogenannter Jugendarbeitslosigkeit durchlaufen – ein Begriff, der genauer betrachtet bedeutet, daß es für viele nach dem Jugendalter keine Arbeit gibt – ein Problem, das gerade in Deutschland heiß diskutiert wird.[28] Und selbst in Ländern, die wie beispielsweise die Vereinigten Staaten derzeit vielleicht kein ähnlich großes Arbeitslosigkeitsproblem haben, können die Jobs, die vielen jungen Menschen angeboten werden, kaum als Lebensberufe angesprochen werden[29], es sei denn Hamburger oder Würstchen verkaufen sollte als eine sinnvolle Lebensperspektive gelten – eine Perspektive für die jedenfalls, keine größere Vorbereitung erforderlich ist. Für die meisten anspruchsvolleren Tätigkeiten sind jedoch lebenslanges Lernen und berufliche Flexibilität verpflichtend geworden. Daher gibt es jetzt nicht mehr die eine Zeit im Leben, die als Zeit des Lernens ausgezeichnet werden könnte. Es ist weit zutreffender zu sagen, daß das Leben im ganzen zu einer beständigen Lern- und Ausbildungszeit geworden ist.

Die Wirkungen, die von diesem Wandel auf das Jugendalter ausgegangen sind, umfassen zahlreiche Aspekte. Beispielsweise nimmt die zeitliche Erstreckung der Adoleszenz immer weiter zu – mit der Postadoleszenz als einer neuen Stufe im Lebenszyklus (s. u., Kap. 4) oder eben mit jungen Menschen, die das Jugendalter nicht mehr verlassen. Jugendstudien schließen zunehmend auch Dreißigjährige mit ein, und manchmal wurde schon erwogen, auch die Dreißig- bis Vierzigjährigen mit zu berücksichtigen! Zugleich werden mehr und mehr Verhaltensweisen, die früher für Erwachsene reserviert waren, nun von Jugendlichen in Anspruch genommen – sexuelle Beziehungen oder ein hohes Maß an persönlicher Unabhängigkeit, um nur zwei Beispiele zu nennen. All dies erzeugt ein verändertes Zeitgefühl und auch eine veränderte Sicht derjenigen Stufen im Lebenszyklus, die noch vor einem liegen. Eben dies ist mit der These gemeint, daß die zeitlichen Tiefenstrukturen des Jugendalters nicht mehr so sind, wie sie zu der Zeit waren, als Psychologen wie Erikson die Identitätsbildung im Jugendalter beschrieben haben.

Solche Veränderungen der Adoleszenz und ihrer Position im Lebenszyklus lassen es immer weniger wahrscheinlich werden, daß so etwas wie ein festes Identitätsgefühl in der zweiten Lebensdekade entstehen kann, wie Erikson es noch voraussetzt. Statt dessen erweist sich die Identitätsbildung als ein offener, mit großer Wahrscheinlichkeit lebenslang anhaltender Prozeß. In dem Maße, in dem sich die Erfahrung von Übergangsperioden im Leben vervielfacht – mit beruflichen Veränderungen, neuen Ausbildungen, zweiten und dritten Ehen usw. –, wird auch das Bedürfnis, die eigene Identität neu auszugestalten und neu zu begründen, zu einer dauerhaften Aufgabe, die sich niemals ganz abschließen läßt.

Der Wandel in der zeitlichen Dimension von Identität kann für die Menschen, die diese Veränderungen erfahren, schwerwiegende Probleme aufwerfen. Zugleich gibt es aber eine noch weiterreichende und tiefergehende Herausforderung für das moderne Verständnis von Identität, die mit der Pluralität als einem der Hauptkennzeichen unserer heutigen Situation verbunden ist. Übereinstimmend wurde stets konstatiert, daß Identität auf soziale Rollen und auf die Anerkennung des Selbst durch andere bezogen ist. Was aber bedeutet es, wenn die verschiedenen Rollen, die Menschen in ihrem Alltag spielen, sich vervielfachen und sich beständig wandeln, und wenn es kein Zentrum oder übergreifendes System mehr geben kann, das sie integriert? Genau dies erfahren wir jedoch aus sozialwissenschaftlichen Analysen zur heutigen Situation. Im Jugendalter (und auch im Erwachsenenalter) hat sich die Pluralität situativer Erfahrungen deutlich vervielfacht: Familien, Schulen, unterschiedliche Peergroups, Konsumerfahrungen, der Einfluß der Medien, Kontakte über das Internet – sie alle schließen Situationen ein mit Beziehungsstrukturen sowie mit mehr oder weniger klar definierten Identitäten, die aber normalerweise nicht aufeinander bezogen sind, zumindest nicht in konsistenter Weise. Es ist leicht zu erkennen, warum in den Sozialwissenschaften argumentiert wird, daß der Begriff der Identität nicht mehr angemessen sei, diese Erfahrung von Pluralität zu erfassen.[30] Begriffe wie das »plurale Selbst« oder »plurale Identitäten« werden vorgeschlagen, um die vielgestaltige Erfahrung des Selbst in der Adoleszenz und darüber hinaus einzufangen. Solche Begriffe sollen der Erfahrung Rechnung tragen, daß es nicht mehr einfach nur eine Antwort auf die Frage »Wer bin ich?« gibt, sondern mehrere unterschiedliche Antworten und Selbstdefinitionen. Und die verschiedenen Selbstdefinitionen werden auch nicht mehr von einer übergreifenden Synthese zusammengehalten oder integriert. Wenn es in den verschiedenen Erfahrungen des Selbst überhaupt noch Kohärenz oder Zusammenhang gibt, dann ist es bestenfalls eine Kohärenz, die von permanenter Diskontinuität begleitet wird.

Die kulturellen und geschichtlichen Herausforderungen des modernen Verständnisses von Identität, die wir bislang betrachtet haben, verbinden sich mit weiteren Anfragen und Einwänden, die den ideologischen Charakter der modernen Identität betreffen. In dieser Hinsicht wurde ein erster Kritikpunkt von seiten der feministischen Psychologie formuliert[31]: Demnach war die von Erikson und anderen beschriebene Identitätsvorstellung von Anfang an einseitig und verfehlt. Im Verständnis von Psychologinnen wie Carol Gilligan[32] unterstreicht Eriksons Beschreibung der adoleszenten Entwicklung ausschließlich die Vorstellung eines autonomen unabhängigen Selbst, das seine Freiheit gegen alle Arten kontrollierender Erwartungen von außen verteidigen muß. Wenn aber der Kampf um Unabhängigkeit so stark vorherrscht, dann könne diese Art von Selbst oder Identität nur auf Kosten der Beziehungen, auf die das Selbst doch angewiesen ist, und auf Kosten einer reifen Form der Abhängigkeit erreicht werden. Dieser kritischen Sicht zufolge übergeht und unterschätzt die Annahme, daß das Erreichen einer festen Identität die Grundlage reifer Intimität sei, das Bedürfnis nach zwischenmenschlichen Beziehungen sowie nach Verbundenheit, das für eine gesunde Entwicklung jedoch unerläßlich sei. Wenn es darüber hinaus zutreffe, daß Identität nur in Beziehungen möglich ist, werde diese niemals so in sich geschlossen und stabil sein, wie es die herkömmliche Beschreibung nahelegt. Statt dessen verändere sich die Identität beständig im Zusammenhang unterschiedlicher Beziehungen. In diesem Sinne könne man eher von einem »Selbst in Beziehungen« sprechen als von einer »Identität«. Diese feministische Kritik wendet sich gegen Eriksons Modell ganz unabhängig von dessen Anwendung auf Männer oder Frauen. Das »Selbst in Beziehungen« wird als die für beide Geschlechter angemessenere Beschreibung verstanden. Gleichzeitig aber, so die kritische Argumentation weiter, werde die Idealisierung des autonomen und unabhängigen Selbst dann im höchsten Maße entstellend und unterdrückerisch, wenn sie auf Frauen angewendet wird. In der Erfahrung von Frauen spielen Beziehungen von Anfang an eine größere Rolle. Daher sei es besonders für Mädchen und Frauen wichtig, daß psychologische Darstellungen der adoleszenten Entwicklung der Bedeutsamkeit von Beziehungen Raum geben wie auch der Identitätsbildung durch Verbundenheit mit anderen.

In der Diskussion über postmoderne Zugänge zum Selbst ist die kritische Bewertung des – angeblich oder vermeintlich – in sich geschlossenen Charakters von Identität weiter verallgemeinert und radikalisiert worden. Dieser kritischen Sicht zufolge kann es unter den Bedingungen des postmodernen Lebens keine festliegenden Identitäten mehr geben. Rollen und Situationen seien ständig im Fluß und lassen so ein »plurales Selbst« und »plurale Identitäten« entstehen. Im Bild gesprochen geht es um eine Patchwork-Struktur, keineswegs um ein einfarbiges Gewebe.[33] Es ist wichtig, sich klar zu machen, daß das plurale Selbst ähnlich wie das »Selbst in Beziehungen« dabei nicht einfach als eine Realität im gegenwärtigen Leben angesehen wird. Die Rede vom pluralen Selbst drückt ebenso eine veränderte Art der Interpretation und Bewertung des Selbst aus. Anders gesagt soll der Hinweis auf das plurale Selbst die Person von unterdrückerischen Erwartungen kultureller und persönlicher Integration befreien, die mit dem Modell des in sich geschlossenen Selbst und der stabilen Identität (die jetzt häufig als eine festliegende oder fixierte Identität angesprochen wird) in Verbindung gebracht werden. Ähnlich wie der postmoderne Zusammenbruch aller »Großerzählungen« den zahlreichen individuellen Geschichten Raum geben soll, so wird auch vom Zusammenbruch des Modells einer in sich geschlossenen Identität erwartet, daß sich daraus neue Möglichkeiten für eine persönliche und gesellschaftliche Befreiung ergeben, weil nun die multiplen Realitäten des individuellen Lebens, die in der Moderne unterdrückt werden mußten, zum Tragen kommen dürfen. Zumindest in dieser Perspektive soll die postmoderne Erfahrung eines pluralen Selbst als späte Einsicht in die Tatsache begrüßt werden, daß das moderne Selbst nicht bloß überholt ist, sondern daß es auch nie mit den tatsächlichen Bedürfnissen der meisten Menschen übereinstimmte.

Die Infragestellung der herkömmlichen Identität betrifft auch die Religion im Jugendalter. Zahlreiche empirische Untersuchungen in verschiedenen Ländern zeigen hier ein im Grunde ähnliches Bild: Religion im Jugendalter hat sich in hohem Maße pluralisiert und individualisiert.[34] Religionssoziologen wie Thomas Luckmann sprechen von einer »Patchwork-Religion« als der am nächsten liegenden Entsprechung zu Patchwork-Identitäten und einem pluralen Selbst.[35] Viele Jugendliche gehen mit religiösen Traditionen selektiv um und wählen für sich einzelne Elemente aus einer Tradition aus, ohne sich um den inneren Zusammenhang oder gar die Würde dieser Tradition weiter zu kümmern. Beispielsweise wird dann die christliche Lehre von der Auferstehung ohne weiteres mit der Vorstellung zusammengebracht, daß eine unsterbliche Seele mehrfach wiedergeboren werde und verschiedene Inkarnationen annehme. Oder man trägt ein goldenes Kreuz zur modisch schwarzen Kleidung, weil es einfach »gut« aussieht und sich so »gut« anfühlt.

Über solche sichtbaren äußeren Zeichen und Symbole der religiösen Pluralisierung hinaus gibt es innere Prozesse, die sich auf die Art und Weise beziehen, in der Jugendliche ihren Glauben zum Ausdruck bringen. Häufig zeigt sich dabei, daß Jugendliche die Lehren von Theologie oder Kirche, wenn sie in offenen Interviews danach gefragt werden, nur sehr zögerlich oder auch gar nicht für sich übernehmen.[36] Viele Jugendliche sprechen von ihrem Glauben, indem sie hervorheben, daß es ihr eigener Glaube sei, der sich vom Glauben der Kirche unterscheide. Sie sehen die Kirche als veraltet an und interessieren sich nur für ihren persönlichen Glauben. Bezeichnenderweise sehen sie den Unterschied zwischen dem Glauben der Kirche und ihrem eigenen Glauben dabei nicht als Problem an. Für sie geht das so in Ordnung, ist es einfach akzeptabel oder sogar natürlich, wenn sie eigene Formen des Glaubens in Anspruch nehmen. Zumindest an der Oberfläche gibt es kaum mehr so etwas wie eine allgemeine Lehrautorität, wie sie in der Vergangenheit offiziellen Vertretern der Kirche oder der Theologie zugeschrieben wurde.[37] Die Angst davor, anders zu sein und deshalb von der religiösen Gemeinschaft ausgestoßen zu werden, ist offenbar dem Gefühl gewichen, daß niemand das Recht habe, sich in so private und intime Angelegenheiten wie das persönliche Glaubensleben einzumischen. Bemerkenswerterweise trifft dies nicht nur auf Länder wie etwa die Vereinigten Staaten zu, wo religiöser Individualismus sowie Unabhängigkeit von kirchlichen Autoritäten schon immer eine wichtige Rolle gespielt haben. Es trifft vielmehr auch auf europäische Länder zu, die bis weit in das 20. Jahrhundert hinein eine Staatskirche hatten und keineswegs durch religiös abweichende Bewegungen gekennzeichnet zu sein schienen.[38]

Hinter der verbreiteten Überzeugung, daß sich der eigene Glaube von dem der Kirche deutlich unterscheide, steht häufig eine skeptische Haltung gegenüber allen Wahrheitsansprüchen, besonders im Bereich von Religion. In einem weithin beachteten Essay eines jungen Mannes, der im Alter von 20 Jahren auf das Jugendalter zurückschaut, gibt dieser Autor der Auffassung Ausdruck, daß es doch ohnehin unmöglich sei zu sagen, welcher Glaube richtig und welcher falsch ist, welcher wahr und welcher nicht.[39] Es gebe einfach viel zu viele Wahrheitsansprüche, als daß man sie jemals überprüfen könne. Demzufolge sind sich die Jugendlichen selbst der Vielzahl unterschiedlicher Perspektiven, widersprüchlicher Deutungen und miteinander konkurrierender Erklärungen bewußt geworden. Sie sind aufgewachsen mit einer exzessiven Verfügbarkeit von Information und Unterhaltung, sei es durch gedruckte Materialien aller Art, Fernsehen, Video, Computer oder Internet. Immer und überall scheint es mehr Wahlmöglichkeiten zu geben – im religiösen Bereich nicht weniger als in anderen Lebensfeldern –, als wirklich in reflektierter Weise bedacht werden können.

Eine weitere Tendenz, die sich beim Aufwachsen von Jugendlichen in dieser postmodernen Situation beobachten läßt, ist das Auseinandertreten von persönlicher Religion oder – wie es nun manchmal heißt – Spiritualität einerseits und der Kirche als einer Institution andererseits. In Ländern wie Deutschland, wo die Kirche auf Grund ihrer Vergangenheit als Staatskirche eine stark organisierte Größe von nationaler Ausdehnung ist, war dies schon seit langer Zeit zu beobachten. Inzwischen finden sich ähnliche Tendenzen aber auch in Ländern ohne staats- oder volkskirchliche Tradition – etwa in den Vereinigten Staaten, wo ebenfalls die Neigung zunimmt, lieber von eigenen »spirituellen« Interessen zu sprechen als von Glaube oder Religion. Zahlreiche Jugendliche in Europa sind nach eigenen Angaben an persönlicher Religiosität interessiert – sie glauben an ein Leben nach dem Tod und sagen, daß sie beten –, aber all dies scheint sich im Privatbereich zu vollziehen und jedenfalls nicht in Verbindung mit dem Gottesdienst in einer Gemeinde.[40] Die Jugendlichen beschreiben den Gottesdienst häufig als kalt, unpersönlich, langweilig und als »nur für ältere Menschen« geeignet. Über die emotionale Distanz zur Kirche hinaus ist die ausdrückliche Kritik an der Kirche als Institution ebenfalls weit verbreitet. Viele Jugendliche haben den Eindruck, die Kirche halte sich selbst nicht an ihre eigenen Lehren. Deshalb habe sie für Jugendliche jede Glaubwürdigkeit verloren.

Besonders hervorzuheben ist, daß dem Gottesglauben in dieser Situation eine hervorgehobene Bedeutung zuzukommen scheint. Selbst Jugendliche, die der Kirche entfremdet sind und die Lehren der Kirche nicht übernehmen wollen oder können, bringen ein bleibendes Interesse an Gott zum Ausdruck.[41] Vielfach berichten sie von Auseinandersetzungen mit dem Kinderglauben, den sie nicht mehr akzeptieren können. Und doch wollen viele an Gott festhalten, mit allen ihren Zweifeln. Eine 19jährige sagt:

> »Für mich war es lang so, daß Gott schon eine Person... war. Irgendwann hab' ich dann schon gemerkt, daß man das nicht auf eine Person begrenzen kann, daß er dadurch zu sehr vermenschlicht wird. Mir geht es dann so, daß ich etwas, das ich mir vorstellen kann, eine Person oder ein Bild brauch' und das aber nimmer kann. Mir geht es auch oft so, daß ich in Gesprächen, bei Menschen, in der Natur auf einem Berg oder so –, da spür' ich das schon total, daß es einen Gott gibt. In manchen Situationen dagegen überhaupt nicht. Da ist es total weg. Da kann ich mir die Person einfach nicht mehr vorstellen... da ist irgendwie schon alles leer, da geht halt dann nichts«.[42]

Solche Äußerungen machen zugleich bewußt, daß die religiöse Entwicklung zwischen Kindheit und Jugendalter noch immer eine wichtige Rolle spielt. Nach wie vor müssen Jugendliche mit dem Kinderglauben zurechtkommen, ihn mit den neuen und andersartigen geistigen Fähigkeiten und Orientierungen, die sich mit der Adoleszenz herausbilden, verbinden sowie eine neue religiöse Position für ihre Gegenwart und Zukunft finden. Zugleich müssen die klassischen Beschreibungen der religiösen Entwicklung, wie sie etwa James Fowler anbietet[43], deutlich erweitert werden, um den kulturellen und kontextuellen Einflüssen des religiösen Lebens in der Gegenwart Rechnung zu tragen. Die Modelle der Entwicklungspsychologie sind zwar nicht notwendig blind für Einflüsse aus der Umwelt. In der von Jean Piaget begründeten psychologischen Tradition, in der Fowler zumindest teilweise seine Stufen des Glaubens entwickelt hat, spielt die Interaktion zwischen Person und Umwelt eine geradezu entscheidende Rolle. Doch ist der Einfluß unterschiedlicher Umwelten – religiös homogener Umwelten im Unterschied zu religiös pluralen Lebenswelten oder isolierter Kulturen im Unterschied zu globalisierten Kulturen – nicht wirklich untersucht worden.[44] Erst seit kurzer Zeit gibt es – allerdings nicht im Bereich der Religionspsychologie – ernst zu nehmende Versuche, die Entwicklung des »Schaffens oder Findens von Sinn« vor dem Hintergrund des raschen Wandels der zeitgenössischen Kultur zu untersuchen.[45] Und wie im Einleitungskapitel erwähnt, waren solche Untersuchungen für mich ein wichtiger Impuls dafür, diese Art der kontextuellen Arbeit im Blick auf den religiösen Wandel in der Gegenwart weiterzuführen.

Am Ende dieses Abschnitts ist noch eine weitere Herausforderung zu nennen, die in der Literatur bislang nicht die Aufmerksamkeit erhalten hat, die ihr eigentlich gebührt. Die Spätadoleszenz oder, wie manche sagen, die Postadoleszenz ist die bevorzugte Zeit dafür, die Kirche zu verlassen – sei es im Sinne einer größeren inneren Distanzierung oder eines förmlich vollzogenen Kirchenaustritts.[46] Eine Durchsicht der entsprechenden Literatur über Religion im späten Jugendalter unter diesem Aspekt macht deutlich, daß der Abschied von religiösen Institutionen in diesem Lebensalter ein internationales Phänomen darstellt. Die Merkmale von Menschen, für die ein Kirchenaustritt am wahrscheinlichsten ist, sehen in verschiedenen Ländern sehr ähnlich aus, und sie schließen immer den Bezug auf junge Menschen ein. Fragt man genauer, was in diesem Zusammenhang »jung« bedeutet, lautet die Antwort zumeist: das Alter zu Beginn der dritten Lebensdekade. Die Zeit der späten Adoleszenz, die in der religionspädagogischen Literatur am wenigsten Aufmerksamkeit erfährt, ist also zu dem Abschnitt im Lebenszyklus geworden, der die weitreichendsten Herausforderungen für Kirche und Theologie in sich schließt. Aus diesem Grund habe ich mich entschlossen, dieser neuen Lebensstufe ein eigenes Kapitel zu widmen (Kapitel 4) und sie nicht einfach im Rahmen der Adoleszenz als eine ihrer weiteren Ausdehnungen mitzubehandeln. Ehe wir jedoch die Postadoleszenz genauer betrachten, müssen wir nach den Herausforderungen fragen, die der Wandel des dieser vorangehenden Jugendalters für Kirche und Theologie aufwirft.

3. Postmoderne Adoleszenz als Herausforderung für Kirche und Theologie

Mitarbeiterinnen und Mitarbeiter in der christlichen Jugendarbeit, im Konfirmanden- und Religionsunterricht beklagen heute häufig die Schwierigkeiten in der Arbeit mit Jugendlichen. Ihrer Wahrnehmung zufolge widersprechen die meisten Veränderungen, die sie bei jungen Menschen wahrnehmen, den Erwartungen der Kirche oder verletzen diese sogar. Manche sprechen von einem zunehmenden Hedonismus bei Jugendlichen, andere verweisen auf Relativismus und Skeptizismus, dem sie bei dieser Altersgruppe begegnen.[47] Sind heutige Jugendliche ein hoffnungsloser Fall – zumindest für diejenigen, die sich dafür interessieren, was Jugendliche glauben und was sie als wahr und vertrauenswürdig im Blick auf ihr eigenes Leben betrachten?

Für mich sind die Enttäuschungen der in der Praxis Tätigen sehr verständlich. Besonders die kirchliche Jugendarbeit ist gewiß schwieriger und herausfordernder geworden. Statt sich von dieser schwierigen Altersgruppe zurückzuziehen – das wäre ein allzu leichter Ausweg – und statt die Angehörigen der jüngeren Generation wegen unmoralischen Verhaltens oder auf Grund des fehlenden Interesses am Glauben zu verurteilen, sollten wir jedoch zumindest die Möglichkeit einer konstruktiven Antwort auf die Situation der postmodernen Adoleszenz erwägen. Ganz offenbar stellt sich die heutige Adoleszenz anders dar als vor 20, 30 oder 40 Jahren, als sich die heutigen Erwachsenen in diesem Lebensalter befanden. Folglich steht ja zu erwarten, daß die verschiedenen Generationen nicht in der Lage sein werden, zusammenzuarbeiten und Übereinstimmung im Blick darauf zu finden, was im Leben interessant und wichtig sei. Wenigstens gilt dies so lange, als die Unterschiede in ihren Erfahrungen nicht reflektiert werden. In einer Situation des raschen Wandels setzt jede konstruktive Antwort die sorgfältige Wahrnehmung neuer Wege voraus, auf denen sich die gegenwärtigen Lebens- und Religionsformen im Jugendalter erreichen lassen. In meinem Verständnis schließt dies mindestens vier Aufgaben für Theologie und Kirche ein.

(1) Eine erste Aufgabe bezieht sich auf die sich *wandelnde Gestalt des Jugendalters* als einer Lebensphase. Um es noch einmal hervorzuheben: Das Jugendalter stellt keine genau definierte Übergangsperiode mehr dar, die auf das Erwachsenenalter vorbereiten soll. Statt dessen ist das Jugendalter zu einer Lebenszeit mit eigener Würde und eigenem Wert geworden. Es dehnt sich immer weiter aus in Richtung der Kindheit einerseits und des Erwachsenenalters andererseits, so daß das Jugendalter zu einer ausgedehnten Spanne von 10, 15 oder sogar 20 Jahren Dauer geworden ist. Das Jugendalter läßt sich nicht mehr klar eingrenzen – es hat keinen klaren Anfang und kein klares Ende mehr. Die immer weitere Ausdehnung und die Unbestimmtheit der Adoleszenz hat wichtige pädagogische Implikationen. Ganz offenbar ist das Jugendalter nicht mehr die Zeit für klare Entscheidungen, die dann eine beständige Grundlage für den weiteren Verlauf des Lebenszyklus im Erwachsenenalter bilden könnten. Eine solchermaßen feste Grundlage ist schon logisch gesehen unmöglich geworden, weil den meisten Menschen auch lange nach dem Ende der herkömmlichen Adoleszenz zahlreiche weitere Veränderungen abverlangt werden. Angesichts dieser Situation macht es keinen Sinn mehr, die Adoleszenz als den Dreh- und Angelpunkt der menschlichen Entwicklung ansehen zu wollen, wie dies in den klassischen Theorien der modernen Adoleszenz noch der Fall war. Weiterhin hat diese allgemeine Sicht und Neubewertung der Bedeutung des Jugendalters im Lebenszyklus auch Implikationen für unser Verständnis von religiöser Entwicklung. Kann

die Adoleszenz nicht mehr als die eine Zeit des Wandels angesprochen werden, die den gesamten Lebensverlauf bestimmt, dann steht auch zu bezweifeln, daß in der Adoleszenz noch über die religiöse Entwicklung entschieden wird. Statt dessen ist die Adoleszenz genau so anzusehen wie andere Stufen im Lebenszyklus – als eine Zeit mit besonderen Bedürfnissen und mit besonderen Möglichkeiten, nicht aber als die eine außergewöhnliche Phase, in der sich Menschen einen Glauben für den Rest des Lebens aneignen oder entwerfen.

Ein gutes Beispiel dafür, wie das sich wandelnde Verständnis der Stellung der Adoleszenz in der religiösen Entwicklung pädagogische Folgen nach sich zieht, ist in der gegenwärtigen Diskussion über die Konfirmation zu finden.[48] Zumeist ist die Vorstellung eines religiösen Eides, wie er im Übergang zur Moderne als eine Art Schwelle auf dem Weg zum reifen oder erwachsenen Glauben eingeführt worden war, inzwischen wieder aufgegeben worden. Die Konfirmation wird nicht mehr als Gelegenheit dazu angesehen, die Entscheidung für einen das ganze Leben lang gültigen Glauben zu bekennen. Diese herkömmlichen Erwartungen und Riten, so wird gesagt, stehen im Widerspruch zu den Realitäten des Lebens und Glaubens heutiger Jugendlicher. Kirche oder Gemeinde sollten dieser Sicht zufolge die Verbindung mit den Jugendlichen aufrechterhalten, indem sie diese auf ihren religiösen Wegen begleiten – mit allen Höhepunkten und Abbrüchen sowie einschließlich der zweifelnden und suchenden Fragen, die viele Jugendliche haben und die oft nicht als besonders christlich oder kirchlich erscheinen. Der Wandel der Konfirmation ist kein willkürliches Beispiel. Die Konfirmation nicht als eine unveränderliche rituelle Tradition zu begreifen, sondern als eine Aufgabe, die in verschiedener Weise – je nach Situation und Verhältnis zum Lebensstil junger Menschen – ausgeführt werden kann, verweist vielmehr auf den spezifischen Charakter dieser ersten Aufgabe für Kirche und Theologie im Blick auf das postmoderne Jugendalter: Offen und flexibel genug zu werden, um pädagogische Programme den Herausforderungen im Wandel des zeitgenössischen Jugendalters anzupassen.

Natürlich ist die Konfirmation nicht das einzige Beispiel, an das hier zu denken ist, und neue Modelle für Konfirmation und Konfirmandenunterricht reichen allein nicht aus, um auf die Bedürfnisse postmoderner Jugendlicher zu reagieren. So schließt beispielsweise die lange Dauer der Adoleszenz auch die Herausbildung neuer Altersgruppen ein, die noch gar nicht im Blick sind, solange wir uns das Jugendalter als eine in sich geschlossene Lebensperiode vorstellen. Wie bereits erwähnt, ist am Ende des Jugendalters heute mit einer Postadoleszenz zu rechnen (darauf werden wir in Kapitel 4 eingehen). Weitere Beobachtungen führen zu der Annahme, daß sich am Beginn des Jugendalters ebenfalls eine neue Altersgruppe herausbilden könnte. Da die Adoleszenz immer früher beginnt, ist die Kindheit kürzer geworden. Vielfach scheint die Kindheit jetzt mit der ersten Lebensdekade zusammenzufallen. Dabei geraten besonders die 10- bis 12jährigen in eine Art Niemandsland. In der Vergangenheit wurden sie als Kinder behandelt, aber ganz offenbar sind sie heute nicht mehr Kinder im herkömmlichen Sinne. Und obwohl manche Verhaltensweisen, die sie inzwischen angenommen haben, sie dichter an die Jugendlichen heranrücken lassen, unterscheiden sie sich doch nach wie vor etwa von den 16- bis 18jährigen. Eine besondere Bezeichnung für die Zeit zwischen zehn und zwölf Jahren gibt es bislang jedoch nicht (zumindest wenn wir die herkömmliche, nicht besonders klare oder informative Bezeichnung als »Frühadoleszenz« ausschließen, da diese keine eigene Bezeichnung ergibt).[49] Zugleich findet diese Altersgruppe u.a. in der feministischen Psychologie immer mehr Aufmerksamkeit[50], was als ein erster Schritt im Sinne der Anerkennung als einer eigenen Altersgruppe angesehen werden kann.

Solche Veränderungen, die zu der Herausbildung mehrerer verschiedener Altersgruppen innerhalb der Adoleszenz führen, werfen auch für religiöse Erziehung und Jugendarbeit wichtige Fragen auf. Setzt man voraus, daß verschiedene Gruppen verschiedene Angebote brauchen, dann muß die Frage gestellt werden, ob die herkömmlichen Angebote der religiösen Erziehung, Jugendarbeit oder sonstiger Programme in der Gemeinde noch zu der sich wandelnden Gestalt der Altersgruppen passen. Angebote, die beispielsweise »für Kinder« ausgeschrieben werden, sind für Elfjährige, die keine Kinder mehr sein wollen, nicht mehr attraktiv. Ebenso sind die herkömmlichen Angebote für 15- oder 16jährige für 25jährige in der Postadoleszenz nicht unbedingt spannend.

Meinen eigenen Beobachtungen zufolge fällt es den Kirchen bislang eher schwer, ihre Angebote an die Erfordernisse der sich wandelnden oder sich neu herausbildenden Altersgruppen anzupassen. Es gibt jedoch keinen Grund, warum wir nicht zumindest nach Möglichkeiten suchen sollten, die den postmodernen Erwartungen, Identitäten und Lebensformen besser entsprechen. Der christliche Glaube hängt gewiß nicht davon ab, auch für die Zukunft an Programmstrukturen festzuhalten, die für eine herkömmliche moderne Situation entwickelt wurden und die den heutigen Bedürfnissen vielfach nicht mehr entsprechen. Statt dessen sollte es zu einer beständigen Aufgabe der religiösen Erziehung und Jugendarbeit werden, zumindest immer wieder neu zu prüfen, welche Konsequenzen die sich wandelnde Gestalt des Jugendalters für die Strukturen ihrer Arbeit sowie für die Möglichkeit, verschiedene Zielgruppen zu erreichen, erforderlich machen könnte. Christliche Jugendarbeit läßt sich von der allgemeinen Situation der Jugendlichen nicht isolieren. Leider wird dies häufig übersehen, vermutlich nicht zuletzt auf Grund der heute sehr spezialisierten Ansätze, die allein auf Glaube und Religion im Jugendalter konzentriert sind, während sie den weiteren Zusammenhang des jugendlichen Lebens und der jugendlichen Existenz im allgemeinen vernachlässigen.

(2) Die zweite Aufgabe für Theologie und Kirche, die ich hier beschreiben möchte, bezieht sich auf die zunehmende Spannung – oder sogar Trennung – zwischen *Kirche* und *individueller Religion oder Spiritualität*[51]. Wie läßt sich die christliche Überlieferung so zum Ausdruck bringen, daß heutige Jugendliche sie nicht als langweilig, veraltet und als ohne Bezug zu ihrer eigenen Realität erfahren, sondern als hilfreich, unterstützend und wirklich herausfordernd? In meinem Verständnis könnte eine veränderte Auslegung des theologischen Korrelationsdenkens in dieser Hinsicht weiter helfen.

Wenn ich von theologischer Korrelation spreche, plädiere ich nicht für eine bestimmte Art von Theologie wie beispielsweise David Tracys sogenannte revidierte (Korrelations-)Theologie.[52] Die Aufgabe, die mir vor Augen steht, ist weiter zu fassen, als es der jeweilige Ansatz eines einzelnen Theologen zum Ausdruck bringen kann. M.E. bezieht sich theologische Korrelation auf die allgemeine

Aufgabe der Verbindung von christlicher Tradition und heutigen Lebenszusammenhängen. Wenn zutrifft, was in Theologie und Religionspädagogik vielfach festgestellt wird, daß eine der grundlegenden Aufgaben heutiger Theologie in einer korrelativen Bemühung darum besteht, Tradition und heutige Situationen in einen wechselseitig kritischen und konstruktiven Dialog miteinander zu bringen[53], dann werden wir lernen müssen, nicht nur menschliche Erfahrung im allgemeinen anzusprechen, sondern die spezifisch postmoderne Situation und die besonderen Erfahrungen heutiger Jugendlicher. Dies verlangt nicht weniger als eine neue Weise des Theologietreibens. In der Vergangenheit hat sich die Theologie mit größter Sorgfalt dem Studium ihrer Quellen in Bibel, Tradition und Geschichte zugewandt – jetzt muß die Theologie lernen, die Lebenswelten heutiger Jugendlicher mit ähnlich großer Mühe und Sorgfalt zu untersuchen. Was wissen wir denn wirklich über die Sehnsüchte und Hoffnungen junger Menschen? Sind wir in der Lage, ihre ethischen Standards nicht nur abwertend aus der Perspektive von Erwachsenen, deren Standards angeblich überlegen sind, zu beschreiben, sondern auf eine Art und Weise, die für die Jugendlichen selbst ebenso verständlich wie akzeptabel ist? Für mich selbst war es beispielsweise überraschend, wie Jugendliche, die an einer unserer neueren Interviewstudien beteiligt waren[54], von ihrem Wunsch sprachen, ein »guter Mensch« zu werden. Ich war nicht nur erstaunt, daß Angehörige der sogenannten hedonistischen Generation ein so deutlich nicht-egoistisches oder selbstzentriertes Ziel für sich in Anspruch nehmen. Noch überraschender war, wie wichtig ihnen dieses Ziel als übergreifende Ausrichtung für ihr persönliches Leben zu sein schien.

In der Pädagogik ist seit langem bekannt, daß Jugendliche von Erwachsenen häufig falsch beurteilt oder unterschätzt werden. Manchmal ist sogar gefordert worden, daß die Pädagogik überhaupt zu einem Anwalt werden müsse, der die Jugend verteidigt. In diesem Sinne sind Beobachtungen aus heutigen Interviews mit Jugendlichen keineswegs neu. Noch immer ungewöhnlich ist hingegen die Forderung, daß eine korrelative Theologie über die hochabstrakte und allgemeine Bezugnahme auf »menschliche Erfahrung« oder auf das »gegenwärtige Leben« hinausgehen muß. Um es noch einmal zu wiederholen: Heutige Versuche der Theologie, mit den Erfahrungen und dem Leben Jugendlicher ins Gespräch zu kommen, müssen sich auf eine sorgfältige Analyse ihrer Interessen, Orientierungen, Sehnsüchte und Wünsche stützen können. Solange wir nicht mit allem Nachdruck und in beständiger Weise versucht haben, die Perspektive heutiger Jugendlicher einzunehmen und die Welt gleichsam mit ihren Augen zu sehen, haben wir unsere Aufgaben als Theologen und Religionspädagogen nicht wirklich erfüllt. Jedenfalls haben wir dann noch nicht ernsthaft den Versuch unternommen, ihre Welt mit der christlichen Tradition in Verbindung zu bringen.

Anders ausgedrückt, läßt sich die Kluft zwischen Kirche und individueller Religion oder Spiritualität nur dann schließen oder wenigstens verkleinern, wenn die Jugendlichen erkennen können, daß das, woran sie bei »Spiritualität« denken, der christlichen Tradition keineswegs fremd ist. Auch in dieser Tradition geht es um die Suche nach einem sinnvollen Leben sowie um Antworten auf die großen Fragen etwa von Leben und Tod oder nach Herkunft und Zukunft dieser Welt. Dies setzt wiederum voraus, daß Theologie und Kirche eine neue Art der Lesefähigkeit im Blick auf das Leben und die Erfahrungen Jugendlicher erwerben. Um noch einmal auf das Beispiel von oben zurückzukommen: Wenn heutige Jugendliche sich noch immer danach sehnen, »gute Menschen« zu werden, müssen Kirche und Religionspädagogik Visionen und Modelle anbieten können, die einerseits in der christlichen Tradition gründen und die den Jugendlichen doch, auch angesichts der heute individuell und gesellschaftlich gelebten Moral, einzuleuchten vermögen. Um noch ein weiteres Beispiel zu nennen: Die bei Jugendlichen zu beobachtende Sorge um die Zukunft – um ihre eigene Zukunft wie um die der Gesellschaft – schließt mehr ein als bloß Fragen von Technologie oder Politik. Häufig ist dabei zumindest in verdeckter Form eine religiöse Dimension mit im Spiel, etwa im Sinne weitreichender Fragen von Apokalyptik oder Eschatologie, des Endes der Zeit und der menschlichen Endlichkeit, von Verantwortung über das eigene Leben hinaus usw.[55]

Es ist nicht leicht, sich in der Theologie von solchen Fragen, Gefühlen, Erfahrungen und manchmal diffusen Sehnsüchten ernsthaft herausfordern zu lassen. Das verfügbare Lehrbuchwissen führt hier kaum weiter. Viele in Theologie und Pädagogik Tätige werden zu Recht sagen, daß sie für diese Art von Theologie nicht ausgebildet worden sind. Solange wir jedoch nicht zu wirklichen Dialogpartnern für heutige Jugendliche werden, was die Offenheit für Fragen einschließt, auf die wir keine fertigen Antworten haben (Warum gibt es das Böse in der Welt?) oder bei denen es uns sogar an einer geeigneten Sprache fehlt, wird die Kluft zwischen Kirche und persönlicher Religion oder Spiritualität immer größer werden. Die nächsten beiden Punkte sollen weiter illustrieren, was dies für die Arbeit von Theologie und Religionspädagogik bedeutet.

(3) Die dritte Aufgabe, der sich Kirche und Theologie stellen müssen, bezieht sich auf die Erfahrung der *Pluralisierung*, besonders von *Wahrheitsansprüchen* und *religiösen Orientierungen*. Wenn wir Jugendliche dazu befähigen wollen, über Relativismus und agnostische Toleranz hinauszukommen, müssen wir unsere herkömmlichen Formen des christlichen Unterrichts verändern. Wenn wir die entsprechenden Aufgaben – wie es der Fall sein sollte – mit der größten Sorgfalt und den besten Lehrmethoden angehen wollen, reicht es nicht mehr zu, sie bloß in *eine* Tradition einzuführen. Solange die Jugendlichen, sobald sie nur auf die Medien hören oder der weiteren Öffentlichkeit begegnen, andersartige, wenn nicht sogar direkt entgegengesetzte Sichtweisen antreffen, müssen wir sie auf diese Situation vorbereiten. Dazu muß die Frage, in welchem Verhältnis christliche Überzeugungen zu den Überzeugungen anderer Religionen oder Weltanschauungen stehen, gezielt aufgenommen werden, und wir müssen uns gemeinsam mit den Jugendlichen auf die konfligierenden Wahrheitsansprüche, die Teil der Erfahrung der Pluralität sind, einlassen. Ich plädiere hier weder für eine sogenannte multireligiöse Erziehung etwa im Sinne des englischen Multifaith-Ansatzes noch für einen neutralen Unterricht auf der Grundlage der Religionswissenschaft, der die Jugendlichen *über* Religion im allgemeinen lediglich informieren möchte. Auch wer an einer christlichen Erziehung interessiert ist, muß heute andere Wahrheitsansprüche und Überzeugungen aufnehmen.

Wenn die Jugendlichen den Eindruck gewinnen, daß der Religionsunterricht oder andere religionspädagogische Angebote in der Gemeinde sich ausschließlich auf den christlichen Glauben konzentrieren und daß andere Überzeugungen dabei nicht einmal erwogen werden, wird sich bei ihnen unweigerlich das Gefühl einstellen, daß das, was ihnen dort mitgeteilt wird, auf einer rein willkürlichen Grundlage beruht. Und diese Grundlage muß in der Tat als willkürlich erscheinen, solange nicht klar ist, warum die christliche Sicht einer anderen Auffassung vorgezogen werden soll. In der heutigen Situation werden die Jugendlichen ganz unvermeidlich auch anderen Überzeugungen und Weltanschauungen begegnen, und deshalb müssen sie auch wissen, wie diese aus christlicher Sicht zu beurteilen sind. Wo die Erziehung dies nicht einschließt, bereitet sie die Jugendlichen nicht wirklich auf die Erfahrung von Pluralität vor: Sie überläßt den Jugendlichen vielmehr eine intellektuelle Last, die sie kaum tragen können.

(4) Schließlich muß die Erfahrung des *pluralen Selbst* und der *pluralen Identitäten* auch *theologisch bewertet* werden. Soll die Pluralisierung des Selbst von der Theologie begrüßt und soll sie von der Religionspädagogik bestätigt und unterstützt werden? Oder sollte das Ziel der Theologie umgekehrt darin liegen, einen Weg zurück zum einheitlichen Selbst zu weisen?

Diese Frage ist keineswegs nur von theoretischem Interesse. Zumindest ein Teil der Jugendlichen scheint selbst unter der als zwiespältig erfahrenen Situation ohne klare Identität zu leiden und sucht deshalb nach einem Ausweg aus der Pluralität. Im Kontext des Fundamentalismus sind solche Prozesse mehrfach beobachtet und beschrieben worden.[56] Pluralität kann ein starkes Gefühl von Unsicherheit sowie Desorientierung hervorrufen und kann deshalb zur Übernahme fundamentalistischer Glaubensüberzeugungen führen, die eine Antwort auf alle verunsichernden Fragen versprechen.

Angesichts solcher Erfahrungen möchte ich dieses Kapitel mit drei exemplarischen Erwägungen beschließen, wie eine theologische Sicht des Selbst dazu befähigen könnte, der Pluralität ohne Flucht in den Fundamentalismus Stand zu halten.

Erstens kann die Erfahrung des pluralen Selbst im Zusammenhang der Lehre von der *Rechtfertigung durch Glauben* gesehen werden, wie sie auf biblischer Grundlage zuerst von Martin Luther entwickelt wurde. Hinsichtlich der Anthropologie führt diese Lehre zu der Auffassung, daß menschliche Identität nicht angemessen als menschliche Leistung zu verstehen ist. Die Identität einer Person ist nicht lediglich das Produkt der Handlungen dieser Person, auch wenn sie von diesen Handlungen nicht zu trennen ist. Die menschliche Person ist stets mehr als das, was sie tut und leistet – die Person ist und bleibt Gottes Geschöpf. Für die Identität bedeutet dies, daß wahre Identität in der Beziehung zu Gott gründet. Sie ist relational nicht bloß in dem Sinne, daß sie Beziehungen eingehen kann, soll oder muß, sondern noch mehr in dem Sinne, daß es letztlich eine Beziehung ist, die diese Identität begründet. Diesem Verständnis folgend wird in der Theologie die transzendente Basis des menschlichen Selbst betont und wird darüber hinaus hervorgehoben, daß Relationalität in christlicher Sicht ein Wesensmerkmal des Menschen darstellt.[57] Was aber bedeutet dies im Kontext der Postmoderne und des postmodernen Jugendalters?

Um diese Frage zu beantworten, müssen wir die beschriebene Sicht von Rechtfertigung, Leistung und Person noch einen Schritt weiter führen, so daß sie sich auf die Erfahrung des pluralen Selbst beziehen läßt. Dabei wird deutlich, daß Pluralität und Relationalität wechselseitig aufeinander bezogen sind. Der relationale Charakter des Selbst und der Identität widerspricht ganz offenbar allen individualistischen Sichtweisen der menschlichen Existenz. Ein relationales Selbst ist niemals einheitlich in dem Sinne, daß es nur auf die eigene Person zentriert wäre. Deshalb kann der Begriff eines pluralen Selbst die Einsicht in die Bedeutung des relationalen Charakters des Selbst unterstützen, wie er zugleich für das christliche Verständnis ausschlaggebend ist. Eine weitere Konsequenz betrifft den Leistungscharakter bzw. die Leistungsabhängigkeit des einheitlichen Selbst. Das Bewußtsein, nicht für die eigene Identität verantwortlich zu sein, weil diese Identität letztlich nur als ein Geschenk von Gott zu empfangen ist, kann dabei helfen, die Last eines pluralen Selbst zu tragen. Anders ausgedrückt: Identität als Geschenk zu sehen kann uns davon befreien, beständig Sorge dafür tragen zu müssen, wie wir selbst Einheit und Vollendung erreichen können. Statt dessen wird schon die Idee der menschlichen Vollendung zum Gegenstand theologischer Ideologiekritik. Die Person, die ihre eigene Identität beherrschen will, versucht nämlich, das, was allein Gott möglich ist, zu einer menschlichen Leistung zu machen.

Meine zweite Überlegung zur theologischen Bewertung der Pluralisierung von Selbst und Identität ist erneut auf die Rechtfertigung aus Glauben bezogen. Die Identität oder das Selbst, das der Erfahrung der Rechtfertigung aus Glauben entspricht, ist als »*fragmentarisch*« beschrieben worden. Der Theologe Henning Luther vertritt die Auffassung, daß die Fähigkeit, sich selbst als ein Fragment zu akzeptieren, das niemals Ganzheit oder Vollendung erreicht, eine direkte Konsequenz aus dem Glauben an Gott und an Gottes rechtfertigende Liebe darstelle.[58] Wenn diese kreative Liebe als Wahrheit der menschlichen Existenz akzeptiert wird, können Menschen demnach frei werden von dem Perfektionismus, der sie im wörtlichen Sinne in den Tod treiben kann. Wenn wir dieses Verständnis erweitern, wird deutlich, daß die von der theologischen Anthropologie normativ vertretene Auffassung von Anfang an nicht in einer Identität besteht, die sich in perfekter Harmonie mit sich selber und ihren Bestrebungen befindet. An deren Stelle tritt vielmehr die Erwartung einer niemals perfekten und daher stets fragmentarischen Lebenswirklichkeit – mit allen ihren Mängeln, Spannungen und unerfüllten Sehnsüchten. Zu bedenken ist dabei allerdings auch die Gefahr, daß die gebrochene Natur des menschlichen Lebens idealisiert wird. Das *Lob der Fragmente* sollte uns nicht die *Hoffnung auf Heilung des Zerbrochenen* vergessen lassen. Heilung kann hier jedoch nicht bedeuten, daß die Fragmente einfach zurückbleiben und verworfen werden, sondern daß sie im Prozeß der Heilung integriert werden können. Sofern die menschliche Existenz in ihrem fragmentarischen Charakter aber nicht idealisiert wird, kann der Begriff eines fragmentarischen Selbst für eine – realistische, aber auch kritische – Auseinandersetzung mit der Erfahrung des pluralen Selbst hilfreich sein. Im christlichen Verständnis muß das menschliche Selbst keine perfekte Einheit erreichen, sondern darf fragmentarisch bleiben. *Fragmentarisch* ist jedoch nicht gleichbedeutend mit *fragmentiert* im Sinne ausschließlicher Diskontinuität und Inkohärenz. Relationalität setzt ein fragmentarisches (imperfektes) Selbst voraus, weil ein perfektes Selbst keine Beziehungen braucht. Ein fragmentiertes Selbst hingegen wäre nicht in der Lage, überhaupt noch verantwortliche Beziehungen zu unterhalten, weil dazu genau jene Art von Kontinuität und Kohärenz erforderlich ist, die ihm abgeht.

Eine letzte theologische Überlegung führt diese positive und zugleich kritische Sicht der Pluralisierung noch einen Schritt weiter. Sie betrifft ebenfalls die Beziehung zwischen Gott und dem pluralen Selbst. Aus der Perspektive der sogenannten *neuen Pneumatologie* läßt sich die Erfahrung des pluralen Selbst so verstehen, daß sie sich auf Gottes befreienden Einfluß auf das menschliche Leben bezieht – auf die Befreiung des Menschen aus dem beengenden Zwang, einer eng definierten individualistischen Identität entsprechen zu müssen.[59] Diesem Verständnis zufolge können wir sagen, daß das vom Geist verwandelte Selbst nicht mehr nach einer selbstzentrierten und in sich geschlossenen Identität streben muß. Statt dessen wird Offenheit zu ihrem Prinzip – Offenheit für Gott und für den Reichtum von Gottes Schöpfung. Diese Offenheit darf nicht mit unbegrenzter Pluralität verwechselt werden. Die Offenheit des Geistes ist auf den christlichen Glauben bezogen. Es handelt sich daher um eine *prinzipienorientierte Offenheit*. Es gibt Prinzipien oder Kriterien, anhand derer sich verschiedene Optionen beurteilen lassen – Prinzipien der Liebe und des Mitleidens, um nur zwei zu nennen.

Über theologische Sichtweisen des postmodernen Lebenszyklus wird noch mehr zu sagen sein. In Kapitel 7 werde ich auf solche Fragen im Zusammenhang der von mir sogenannten Theologie des Lebenszyklus zurückkommen. Die grundlegende Aufgabe für Religionspädagogik und Theologie besteht heute jedenfalls darin, Kindern und Jugendlichen vor Augen zu führen, daß die zahlreichen Optionen postmoderner Pluralität nicht alles sind, was im Leben zählt, sondern daß die Suche nach der Wahrheit und nach dem Guten nach wie vor sinnvoll und notwendig ist – auch in den Zeiten der Postmoderne.

Kapitel 4
Religiöse Bindung und Entfremdung in der Postadoleszenz: Zum Einfluß einer vernachlässigten Lebenszeit

In diesem Kapitel wende ich mich einer Stufe im Lebenszyklus zu, die sich von den bislang betrachteten insofern unterscheidet, als es sich um eine vollkommen neue Lebensstufe handelt. Erst vor etwa 30 Jahren tauchten in der Literatur erste Hinweise auf die »Postadoleszenz« auf.[1] Damals beobachteten Sozialwissenschaftler, daß sich der Übergang zwischen Adoleszenz und Erwachsenenalter immer weiter ausdehnt und daß es deshalb immer problematischer wird, von einem Übergang statt von einer eigenen Stufe im Lebenszyklus zu sprechen. Der Begriff der Postadoleszenz wurde dann als Bezeichnung der bis dahin sogenannten Spät-Adoleszenz bzw. des frühen Erwachsenenalters eingeführt. Er bezieht sich ungefähr auf die dritte Lebensdekade. Manchmal wird auch davon ausgegangen, daß die Postadoleszenz schon im Alter von 18 oder 19 Jahren beginne und irgendwann nach dem 30. Geburtstag ende. Es gibt also erneut keine klaren Altersgrenzen. Die Bezeichnung Postadoleszenz verweist auf einen Status: nicht mehr zu den Jugendlichen zu gehören, aber auch noch nicht in das Erwachsenenalter eingetreten zu sein.

Der erste Grund, in die vorliegende Untersuchung auch die Postadoleszenz einzubeziehen, ergibt sich aus der relativen Neuheit dieses Lebensalters. Die späte Herausbildung der Postadoleszenz läßt eine enge Verbindung mit den derzeitigen Veränderungen des Lebenszyklus erwarten, nach denen in der vorliegenden Studie gefragt wird. Der zweite Grund für mein Interesse an der Postadoleszenz erwächst aus ihren Implikationen für die religiöse Entwicklung und Bildung, die noch nicht genügend erkundet sind. Wie sich im folgenden zeigen wird, scheint die Postadoleszenz eine Zeit von entscheidender Bedeutung für religiöse Bindung oder Distanzierung bzw. Entfremdung zu sein. Daher verdient sie weit mehr Aufmerksamkeit, als sie im allgemeinen erhält.

Im Unterschied zu Kindheit und Jugendalter, bei denen ich mich auf herkömmliche – moderne – Beschreibungen stützen konnte, sind entsprechende Beschreibungen für die Postadoleszenz nicht verfügbar. Eriksons Modell des Lebenszyklus, das in den ersten Kapiteln als Vergleichsmöglichkeit herangezogen werden konnte, sieht diese Lebensstufe gar nicht vor. Manches, was Erikson über das späte Jugend- und das frühe Erwachsenenalter sagt, läßt sich allerdings auch in diesem Kapitel heranziehen, auch wenn ein direkter Vergleich zwischen modernen und postmodernen Sichtweisen hier nicht möglich ist. Mit anderen Worten: Die im Falle von Kindheit und Jugendalter gewählte Vorgehensweise muß sich bei der Postadoleszenz ändern. Mein Hauptinteresse bezieht sich darauf, die Herausforderungen der Postadoleszenz für Theologie und Kirche herauszuarbeiten. In diesem Sinne betrachte ich die Postadoleszenz als weiteres Beispiel für die religiösen Anforderungen des postmodernen Lebens. Darüber hinaus möchte ich verschiedene Erklärungsmöglichkeiten erörtern, die im Blick auf den religiösen Wandel in der Spät-Adoleszenz und im frühen Erwachsenenalter angeboten werden, so daß dieses Kapitel zugleich Einblick in verschiedene theoretische Betrachtungsweisen des Lebenszyklus und deren praktische Konsequenzen geben kann.

1. Religiöse Veränderungen in der Postadoleszenz: empirische Beobachtungen

Empirische Untersuchungen zu den Einstellungen von Kirchenmitgliedern gegenüber der Kirche haben deutlich gemacht, daß sich diese Einstellungen während des späten Jugendalters oder des frühen Erwachsenenalters nachhaltig verändern. Wenn man nun versucht, idealtypisch zu beschreiben, für wen ein Kirchenaustritt besonders nahe liegt, dann erscheint der Faktor Lebensalter als eines der wichtigsten Kriterien. In der dritten Lebensdekade werden die meisten Austritte vollzogen oder wird ein Austritt zumindest als Möglichkeit am häufigsten erwogen. Darüber hinaus scheint in diesem Alter auch die Haltung gegenüber der Kirche – die Bereitschaft, an ihren Aktivitäten teilzunehmen, ihre Lehren für sich selbst zu übernehmen, die Kirche als eine wertvolle und wichtige Einrichtung anzusehen usw. – ebenfalls distanzierter oder überhaupt ablehnend zu werden.

Obwohl diese Veränderungen im späten Jugend- und frühen Erwachsenenalter wiederholt und in verschiedenen Ländern beobachtet worden sind, wurde den gesellschaftlichen und psychologischen Gründen für diese Veränderungen bislang kaum besondere Aufmerksamkeit geschenkt. Häufig werden zwei konkurrierende, sehr allgemein gehaltene Erklärungen angeboten. Entweder werden die hohen Austrittszahlen in diesem Alter als weiterer Beleg für die Wirkungen der Säkularisierung angesehen, oder man interpretiert sie in dem Sinne als lebenszyklischen Effekt, daß mit Kirchenferne in der Adoleszenz und einer Rückkehr zur Kirche im späteren Leben gerechnet werden müsse bzw. könne. Beide Erklärungen werden im folgenden genauer zu prüfen sein. Schon jetzt läßt sich allerdings sagen, daß die Alternative zwischen Säkularisierung und lebenszyklischen Effekten wohl zu einfach ist. Auf jeden Fall müssen zusätzliche Aspekte und komplexere Perspektiven berücksichtigt werden, wenn wir den religiösen Veränderungen im späten Jugend- und frühen Erwachsenenalter gerecht werden wollen.

Die Frage, wie diese Veränderungen verstanden werden können, ist auch für die Religionspädagogik von großem Interesse oder sollte es jedenfalls sein. In Wirklichkeit wurde die religiöse Erziehung und Bildung dieser Altersgruppe höchst selten als Schwerpunkt behandelt, schon weil sich diese Gruppe der herkömmlichen Einteilung in Jugendarbeit einerseits und Erwachsenenbildung andererseits entzieht. Angesichts der religiösen Veränderungen in dieser Lebenszeit könnte es jedoch von geradezu entscheidender Bedeutung sein, den Horizont der Religionspädagogik so auszuweiten, daß sie auch die Zeit nach dem 18. oder 20. Lebensjahr umfaßt.

Weiterhin sind die beiden beschriebenen Erklärungsansätze – Säkularisierung und lebenszyklische Effekte – im Blick auf die Pädagogik nicht besonders hilfreich. Die Erwartung einer umgreifenden Säkularisierung der Gesellschaft ermutigt kaum zu pädagogischem Handeln. Statt dessen erscheinen pädagogische Programme vor diesem Hintergrund als hoffnungslos naiv und jedenfalls ohne jede wirkliche Chance gegen den allgemeinen gesellschaftlichen Trend. Auch die lebenszyklische Perspektive ist für die Pädagogik wenig ermutigend. In diesem Falle mögen pädagogische Angebote nicht ohne Chancen sein, aber sie werden auch nicht wirklich gebraucht. Kehren die Menschen, wenn sie nur älter werden, schon von ganz allein zur Kirche zurück, dann gibt es auch keinen wirklichen Grund dafür, dieses Ergebnis durch zusätzliche Bemühungen herbeizuführen.

Im folgenden werde ich zunächst empirische Befunde zu religiösen Einstellungen im späten Jugend- und frühen Erwachsenenalter aufnehmen, vor allem aus Deutschland, aber auch mit Blick auf die Vereinigten Staaten und einige andere Länder. In einem zweiten Abschnitt, der den größten Teil dieses Kapitels ausmacht, werde ich eine Reihe psychologischer und soziologischer Deutungen darstellen und erörtern, die über den einfachen Gegensatz zwischen Säkularisierung und lebenszyklischen Effekten hinausgehen. Im letzten Abschnitt soll es um den möglichen Nutzen solcher Deutungen gehen, sowohl für ein angemessenes Verständnis der religiösen Situation der Gegenwart als auch für die Religionspädagogik im späten Jugend- und frühen Erwachsenenalter.

Die Altersgruppe zwischen 18 und 29 nimmt, wie gesagt, in einer Reihe von Ländern der westlichen Welt bei den Kirchenaustritten eine hervorgehobene Stellung ein. Die Situation in Westdeutschland zeigt genau dieses Muster. Die drei großen Kirchenmitgliedschaftsstudien, die in den 70er, 80er und 90er Jahren im Auftrag der EKD durchgeführt wurden, erbrachten übereinstimmend dieses Ergebnis. Die Austretenden sind in aller Regel jung, nicht verheiratet, berufstätig und leben in einer städtischen Umgebung[2] – ein Ergebnis, das von weiteren Untersuchungen bestätigt wird.[3] Für die Vereinigten Staaten berichten Wade Clark Roof und William McKinney überraschend ähnliche Ergebnisse: »Die Austretenden sind jung, vor allem männlich, gebildet, stärker auf alternative Lebensstile verpflichtet und ganz allgemein an einer Ethik des persönlichen Wachstums und der Selbstverwirklichung orientiert«.[4] Die Situation in der Schweiz, um ein weiteres Beispiel zu nennen, ist im Blick auf das Lebensalter besonders bemerkenswert. Der Prozentsatz von Menschen in der Schweiz ohne formelle religiöse Bindung verdoppelt sich von der zweiten zur dritten Lebensdekade – von etwa 5 auf 10 % und mehr.[5] Alle diese Untersuchungen zeigen also ein ähnliches Bild: In keinem Falle ist es das Lebensalter allein, das das Profil der Austretenden bestimmt. Jedoch spielt das Lebensalter in verschiedenen Ländern eine wichtige Rolle, und es ist stets das späte Jugendalter oder das frühe Erwachsenenalter, das mit hohen Austrittsraten korreliert.

Kirchenaustritt ist nur ein Indikator für Kirchendistanz. Veränderungen in Einstellungen und Verhalten finden sich auch bei denen, die ihre Kirchenmitgliedschaft aufrechterhalten, beispielsweise bei der Wahrnehmung von Kirche und im Teilnahmeverhalten. Auch solche Veränderungen im späten Jugend- und frühen Erwachsenenalter werden von den deutschen Kirchenmitgliedschaftsstudien eindrücklich belegt, und die allgemeine Jugendforschung bietet ähnliche Befunde.[6] Daß die Distanz zur Kirche im mittleren oder späten Jugendalter einsetzt und dann weiter wächst, steht außer Zweifel. Die Teilnahme am Gottesdienst geht deutlich zurück, und das Gefühl der Verbundenheit mit der Kirche wird schwächer.

Es ist bemerkenswert, daß religiöse Veränderungen in diesem Alter selbst in früher sozialistischen Ländern wie etwa Ostdeutschland beobachtet werden können. Dort hat natürlich vor allem die atheistische Erziehung des sozialistischen Staates die religiösen Einstellungen der Menschen beeinflußt. So ist auch heute noch die religiöse Bindung in Ostdeutschland weit geringer als im Westen.[7] Trotz aller offensichtlicher Unterschiede zwischen Ost- und Westdeutschland scheint die Altersgruppe der 20-30jährigen aber auch im Osten eine besondere Rolle zu spielen.[8] Auch heute sind die Anteile der religiös nicht Gebundenen bei den 18-59jährigen am höchsten. Der Kirchenaustritt jedoch wurde zumeist im späten Jugend- und frühen Erwachsenenalter vollzogen.

Zusammenfassend läßt sich im Blick auf die empirischen Beobachtungen sagen, daß das späte Jugend- und frühe Erwachsenenalter – oder, um den neuen Begriff zu verwenden, die Postadoleszenz – bei Prozessen der religiösen Entfremdung und Distanzierung offenbar eine hervorgehobene Rolle spielen. Gewiß erklärt niemals das Alter allein solche Wirkungen. Gleichwohl scheint das Lebensalter wichtig genug, um eine genauere Untersuchung der Möglichkeiten zu begründen, wie der Zusammenhang zwischen der Postadoleszenz als einer neuen Stufe im Lebenszyklus einerseits und den beschriebenen religiösen Veränderungen andererseits zu verstehen ist.

2. Religiöse Veränderungen in der Postadoleszenz: mögliche Erklärungen

Im folgenden möchte ich versuchen, ein genaueres Verständnis der möglichen Gründe für den religiösen Wandel im späten Jugend- und frühen Erwachsenenalter zu erreichen. Da sich die vorliegende Untersuchung auf Herausforderungen für Theologie und Kirche konzentriert, werden sich meine Überlegungen nicht auf beliebige Formen von Religion beziehen, sondern vor allem auf das Christentum in der westlichen Welt. Zumindest erwähnt sei jedoch, daß auch Psychologen in Israel bei ihren Forschungen zur Auflösung religiöser Bindungen in der Postadoleszenz ähnliche Fragen im Blick auf das Judentum untersucht haben. Manche der Faktoren, die sie für Israel beschreiben – etwa der Holocaust –, haben in anderen Ländern, Religionen oder Kulturen keine direkte Parallele (allerdings könnte der Holocaust durchaus auch die Einstellungen zu den christlichen Kirchen besonders in Deutschland beeinflußt haben), aber ihre Betrachtung unterschiedlicher Faktoren im Prozeß der religiösen Distanzierung weist gleichwohl deutliche Parallelen zu meinen eigenen Erwägungen im Blick auf die Postadoleszenz im christlichen Kontext auf.[9] Solche Parallelen zwischen den Erfahrungen in verschiedenen religiösen Kontexten stellen einen weiteren Hinweis auf die Bedeutung der mit der Postadoleszenz verbundenen Veränderungen dar.

Die Aspekte oder Faktoren, die ich im folgenden vorschlagen und erörtern möchte, sollen letztlich einem klareren Verständnis der Situation, der zu bedenkenden theoretischen Alternativen und möglichen Erklärungen dienen. Die verschiedenen Deutungen werden durch die Forschung zu Postadoleszenz, Religion und religiöser Bindung auch in empirischer Hinsicht gestützt. Die bislang verfügbaren Daten erlauben jedoch noch keine endgültige Bewertung der jeweiligen Bedeutung oder des Einflusses der verschiedenen Faktoren bzw. der Validität konkurrierender Erklärungen. Ich gehe jedoch davon aus, daß bereits eine begriffliche Klärung der Zusammenhänge für das Verständnis der Herausforderungen für Kirche und Theologie eine große Hilfe sein kann.

Welche Aspekte oder Faktoren sollen hier diskutiert werden? Im einleitenden Abschnitt dieses Kapitels habe ich bereits zwei Aspekte genannt: Säkularisierung und lebenszyklische Effekte. Darüber hinaus werde ich mich im folgenden auf Entwicklungspsychologie, Biographie, Kohortenerfahrungen, historische Epochen und Veränderungen des Lebenszyklus selbst beziehen.

Fortschreitende Säkularisierung

Häufig wird argumentiert, daß das im späten Jugend- und frühen Erwachsenenalter zu beobachtende Nachlassen religiöser Bindungen auf den fortschreitenden Einfluß der Säkularisierung zurückzuführen sei. Wenn beispielsweise durchweg mehr ältere Menschen den Gottesdienst besuchen als jüngere, dann führt die Säkularisierungstheorie zu der Erwartung, daß die heute jungen Menschen sich auch dann nicht der Kirche zuwenden werden, wenn sie älter geworden sind. In dieser Sicht ist die jüngere Generation immer weniger religiös als die ältere. Diese Sichtweise läßt sich auch mit empirischen Befunden unterstützen, die beispielsweise ein deutlich ausgeprägtes, beständiges Nachlassen der religiösen Erziehung in der Kindheit belegen sollen. Wenn man etwa verschiedene Altersgruppen nach der religiösen Erziehung fragt, die sie in der Kindheit erhalten haben, machen die Antworten deutlich, daß dieses Nachlassen eine typische Erfahrung des 20. Jahrhunderts war.[10]

So plausibel manche der auf die Säkularisierungstheorie gestützten Deutungen auch klingen mögen, kann es doch keinen Zweifel daran geben, daß entsprechende Voraussagen, wie sie vor 20 oder 30 Jahren formuliert wurden, so nicht eingetroffen sind. Niemand würde heute behaupten, daß die deutschen oder amerikanischen Jugendlichen von vor 20 Jahren zu völlig religionslosen Erwachsenen geworden wären. In deutlicher Entsprechung zu der sich in der Wissenschaft durchsetzenden Kritik an solchen Säkularisierungserwartungen (vgl. oben, Kap. 1) können ihre religiösen Orientierungen und Einstellungen eher im Sinne von religiöser Pluralisierung und Individualisierung verstanden werden. Untersuchungen, in denen religiöse Biographien von der Adoleszenz ins mittlere oder späte Erwachsenenalter hinein verfolgt werden (sogenannte Längsschnittstudien), sind allerdings bislang nicht verfügbar. Vergleiche zwischen verschiedenen Altersgruppen weisen darauf hin, daß die Beziehungen von Jugendlichen zur Kirche im Laufe der letzten beiden Jahrzehnte schwächer geworden sind, daß aber das Interesse an Religion gleichgeblieben oder sogar stärker geworden ist.[11]

Säkularisierungseffekte können für die religiöse Erfahrung im späten Jugend- und frühen Erwachsenenalter durchaus eine Rolle spielen, etwa im Zusammenhang von Institutionen wie Schulen, Universitäten und Wirtschaftsunternehmen, die deutlich säkularer geworden sind. Soweit der Begriff der Säkularisierung auf einen vollständigen Rückgang von Religion hinweisen soll, bleibt er jedoch im Blick auf die religiöse Komplexität des heutigen individuellen und gesellschaftlichen Lebens unzureichend.

Lebenszyklische Effekte

Die religiösen Unterschiede zwischen der Postadoleszenz mit ihrer Kirchendistanz auf der einen und dem späteren Erwachsenenalter mit seiner größeren Nähe zur Kirche auf der anderen Seite können auch als Ausdruck der typischen Ablösung vom Kinderglauben und von der Identifikation mit den Eltern gedeutet werden. Ich nenne dies »lebenszyklische Effekte«, weil eine solche Ablösung und spätere Rückkehr zur Kirche sehr gut zu den herkömmlichen Vorstellungen vom Lebenszyklus passen. Erikson, unser Hauptzeuge für die herkömmlichen (modernen) Erwartungen, spricht häufig vom Phänomen eines »Moratoriums« oder einer Zwischenzeit, die Jugendliche brauchen, ehe sie die Verpflichtungen des Erwachsenenlebens übernehmen und verantwortliche Entscheidungen beispielsweise im Blick auf eine Berufsausbildung treffen können.[12] Die Vorstellung eines Moratoriums kann auch auf die religiöse Entwicklung angewendet werden. Sie schließt dann die Erwartung ein, daß sich Jugendliche von der Kirche entfernen – manchmal bis hin zum förmlichen Kirchenaustritt –, daß sie aber später, wenn sie das Erwachsenenalter erreicht haben, zu einer Rückkehr bereit sind. Das Moratorium ist keine dauerhafte Erscheinung, sondern ein Zwischenspiel, das allerdings monate- oder sogar jahrelang dauern kann. Wenn die Menschen aber älter werden und wenn sie in das Erwachsenenalter eintreten, lassen sie die experimentellen Haltungen des Moratoriums hinter sich.

In dieser Sicht stellt die größere Nähe der älteren Altersgruppen zur Kirche die Zukunft der heutigen Jugendlichen dar. Wenn diese das Moratorium verlassen, werden sie demnach ähnlich starke religiöse Bindungen wie die Generation ihrer Eltern heute aufweisen.

Obwohl Erklärungen, die sich auf Säkularisierung einerseits und auf lebenszyklische Effekte andererseits stützen, manchmal als sich wechselseitig ausschließende Alternativen behandelt werden, lassen sie sich doch auch miteinander verbinden[13] – in dem Sinne nämlich, daß Säkularisierungstendenzen durch psychologisch sensible Lebensabschnitte weiter vorangetrieben werden und umgekehrt bestimmte Abschnitte im Lebenszyklus auf Grund der fortschreitenden Säkularisierung eine neue Bedeutung annehmen und zu anderen Resultaten führen. Erneut bleibt es auf Grund des Fehlens von Längsschnittuntersuchungen jedoch schwierig, mit Sicherheit festzustellen, ob die erwarteten lebenszyklischen Effekte nach wie vor wirksam sind und ob erwartet werden darf, daß sie die heute jungen Menschen in der Zukunft zur Kirche zurückbringen werden. Angesichts des raschen und weitreichenden kulturellen Wandels, der für die Postmoderne bezeichnend ist, erscheint es eher unwahrscheinlich, daß der menschliche Lebenszyklus als festliegendes Muster wirkt, das von den sich verändernden Lebensumständen nicht beeinflußt wird. Aus diesem Grunde werde ich im folgenden nicht nur Effekte *innerhalb* des Lebenszyklus betrachten, sondern auch Folgen des Wandels *des* Lebenszyklus selbst, so wie es dem Anliegen dieses Buches entspricht.

Einflüsse der kognitiven Entwicklung

Gelegentlich werden lebenszyklische und entwicklungspsychologische Effekte miteinander gleichgesetzt. Auf die herkömmliche Entwicklungspsychologie, für die alle Entwicklungen maßgeblich vom Lebensalter abhängig waren, traf dies gewiß zu. Für das neuere Verständnis von Entwicklung müssen wir jedoch deutlich zwischen Alter und Entwicklungsstand unterscheiden. Statistisch gesehen kann ein bestimmtes Alter die Voraussetzung für einen bestimmten Entwicklungsstand sein, aber das Alter allein läßt keine Vorhersagen im Blick auf den Entwicklungsstand zu. Lawrence Kohlbergs weithin bekannte Stufen des moralischen Urteils sind dafür ein gutes Beispiel.[14] Die sogenannten postkonventionellen Moralstufen, die sich durch unabhängiges moralisches Urteilen auf der Grundlage allgemeiner ethischer Prinzipien auszeichnen, treten nicht vor dem frühen Erwachsenenalter auf. Zugleich erreichen aber viele Menschen auch als Erwachsene diese Stufen nicht. Statt dessen bleibt ihr moralisches Urteil konventionell, d. h. es basiert auf den Sichtweisen einer bestimmten Gruppe oder Gesellschaft, nicht aber auf allgemeinen Prinzipien. Vielfach wird das postkonventionelle Niveau niemals erreicht. Aus diesem Grund erlaubt weder das Lebensalter noch die Stufe im Lebenszyklus eine Vorhersage im Blick auf den jeweils erreichten Entwicklungsstand.

Unterscheiden wir in dieser Weise zwischen dem Lebenszyklus, den jeder Mensch ganz unvermeidlich durchschreiten muß, und der kognitiven, moralischen oder religiösen Entwicklung, die im Blick auf den jeweils erreichten Entwicklungsstand von Einflüssen aus der Umwelt abhängig ist, dann können wir auch weitere Einsichten in die Veränderungen des späten Jugend- und frühen Erwachsenenalters gewinnen. Die Forschung zur kognitiven und moralischen sowie zur religiösen Entwicklung[15] macht deutlich, daß in diesem Alter sehr kritische sowie stark individualistische Auffassungen von Wahrheit und religiösem Sinn auftreten können. Diesen Darstellungen zufolge lassen einflußreiche neue kognitive Fähigkeiten herkömmliche religiöse Überzeugungen naiv und fragwürdig erscheinen. Wie es ein junger Mann im Alter von 20 Jahren formuliert, wurde die Gottesvorstellung »von Menschen für Menschen geschaffen«, nämlich um »bestimmte Wertvorstellungen... in einem Begriff« zusammenzufassen. Mit dem »auf geisteswissenschaftlicher und naturwissenschaftlicher Ebene vollzogenen Fortschritt der menschlichen Entwicklung verlieren naivere Konstruktionen der Wertevermittlung ihren Sinn«.[16] Dieser junge Mann klingt wie ein Philosoph des 19. Jahrhunderts, und dies ist kein Zufall. Die neuerworbene kognitive Fähigkeit, herkömmliche Ideen zu hinterfragen, macht die Menschen mißtrauisch im Blick auf deren Wahrheit. Sie neigen dazu, sich weit mehr auf ihre eigene Urteilsfähigkeit als auf den Glauben einer Gruppe oder Gemeinde zu verlassen, auch wenn sie dieser nach wie vor zugehören mögen. Auch bei formell aufrechterhaltener Kirchenzugehörigkeit wirken sich ihre religiösen Haltungen in distanzierender Weise aus: Sie finden es schwierig, wenn nicht sogar unmöglich, einen bestimmten Glauben für sich anzunehmen, ohne ihn kritisch in Frage zu stellen.

Meiner Kenntnis nach ist der Beziehung zwischen religiöser Entwicklung und religiöser Bindung bzw. Ablösung im späten Jugend- und frühen Erwachsenenalter in der Forschung über Kirchenmitgliedschaft oder -austritte bislang kaum Aufmerksamkeit geschenkt worden. Die entsprechenden Fragen liegen jedoch auf der Hand: Geht ein bestimmter Stand der kognitiven, moralischen oder religiösen Entwicklung Hand in Hand mit Kirchendistanz und religiöser Ablösung? Und im Blick auf die weitere religiöse Entwicklung: Gibt es Hinweise darauf, daß sich später eine Umkehrung vollzieht – eine Wiederannäherung an die Kirche, die einem veränderten Entwicklungsstand entspricht, beispielsweise James W. Fowlers »verbindendem Glauben«, der manchmal als »zweite Naivität« beschrieben wird – als Rückkehr zu der früheren Wertschätzung von Symbol, Erzählung und Ritual *nach* dem Durchgang durch eine Zeit ihrer kritischen Verwerfung?[17]

Die Frage nach der Beziehung zwischen religiöser Distanzierung und religiöser Entwicklung verweist darüber hinaus auf Erziehung und Bildung als weitere bedeutsame Faktoren. In verschiedenen Ländern wird beobachtet, daß sich eine höhere Bildungsbeteiligung mit wachsender Distanz zur Kirche verbindet.[18] In anderen Untersuchungen im Bereich der Psychologie wurde allerdings festgestellt, daß Bildung die religiöse Entwicklung anzuregen scheint.[19] Wie aber hängen die drei Faktoren – Bildung, religiöse Ablösung und religiöse Entwicklung – miteinander zusammen? Gibt es typische Zusammenhänge, die sich beispielsweise im Blick auf bestimmte Entwicklungsstufen beschreiben lassen? Welche Bildung könnte eine neue Wertschätzung von Religion bzw. eine Wiederannäherung an Kirche unterstützen? usw.

Biographische Einflüsse

Im vorliegenden Zusammenhang soll der Begriff der Biographie nicht im Sinne des Lebenszyklus verwendet werden. Statt dessen geht es um individuelle Ereignisse und Veränderungen, die für den Lebenslauf eines bestimmten Menschen charakteristisch sind, beispielsweise Zeit und Ort der Geburt, Zeitpunkt der Eheschließung, berufliche Entscheidungen usw. Zum Teil sind solche Ereignisse und Veränderungen nicht auf den je individuellen Lebenslauf beschränkt, sondern sind für viele Menschen zu einer gegebenen Zeit in der Geschichte ungefähr gleich. So gibt es ein typisches Heiratsalter, typische Bildungsgänge, typische berufliche Karrieren usw. So gesehen sind Biographien nicht ausschließlich individuell, sondern insofern standardisiert, als sie typische Merkmale aufweisen.

Für das späte Jugend- und frühe Erwachsenenalter spielen mehrere typische biographische Situationen eine Rolle. Häufig ist das späte Jugendalter die Zeit, in der junge Menschen aus dem Elternhaus ausziehen. Sie schreiben sich an einer Universität ein oder finden eine Berufstätigkeit, die ihnen finanzielle Unabhängigkeit ermöglicht.

Es liegt nahe, daß solche Veränderungen biographischer Art zum besonderen Charakter des späten Jugend- und frühen Erwachsenenalters beitragen. Weniger klar ist hingegen, wie sie mit religiösen Einstellungen zusammenhängen. In empirischen Untersuchungen ist darauf bislang nicht genügend geachtet worden. Eine der wenigen Untersuchungen zu religiösen Orientierungen von Studierenden in Deutschland belegt, daß diese mehrheitlich eine erhebliche Distanz zwischen der Kirche und sich selbst wahrnehmen.[20] Gleichzeitig geben allerdings viele an, sie seien an Religion interessiert.

Möglicherweise schlägt sich die Unabhängigkeit, die sie jetzt für ihr Leben in Anspruch nehmen, auch auf ihre religiösen Einstellungen nieder – und läßt sie kritisch werden gegenüber der Kirche und religiösen Institutionen im allgemeinen. Ihrer Wahrnehmung zufolge nehmen die religiösen Institutionen religiöse Autonomie nicht positiv auf, sondern verlangen das Annehmen festliegender Lehren sowie der Vorschriften, die von den Institutionen aufgestellt werden, ohne den einzelnen Mitgliedern viel Einfluß zu gewähren.

Generationen und Kohorten

Die beiden Begriffe »Generation« und »Kohorte« sollen hier in gleicher Bedeutung verwendet werden. Im vorliegenden Zusammenhang ist der Bezug auf »Generationen« oder »Kohorten« deshalb wichtig, weil er die Aufmerksamkeit auf pädagogische Bezüge lenkt, die ja stets zwei oder mehr Generationen bzw. Altersgruppen umgreifen.

Die erziehende (Erwachsenen-)Generation oder Kohorte ist immer von bestimmten Erfahrungen beeinflußt, die für die Zeit, die sie in Kindheit und Jugendalter sowie später im Erwachsenenalter prägte, als typisch gelten können. Als in den 1970er und 80er Jahren die beschriebenen empirischen Befunde zum späten Jugend- und frühen Erwachsenenalter als einer besonderen Zeit der religiösen Ablösung gewonnen wurden, bezogen sich daher auch die damaligen Untersuchungen genauer betrachtet nicht auf das »Jugendalter« im allgemeinen.[21] Ihr Gegenstand war vielmehr eine ganz bestimmte Alterskohorte, die besonders von den kulturellen und politischen Umbrüchen der 60er Jahre beeinflußt worden war. In verschiedenen Untersuchungen, die in unterschiedlichen Ländern durchgeführt wurden, wird die Zeit der 60er Jahre als eine Art Wasserscheide in der religiösen Nachkriegskultur dargestellt.[22] Nach 1945 herrschte in vielen westlichen Ländern eine konservative Verbindung von Nationalstaat, öffentlicher Autorität, Kirche und Religion vor, die bis in die 60er Jahre hinein anhielt. In den sich anschließenden Umbrüchen löste sich diese Verbindung auf. In der Folge wurden andere Einstellungen bedeutsam, die gegenüber jeder

Form von Autorität und Tradition, einschließlich der Kirche, kritisch waren. Der wichtigste Träger der neuen Kultur der 60er Jahre war die jüngere Generation.

Eine weitere Implikation des auf ganz bestimmte Generationen bezogenen Hintergrunds der religiösen Ablösung in den 70er Jahren – und dies hat in der Forschung noch weniger Aufmerksamkeit erfahren – betrifft die Angehörigen der sogenannten Baby-Boom-Generation in ihrer Rolle als Erzieher und Eltern. Wade Clark Roof hat diese Generation in den 90er Jahren als eine »Generation der Suchenden« portraitiert.[23] Seinen Befunden zufolge sind die Mitglieder dieser Alterskohorte weder areligiös noch antireligiös. Nur wenige von ihnen haben jedoch den Weg zurück zu den traditionellen Kirchen gefunden. Wenn wir solche Beobachtungen noch einen Schritt weiter führen, gelangen wir zu der Hypothese, daß diese Generation wahrscheinlich auch einen entsprechenden pädagogischen Einfluß auf ihre Kinder ausgeübt haben wird, d. h. mit ihrer anti-institutionellen Religiosität haben sie diejenigen geprägt, die heute im späten Jugend- und frühen Erwachsenenalter sind. Wenn dies zutrifft, muß die besondere Erfahrung der 60er Jahre als ein wichtiger Hintergrund für die empirischen Befunde zum religiösen Wandel im späten Jugend- und frühen Erwachsenenalter begriffen werden – nicht allein hinsichtlich ihrer unmittelbaren Wirkung auf junge Menschen in den 60er und 70er Jahren, sondern auch im Blick auf jene, die in späterer Zeit von Müttern und Vätern aus jener Generation erzogen worden sind.

Die Auffassung, daß die im späten Jugend- und frühen Erwachsenenalter zu beobachtende religiöse Ablösung nicht auf ein allgemeines Nachlassen der religiösen Familienerziehung im Sinne der Säkularisierung zurückgeführt werden kann, sondern als Ausdruck eines bestimmten Lebensstils und bestimmter Einstellungen in der heutigen Familie zu verstehen ist, läßt sich durch neuere empirische Untersuchungen weiter unterstützen. Die oben beschriebenen Zusammenhänge treten besonders deutlich in einer Untersuchung hervor, die sich auf drei verschiedene Generationen in der Familie bezieht. Sie zeigt beispielsweise, daß Familien bei der Weitergabe religiöser Orientierungen durchaus auch dann wirksam sein können, wenn solche Orientierungen von den Erwartungen der Kirche abweichen.[24] Was aus der Perspektive der Kirche als ein Nachlassen der religiösen Erziehung erscheint, kann für Familien gleichwohl Erfolg im Sinne eigener Erziehungsziele bedeuten. In ähnlicher Weise – und im Gegensatz zu weithin verbreiteten Erwartungen – bestätigt ein neuerer Survey zur Kindheit in Deutschland die Annahme, daß die Familie bei der Weitergabe religiöser Traditionen an die nächste Generation sehr erfolgreich ist, und zwar weit erfolgreicher als beispielsweise in Beziehung auf musikalische oder sportliche Interessen.[25] Die Religion, die durch die Familie weitergegeben wird, entspricht jedoch vielfach nicht dem, was die Kirche lehrt. Es handelt sich vielmehr um eine hochindividualisierte Form von Religion, die eng mit dem Familienleben verbunden ist – mit biographischen Zusammenhängen oder mit Krisenerfahrungen in der Familie, manchmal auch einfach mit den alltäglichen Bedürfnissen, die von der Familie erfahren werden.

Zum Wandel historischer Epochen

Die Begriffe der Generation und der Alterskohorte, die ich im letzten Abschnitt eingeführt habe, gründen auf der Vorstellung, daß sich Gesellschaft und Kultur in einem beständigen Wandel befinden – eine Vorstellung, die besonders im Blick auf die moderne oder postmoderne Situation mit ihrem raschen Wandel und ihren zahlreichen Innovationen beispielsweise in den Bereichen von Technologie und Medien plausibel ist. Wenn jetzt vom »Wandel historischer Epochen« gesprochen wird, so wird diese Vorstellung noch einmal weitergeführt. Es gibt nicht nur den kontinuierlichen Fluß des kulturellen Wandels, sondern auch nachhaltige Wendungen, Brüche und Zusammenbrüche, die sich nicht mehr angemessen mit Metaphern stetiger Kontinuität beschreiben lassen.

Eines der plastischsten Beispiele für solche Wendungen und Zusammenbrüche in der westlichen Welt aus neuerer Zeit stellen die Ereignisse des Jahres 1989 dar, welche den früheren Ostblockregierungen und manchmal auch den entsprechenden Staaten selbst ein Ende setzten. Die deutsche Vereinigung von 1990 war Teil dieses Prozesses, und sie hat deutlich auch die religiöse Situation in

Deutschland verändert. Zwar nahm die Verbundenheit mit Kirche in den Jahren zwischen 1991 und 1994 bei jungen Erwachsenen im früheren Ostdeutschland deutlich zu, aber die religiösen Bindungen sind in diesem Teil des Landes gleichwohl sehr gering geblieben – mit der Folge, daß die Kirchenmitgliedschaft in Gesamtdeutschland unter 70 % gesunken ist.[26] Daher stellt sich auch das allgemeine religiöse Klima in Deutschland heute ganz anders dar als in Westdeutschland vor 1990.

Beispiele für den Wandel historischer Epochen und für dessen Einfluß auf religiöse Einstellungen finden sich auch in früheren Zeiten. Hinzuweisen ist beispielsweise auf das Ende des Nationalsozialismus und seiner gegen die Kirchen gerichteten Politik im Jahre 1945. Damals nahm eine große Zahl Ausgetretener ihre Kirchenmitgliedschaft wieder auf.

Die Erfahrung plötzlicher geschichtlicher Veränderungen und des Zusammenbruchs politischer Systeme oder Ideologien hinterläßt in den Biographien von Menschen wahrscheinlich immer bleibende Spuren. Darüber hinaus kann angenommen werden, daß das späte Jugend- und frühe Erwachsenenalter für solche Einflüsse besonders sensibel sind. Langzeituntersuchungen mit Menschen, die 1989/90 in diesem Alter waren, könnten das Zusammenspiel zwischen historischen, kohorten- und lebenszyklischen Effekten weiter aufklären, ähnlich wie im Falle der Jugendlichen und jungen Erwachsenen aus der Zeit der 60er Jahre. Und in unserer eigenen Gegenwart wird die Frage aufgeworfen, was der 11. September 2001 für religiöse Lebensläufe von Zeitgenossen bedeuten könnte.

Zum Wandel des Lebenszyklus

Mit dieser Deutungsperspektive kommen wir zurück auf die zentrale Frage des vorliegenden Buches, in dem es nicht nur um Veränderungen *innerhalb* des Lebenszyklus geht, sondern auch um Veränderungen *des* Lebenszyklus selbst. Anders ausgedrückt: Wenn der Lebenszyklus tatsächlich nicht bloß als anthropologische Vorgabe aufzufassen ist, sondern selbst einem weitreichenden Wandel unterliegt, müssen wir fragen, wie sich die Prozesse der religiösen Ablösung im späten Jugend- und frühen Erwachsenenalter mit Hilfe solcher Veränderungen des Lebenszyklus erklären lassen. Der Begriff »Postadoleszenz« bringt zum Ausdruck, daß sich zwischen dem Jugend- und dem Erwachsenenalter eine neue Lebensstufe herausbildet. Unter dieser Voraussetzung stellt sich die Frage, ob die Kirche mit den Bedürfnissen und Interessen dieser neuen Stufe Schritt gehalten hat. Wenn wir zumindest hypothetisch annehmen, daß die Postadoleszenz für viele junge Menschen zu einer Realität geworden ist, dann werden die herkömmlichen Programme, die für Jugendliche einerseits und für Erwachsene andererseits angeboten werden, für diejenigen, die das Jugendalter hinter sich gelassen haben, aber noch nicht ins Erwachsenenalter eingetreten sind, nicht mehr attraktiv sein.

Auch wenn es bislang kaum empirische Untersuchungen in bezug auf das Angebot von Gemeinden für ältere Jugendliche bzw. junge Erwachsene gibt, kann wohl doch gesagt werden, daß kirchliche Programmangebote sich im ganzen nur sehr langsam auf die Bedürfnisse und Interessen dieser neuen Altersgruppe eingestellt haben. Daraus ergibt sich die These, daß die Kirchendistanz in diesem Falle nicht einfach auf ein Fehlen religiöser Interessen bei jungen Menschen zurückzuführen ist, sondern auch auf einen Mangel an attraktiven Teilnahmemöglichkeiten.

Im folgenden werde ich von dieser Hypothese ausgehen und nach konstruktiven Reaktionen von Kirche und Theologie fragen.

3. Wie die Kirche davon profitieren kann, über herkömmliche Erwartungen hinauszugehen

Für dieses Kapitel habe ich ein Vorgehen gewählt, das sich von dem in den übrigen Kapiteln des Buches unterscheidet. Dem Interesse folgend, die religiösen Anforderungen des postmodernen Lebens aus der Perspektive des modernen Lebenszyklus zu verstehen, lag der Schwerpunkt auf der bislang vernachlässigten religiösen Bedeutsamkeit des späten Jugend- und frühen Erwachsenenalters. Während empirische Befunde aus der internationalen Forschung diese Bedeutsamkeit klar belegen, werden die beschriebenen – konkurrierenden – Erklärungsmöglichkeiten kontrovers diskutiert. Es liegt jedoch auf der Hand, daß die herkömmlichen Annahmen der Säkularisierungstheorie sich nur begrenzt zur Erklärung eignen. Ähnliches gilt im Blick auf die traditionellen Muster innerhalb des Lebenszyklus, die in Gegenwart und Zukunft nicht mehr ohne weiteres gelten müssen. Folglich müssen wir mit einem möglichen Wandel des Lebenszyklus selbst rechnen, d.h. damit, daß eine neue Stufe – die Postadoleszenz – hinzugekommen ist.

Diese Beobachtung ist für unsere Leitfrage nach dem Wandel des Lebenszyklus zwischen Moderne und Postmoderne von großer Bedeutung. Die Herausbildung einer neuen Stufe des Lebenszyklus kann als ein weiterer Hinweis auf die Reichweite dieser Veränderungen angesehen werden. Darüber hinaus wird hier sichtbar, in welcher Weise es die Arbeit von Theologie und Kirche befördern kann, wenn solche Veränderungen beachtet werden. Im letzten Abschnitt dieses Kapitels möchte ich einige konstruktive Möglichkeiten erörtern, wie Kirche und Theologie die Herausforderungen der Postadoleszenz aufnehmen können. Vier Gesichtspunkte sind dabei von besonderer Bedeutung:

(1) Es gibt keinen Grund, warum die Kirche vor der Postadoleszenz resignieren sollte, und auch nicht dafür, bloß abzuwarten in der Hoffnung, daß die jungen Menschen, die sich jetzt in der Postadoleszenz befinden, im Erwachsenenalter schon zur Kirche zurückkehren werden. Diese Optionen entsprechen dem herkömmlichen Denken von Säkularisierung und lebenszyklischen Effekten, das sich als zu oberflächlich erwiesen hat. Die Perspektiven von Säkularisierung und Lebenszyklus führen nicht zu einer verläßlichen Beschreibung oder Darstellung des Lebens im späten Jugend- und frühen Erwachsenenalter in der Gegenwart. Was früher, in der herkömmlichen modernen Sicht, als fortschreitender und beständiger Niedergang von Religion erschien, wird immer mehr durch ein komplexes Verständnis im Sinne religiöser Pluralisierung und Individualisierung ersetzt. Ähnliches gilt im Blick auf den Lebenszyklus. Es wird immer schwieriger, aus den herkömmlichen Modellen des Lebenszyklus

noch festliegende Erwartungen abzuleiten. Daher müssen wir über die beiden typisch modernen Erwartungen hinausgehen, wenn wir den religiösen Veränderungen im späten Jugend- und frühen Erwachsenenalter heute gerecht werden wollen. Sie lassen sich weder durch die Säkularisierungstheorie noch mit Hilfe klassischer Modelle des Lebenszyklus, die eine Stufe der Postadoleszenz überhaupt nicht vorsehen, erklären.

Um es positiv auszudrücken: Mit der Möglichkeit von Postadoleszenz als einer neuen Stufe zu rechnen kann ein wichtiger Impuls dafür sein, die besonderen Bedürfnisse und Interessen derer aufzunehmen, die sich in diesem Lebensabschnitt befinden. Es kann Kirche und Theologie dazu ermutigen, ihre Erwartungen ebenso zu revidieren wie die Programme, die sie hier anbieten. Bevor wir diese Möglichkeit näher betrachten, müssen wir aber noch eine Reihe weiterer Voraussetzungen in den Blick nehmen.

(2) Die Postadoleszenz in Betracht zu ziehen kann dazu beitragen, die sich gleichsam automatisch verfestigende Kontaktlosigkeit zwischen Kirche und Menschen im späten Jugend- und frühen Erwachsenenalter zu durchbrechen. Diese Problematik betrifft im übrigen stärker die Situation in Europa als in den Vereinigten Staaten, wo mehr Angebote etwa der Hochschulseelsorge und Programme für junge Erwachsene verfügbar sind. Auch in den Vereinigten Staaten ist die Postadoleszenz jedoch deutlich weniger im Blick als die Kindheit oder das frühe Jugendalter. Im Vergleich zu diesen früheren Lebenszeiten nehmen sich die speziellen Programme für Menschen in der Postadoleszenz auch hier bescheiden aus. Offenbar wird angenommen, daß es dafür keinen wirklichen Bedarf gibt. Häufig wird darauf hingewiesen, daß das kleinere Programmangebot für diese Altersgruppe in direkter Entsprechung zu dem fehlenden Interesse und der geringen Offenheit dieser Altersgruppe steht. Angesichts der oben dargestellten Überlegungen ist jedoch zu fragen, ob diese Entsprechung zwischen fehlenden Programmen und fehlendem Interesse nicht auch in umgekehrter Richtung gelesen werden muß. Anders gesagt, kann das Interesse auch fehlen, weil keine attraktiven Angebote gemacht werden. Genau darin liegt der genannte negative Automatismus: keine Programme und keine Er-

wartungen, keine Reaktionen und kein Interesse. Der Begriff der Postadoleszenz kann insofern dazu verhelfen, diesen Automatismus zu unterbrechen, als er uns dazu zwingt, die herkömmlichen Annahmen hinsichtlich dieser Altersgruppe noch einmal neu zu überdenken.

In dieser Perspektive besteht im Blick auf diese Altersgruppe nicht nur ein Bedarf für neue und zusätzliche Anstrengungen, sondern für ganz bestimmte Bemühungen. Programme und Aktivitäten müssen in spezifischer Weise für die Menschen in dieser Altersgruppe entwickelt werden. Aber wer sind sie? Und was wissen wir über sie?

(3) Wenn Menschen in der Postadoleszenz dadurch charakterisiert werden, daß gesagt wird, sie seien *nicht mehr* Jugendliche und *noch nicht* Erwachsene, so läuft dies auf eine rein negative Beschreibung hinaus. Sie nur damit zu beschreiben, was sie *nicht* sind, versetzt sie in eine Art Niemandsland. Psychologen wie Erik Erikson oder Daniel Levinson betonen Aspekte wie die Unabhängigkeit von der Herkunftsfamilie und die Entscheidung für eine berufliche Laufbahn; andere wie Carol Gilligan, die sich besonders für die Erfahrungen von Frauen öffnen, heben die Bedeutung von Intimität und Beziehungen hervor.[27] Bisherige Beschreibungen, die sich spezifisch auf die Postadoleszenz beziehen, verweisen auf die Offenheit und die experimentelle Haltung, die sich in dieser Altersgruppe beobachten lassen.[28] Insgesamt muß unser Wissen über diese Lebenszeit jedoch als nach wie vor sehr begrenzt angesprochen werden, besonders im Vergleich zur Forschung und zu den Veröffentlichungen über Kindheit und Jugendalter.

Im Blick auf Religion in der Postadoleszenz trifft dies sogar noch stärker zu. Die bisherige Forschung hat Religion im späten Jugend- und frühen Erwachsenenalter weithin vernachlässigt. Theoretiker wie James W. Fowler behandeln diese Altersgruppe zwar in ihren allgemeinen Darstellungen zur Glaubensentwicklung, machen sie aber nur selten zum Schwerpunkt.[29] Die Whiteheads beispielsweise rükken die Beziehung zwischen »Intimität und religiösem Wachstum« im jungen Erwachsenenalter ins Zentrum, aber auch sie bieten keine detaillierte Beschreibung dieser Lebensstufe. Auf die Frage nach der

Postadoleszenz als einer neuen Stufe im Lebenszyklus gehen sie gar nicht ein.[30] Die wichtigste Untersuchung ist noch immer die von Sharons Parks über die »kritischen Jahre«, in der sie die Bedeutung der Glaubensentwicklung im jungen Erwachsenenalter hervorhebt:

> »Die Kraft und die Verletzlichkeit des jungen Erwachsenenalters liegen in der Erfahrung der Auflösung und Neukomposition der Bedeutung von Selbst und Welt und ihrer Herausforderungen für den Glauben. Im Glauben ein junger Erwachsener zu werden heißt, die Grenzen der eigenen Annahmen darüber, wie ›das Leben immer sein wird‹, zu entdecken – und ein sinnerfülltes Gefühl von Selbst und Welt, jenseits dieser Entdeckung, neu zu komponieren«.[31]

Das von S. Parks formulierte Plädoyer für eine stärkere Beachtung dieser »kritischen Jahre« hat leider nicht zu einem anhaltenden Interesse daran geführt, mehr über die religiösen Verläufe in der dritten Lebensdekade herauszufinden. Daher müssen Kirche und Theologie zunächst erkennen, wie wichtig es ist, mehr über Religion in der Postadoleszenz zu erfahren. Was ich im vorangehenden Kapitel im Blick auf Religion im Jugendalter gesagt habe, trifft gleichermaßen auf die Postadoleszenz zu: Theologie und Kirche müssen größte Sorgfalt darauf verwenden, die Sinnstrukturen der Lebenswelten junger Menschen zu »lesen«, zu interpretieren und zu verstehen, nicht weniger als sie dies bei den christlichen Quellen zu tun pflegen. Anders wird die Distanz zwischen Kirche und Menschen in der Postadoleszenz nicht zu überbrücken sein.

(4) Letztlich muß das Ergebnis der Neuorientierung im Blick auf die Postadoleszenz natürlich konkret und praktisch sein. Neue und veränderte Möglichkeiten müssen entwickelt werden, wie junge Menschen an der Kirche teilhaben können. Aller Wahrscheinlichkeit nach eignet sich die herkömmliche Gemeinde mit ihren Angeboten kaum für diesen Zweck, da Menschen im späten Jugend- und frühen Erwachsenenalter sie nicht als »ihren« Ort wahrnehmen. Eine minimale Forderung in dieser Hinsicht geht deshalb dahin, in bestehenden Gemeinden neue Räume zu schaffen – Räume, die auf diese Altersgruppe zugeschnitten sind und sich dieser einladend präsentieren.

Über die Gemeinde hinaus verdienen andere Orte, die im Leben dieser Altersgruppe wichtig sind, deutlich mehr Aufmerksamkeit, als sie im allgemeinen in Kirche und Theologie erfahren. Hochschulseelsorge ist ein bekanntes Beispiel, aber die Gestaltung des tertiären Bildungssektors insgesamt sollte ebenfalls nicht übergangen werden.[32] Die Form von Rationalität oder die Art beruflicher Laufbahnorientierung, die an Hochschulen gelehrt werden, sind sicherlich einer der Faktoren, die es den Studierenden schwer machen, die Notwendigkeit einer religiösen Sicht von Welt zu erkennen oder auch einer entsprechenden Ethik, die dem individuellen Leben Orientierung gibt und den Einsatz wissenschaftlicher Erkenntnis in der Gesellschaft bestimmt.

Die freien Initiativen und die im Umfeld von Kirche angesiedelten Organisationen, die für junge Erwachsene sehr attraktiv sein können, sollten von Kirche und Theologie ebenfalls nicht übersehen werden. Umweltprobleme, Frieden und weltweite Gerechtigkeit sind nur einige der bekannteren Themen, die von solchen Gruppen aufgenommen werden. Und vielfach schließen solche Fragen eine religiöse oder sogar ausdrücklich christliche Dimension ein, beispielsweise die Beziehung zwischen Ökologie und Schöpfung, zwischen politischem Frieden und christlichem Friedensauftrag oder zwischen Gerechtigkeit in der Welt und Gottes Gerechtigkeit. Die religiösen Dimensionen sind jungen Menschen selber aber häufig nicht durchsichtig, und noch viel weniger ist ihnen klar, wie Kirche und Theologie mit solchen Fragen umgehen. Daher sollten Kirche und Theologie in einer Weise sprechen, die den christlichen Beitrag zur gesellschaftlichen Ausrichtung an Nachhaltigkeit für die Zukunft für Menschen in der Postadoleszenz erkennbar werden läßt.

Darüber hinaus gibt es einen klaren Bedarf für Angebote, die sich direkt auf Lebenssituationen und -fragen richten, die für diese Stufe des Lebenszyklus von zentraler Bedeutung sind.[33] Wie bereits gesagt, geht es dabei um Fragen wie das Verlassen der Herkunftsfamilie, die Wahl einer beruflichen Laufbahn, von Intimität, Beziehungen, Eheschließung oder sogar schon Scheidung.[34] Damit verbunden ist die Überprüfung und Neuordnung der Orientierungen, die man in früherer Zeit für sein Leben und für den eigenen Glauben gefunden hatte.[35] Es gibt also zahlreiche Themen, die von Kirche und Theologie aufgenommen werden könnten. Warum ist dies in der Vergangenheit nicht häufiger geschehen?

Zwei Schwierigkeiten oder sogar Hindernisse für Theologie und Kirche bei ihrem Versuch, Menschen in der Postadoleszenz wirksamer zu begleiten, müssen am Schluß dieses Kapitels zumindest genannt werden. Diese Schwierigkeiten betreffen das theologische und kirchliche Selbstverständnis:

- *Welchen Ort hat kritisches Denken in der Gemeinde?* Diese Frage bezieht sich nicht nur auf diejenigen, die beispielsweise eine auch in intellektueller Hinsicht tragfähige Predigt erwarten. Sie bezieht sich vielmehr auf eine kritische oder sogar skeptische Einstellung gegenüber dem christlichen Glauben selbst. Können sich Theologie und Kirche auf diejenigen beschränken, die »Glauben haben« und die mit der Gemeinde übereinstimmen? Sollte es nicht Orte, Räume und Möglichkeiten dafür geben, mit dem Glauben kritisch und experimentell umzugehen, ohne deshalb aus der Kirche austreten zu müssen?
- *Kann die Kirche ein positives Verhältnis zu experimentellen Lebensstilen finden?* Ein Merkmal der Postadoleszenz ist die Offenheit für neue Möglichkeiten und für Lebensformen, die sich deutlich vom Leben der Eltern wie auch von den herkömmlichen Erwartungen der Gesellschaft unterscheiden. Zu bestimmten Zeiten in der Vergangenheit wie etwa den 1960er Jahren führte dies zu einer Gegenkultur. Heute sind mildere Formen der Abweichung zu erwarten – etwa im Blick auf Ernährung und Kleidung, Unterhaltung und Wohnen, Medien und kulturelle Interessen, Beziehungen und sexuelle Orientierungen. Die experimentellen Lebensformen der Postadoleszenz können dabei leicht in Widerspruch mit dem geraten, was die erwachsenen Mitglieder der Kirche als akzeptabel betrachten. Wenn die Kirche jedoch für junge Menschen in der Postadoleszenz attraktiver werden will, muß deutlicher zwischen dem, was theologisch notwendig ist, und dem, was nur das Herkommen in der Kirche ist, unterschieden werden. Auf diese Weise wird es möglich, in der Kirche Raum für neue und veränderte Perspektiven zu schaffen und zu entdecken, daß das Experimentieren in der Postadoleszenz auch für die Erwachsenen in der Kirche zu einem Lernfeld werden kann.

Kapitel 5
Kirche – individuelle Religion – öffentliche Verantwortung: Leitbilder zwischen modernem und postmodernem Erwachsenenalter

Das vorangehende Kapitel zur Postadoleszenz machte ein Vorgehen erforderlich, das dieser neuen Stufe im Lebenszyklus entspricht und sich daher von der Vorgehensweise bei Kindheit und Jugendalter in den Kapiteln 2 und 3 unterscheidet. Im vorliegenden Kapitel können wir zu dem ursprünglichen Verfahren zurückkehren, d.h. wir können das moderne Verständnis des Lebenszyklus, das jetzt zur herkömmlichen Sichtweise geworden ist, mit Veränderungen konfrontieren, die uns heute begegnen. Da dieses Verfahren im vorliegenden Kapitel von besonderer Bedeutung sein wird, möchte ich noch einmal an einige der Gründe erinnern, die hinter dieser Vorgehensweise stehen.

Gefragt wird im folgenden nach dem Erwachsenenalter als Teil dessen, was als postmoderner Lebenszyklus bezeichnet werden kann, sowie nach dem Beitrag der Praktischen Theologie dazu, Menschen in einer im christlichen Sinne verantwortlichen Lebensführung unter den Voraussetzungen der Postmoderne zu unterstützen. Die erste Aufgabe besteht daher darin, die Stellung des Erwachsenenalters in der Postmoderne zu verstehen und zu beschreiben, die zweite Aufgabe hingegen in der Entwicklung von Leitbildern für einen Glauben, der den Anforderungen des postmodernen Lebens gerecht zu werden vermag.

Da nicht vorausgesetzt werden kann, daß die in philosophischen Analysen entwickelten Sichtweisen der Postmoderne sich auch im Blick auf die empirisch vorfindlichen Formen des heutigen Alltagslebens als tragfähig erweisen, legt sich für die Praktische Theologie ein stärker induktives Vorgehen nahe. Ein empirischer Ansatz ist jedenfalls notwendig, wenn die Praktische Theologie dafür offen sein soll, wie die Anforderungen des postmodernen Lebens von den Menschen tatsächlich erfahren werden. Um entsprechende Veränderungen wahrnehmbar zu machen, setze ich ein mit der Frage nach dem vormals modernen Verständnis des Erwachsenenalters, das jetzt zum traditionellen Verständnis geworden ist. In einem zweiten Schritt lege ich den Schwerpunkt auf Veränderungen, die bei einem Vergleich zwischen dem modernen Erwachsenenalter und heutigen Erfahrungen und Wahrnehmungen des Lebens Erwachsener beobachtet werden können. Danach wird es in einem dritten Schritt möglich sein zu fragen, wie Theologie und Kirche auf die Herausforderungen, vor die sie sich durch das postmoderne Erwachsenenalter gestellt sehen, produktiv reagieren können.

1. Die traditionelle Sichtweise: Das autonome Individuum

Die Moderne hat besonders viele Vorstellungen vom Erwachsensein hervorgebracht. Deshalb will ich im folgenden den Schwerpunkt auf solche Vorstellungen legen. In gewisser Weise war die Moderne selbst aufs Engste mit der stolzen Hoffnung verbunden, daß die Menschheit endlich erwachsen werde und eine entsprechende Reife erreiche. Auf jeden Fall sollte die kindliche Abhängigkeit voraufklärerischer Zeiten überwunden werden. Kants berühmte Antwort auf die Frage »Was ist Aufklärung?«[1] kann als eine wirkmächtige Definition des Erwachsenseins aufgefaßt werden: den Stand von Abhängigkeit und Unmündigkeit hinter sich lassen und Autonomie gewinnen. In Kants Verständnis setzen Autonomie und Unabhängigkeit an erster Stelle ein selbständiges Urteilsvermögen voraus – in Überwindung des Zustands, in dem Menschen ihre rationalen Fähigkeiten nicht nutzen. *Sapere aude!* Wage zu wissen! – Dies ist der entscheidende Schritt zur Aufklärung.

Vereinfacht angedrückt könnte man sagen, daß die Moderne für die Gleichsetzung von Erwachsensein mit Autonomie, mit Unabhängigkeit und mit Rationalität steht. In dieser Sicht wird umgekehrt Abhängigkeit mit Kindsein identifiziert – mit dem Dasein eines Kindes, dem es noch an Selbstbestimmung fehlt, oder eines älteren Menschen, der seine Autonomie auf Grund von Lebensalter oder Krankheit verloren hat. Das Erwachsenenalter im eigentlichen Sinne ist dann auf jene Lebenszeit beschränkt, von der erwartet werden könne, daß Menschen im Vollbesitz ihrer Fähigkeiten sind und daher auch in der Lage, ein unabhängiges Leben zu führen.

Eine weitere, weithin bekannt gewordene Vorstellung vom Erwachsensein formulierte Sigmund Freud, in diesem Falle aus der Perspektive psychischer Gesundheit. Für ihn ist es die Fähigkeit, zu lieben und zu arbeiten, die den gesunden Erwachsenen charakterisiert.[2] Psychotherapie im Sinne Freuds zielt darauf, die Fähigkeit des Liebens und Arbeitens dort wiederherzustellen, wo sie verloren gegangen ist.

Erik Erikson, einer von Freuds späteren Schülern in den Vereinigten Staaten (und zugleich unser Hauptzeuge für das moderne Verständnis des Lebenszyklus im vorliegenden Buch), hat das psychoanalytische Verständnis des Erwachsenseins neu bestimmt. In seiner Darstellung des menschlichen Lebenszyklus gebraucht Erikson den Begriff »Generativität«, um den positiven Pol der Entwicklung im Erwachsenenalter zu beschreiben.[3] Generativität ist ein Begriff, der erläutert werden muß. Aus der lateinischen Etymologie ergibt sich, daß Generativität auf den Vorgang des Generierens oder Erzeugens verweist. Der Begriff bezieht sich sowohl auf den biologischen Prozeß der Fortpflanzung als auch auf menschliche Arbeit und das Herstellen von Gegenständen. Mit dem Begriff der Generativität wird das Erwachsenenalter also mit Elternschaft identifiziert sowie mit der Zugehörigkeit zur Arbeitswelt. Nach einer stärker philosophischen Deutung Eriksons[4] ist allgemein an die Verantwortung für die nächste Generation sowie an kreative Tätigkeiten in unterschiedlichen Bereichen zu denken.

Um die Vorstellung von Generativität und ihre Bedeutung für das Verständnis des Erwachsenenalters erfassen zu können, ist zugleich Eriksons Beschreibung des negativen Pols, der als beständige Bedrohung der Generativität gegenüber steht, zu beachten. Dieser negative Pol wird bei Erikson als »Stagnation« bezeichnet – eine Vorstellung, die auf einen Zustand der Inaktivität und des fehlenden Wachstums verweist. Demnach kann psychologische Stagnation mit wirtschaftlichen Zuständen fehlenden Wachstums verglichen werden, die in der Moderne bekanntlich als ungesund und instabil angesehen werden. In der modernen Ökonomie wird »Null-Wachstum« mit Niedergang gleichgesetzt. In dieser Sicht ist allein Fortschritt gesund. Wenn daher der negative Pol im Erwachsenenalter als Stagnation beschrieben wird, so gründet die normative Sicht des Erwachsenseins auf der Idee des Fortschritts, des beständigen Fortschritts und der stetigen Verbesserung.

Wie läßt sich die moderne Vorstellung vom wirklich erwachsenen Menschen zusammenfassend beschreiben? Wenn wir die philosophische und die psychologische Auffassung miteinander verbinden, gelangen wir zu der Vorstellung von einem Individuum, das autonom, unabhängig und rational ist und das darüber hinaus immer weiterreichende Fähigkeiten ausbildet. Die doppelte Hervorhebung von Liebe und Arbeit entspricht dabei einem bestimmten Muster des Familienlebens einerseits und der beruflichen Karriere andererseits. An erster Stelle ist es das Leben des Mannes, das zu diesem Muster paßt. Aus heutiger Sicht ist leicht zu erkennen, daß diese Vorstellung zu einer hochideologischen und einseitigen Auffassung des Erwachsenseins führt. Bevor wir diese Sichtweise im einzelnen kritisch untersuchen, wenden wir uns zunächst der Rolle von Religion im modernen Erwachsenenalter zu.

Wie erscheint *Religion* im Rahmen der modernen Sicht des Erwachsenenalters? Gibt es in dieser Vorstellung Raum für einen reifen erwachsenen Glauben? Den Zustand von Abhängigkeit und Unmündigkeit im Sinne Kants zu verlassen bedeutet zugleich, Freiheit von allen herkömmlichen Autoritäten für sich in Anspruch zu nehmen. Weil sie nicht auf Vernunft beruhen, sondern bloß auf Tradition, werden solche Autoritäten als eine Bedrohung für die menschliche Autonomie angesehen. In dieser Sicht stellen Religion und besonders die Kirche Paradebeispiele für Institutionen dar, deren Ansprüche sich nicht auf rationale Argumente stützen, sondern bloß auf gläubige Gefolgschaft. Es fällt deshalb von vornherein schwer, Erwachsensein im modernen Sinne mit Kirche und Religion in Einklang zu bringen. Religion wird begrüßt, wo sie – besonders im Bereich der Ethik – rationale Autonomie unterstützt, aber einen zentralen Ort für Religion im Erwachsenenalter gibt es nicht.

Im selben Sinne wird Religion in psychologischer und soziologischer Perspektive auf Randbereiche begrenzt. Sie wird auf bestimmte Abschnitte des Lebenszyklus beschränkt, und zwar auf solche Bereiche des Erwachsenenlebens, die aus dem einen oder anderen Grunde der Aufklärung nicht wirklich zugänglich sind. Dem modernen Verständnis des Erwachsenenalters zufolge, wie es in psychologische Modelle des Lebenszyklus eingelassen ist, besteht ein enger Zusammenhang zwischen Religion und der Zeit *vor* und *nach* dem eigentlichen Erwachsenenalter: Religion wird vor allem der Kindheit und dem Hohen Alter zugeordnet. Und selbst wenn der Religion eine wichtige Bedeutung zu Beginn des Erwachsenenalters eingeräumt wird – nämlich in der adoleszenten Entwicklung, wie dies in Eriksons Beschreibung des Lebenszyklus geschieht[5] –, dann eben doch nur in der Weise, daß Religion zwar das Erwachsenwerden unterstützen kann, jedoch keinesfalls die Bedeutung des Erwachsenseins bestimmen darf. Statt dessen geht die Verortung von Religion in Kindheit und Hohem Alter einher mit einer klaren Trennung zwischen dem säkularen Leben in der Öffentlichkeit, das zum eigentlichen Schauplatz des Lebens von Erwachsenen wird, und Religion als einer Privatangelegenheit, die tunlichst auf das eigene Herz begrenzt und vielleicht noch in der Kirche als einer ebenfalls privaten Einrichtung zum Ausdruck gebracht werden soll. Dieser Auffassung zufolge liegt der Schwerpunkt der Kirche bei Kindern und älteren Menschen, die sich aus dem Arbeitsleben zurückgezogen haben. Daneben sei die Kirche vielleicht noch interessant angesichts von Lebenssituationen wie Krankheit und Tod, die an den Rändern der modernen Rationalität angesiedelt sind.

Diese Beobachtung führt weiter zu allgemeineren Erwägungen hinsichtlich der Rolle von Religion und Christentum in der modernen Gesellschaft. Das Erwachsenenalter als das Lebensalter, das den eigentlichen Status des modernen Menschen verkörpert, hat seinen primären Ort im säkularen Raum von Arbeit und öffentlichem Leben. Die Religion des modernen Erwachsenen ist eine Religion innerlicher persönlicher Gefühle. Sie verbindet sich mit einer ethischen Haltung, die zwar von einer bestimmten Religion motiviert sein kann, selbst jedoch eine in religiöser Hinsicht neutrale Gestalt annimmt. So läßt sich sagen, daß mit der Moderne drei unterschiedliche Typen von Christentum oder Religion zum Tragen kommen[6]: die kirchliche Religion, die individuelle Religion und die öffentliche oder gesellschaftliche Religion, welche häufig die Gestalt einer Zivilreligion annimmt, d.h. einer religiös begründeten Moral, welche die öffentliche Ordnung unterstützt, ohne sich auf eine bestimmte religiöse Tradition oder Gemeinschaft zu beziehen. Wie wir im nächsten Abschnitt sehen werden, bleiben diese drei verschiedenen Typen von Religion auch in der Postmoderne bedeutsam.

2. Postmoderne Herausforderungen: Wandel von Arbeit und Familie – Einfluß der Medien – religiöse Vielfalt

Die moderne Vorstellung vom Erwachsenenalter spielt in der Gesellschaft der Gegenwart noch immer eine einflußreiche Rolle. Viele erfahren den nach wie vor beherrschenden Einfluß, den die Vorstellung des im vollen Sinne Erwachsenseins – und erwachsen Bleibens – bis tief hinein in die Ausrichtung ihres Lebens ausübt. Zugleich ist jedoch immer deutlicher zu spüren, daß die oben beschriebene Auffassung des modernen Erwachsenseins eine Ideologie darstellt, die sich kaum als Grundlage für ein Leben eignet. Sie ist als Ideologie anzusprechen, weil sie zu keiner Zeit die Lebensperspektiven jener einschloß, die für sich keine berufliche Karriere erwarten können – Frauen beispielsweise, die sich um Kinder und Familie kümmern, Kranke und Behinderte, die nicht in der Lage sind, den Leistungsstandards der modernen Produktion zu entsprechen. Sie alle sind vom Status des wirklichen Erwachsenseins im modernen Sinne ausgeschlossen, ebenso wie ältere Menschen, die diesem Verständnis zufolge den normativen Status fortschreitender Autonomie verlieren. Und sofern alle Menschen niemals bloß unabhängig sein können, verfehlen sie alle den Anspruch, der mit diesem Begriff des Erwachsenseins gesetzt wird.

Darüber hinaus handelt es sich bei der modernen Vorstellung vom Erwachsensein insofern um eine Ideologie, als die normativen Ideale von Autonomie, Unabhängigkeit, Rationalität und beständigem dynamischem Fortschritt widersprüchlich und zugleich zerstörerisch sind. Dies trifft in mindestens zwei Hinsichten zu: Zum einen besteht zwischen diesen normativen Erwartungen ein widersprüchliches Verhältnis. Beispielsweise steigert wirtschaftlicher Fortschritt nicht notwendigerweise die persönliche Autonomie. Statt dessen beanspruchen die ökonomischen Systeme Unabhängigkeit von persönlicher Kontrolle – sie werden zu unpersönlichen und objektiven Mächten, die den Einfluß von Einzelpersonen deutlich einschränken. Zum anderen sind die vier Ideale – Autonomie, Unabhängigkeit, Rationalität und Fortschritt – insofern paradox, als es unmöglich ist, sie zu maximieren, ohne ihren Sinn aufzuheben. Wie wir heute einzusehen gelernt haben, bedeutet maximaler wirtschaftlicher Fortschritt nicht maximalen Reichtum. Nur allzu häufig bedeutet er bloß die Zerstörung der natürlichen Voraussetzungen der Wirtschaft. In ähnlicher Weise bedeutet die maximale Autonomie von Personen nicht maximale Freiheit. Statt dessen bedeutet sie häufig nur die Zerstörung der sozialen Beziehungen, die das persönliche Leben als Grundlage voraussetzt.

Ein weiterer Einwand gegen die herkömmliche Vorstellung des modernen Erwachsenseins betrifft das Bild des idealen Lebenslaufs als einer linearen Kurve. Diese Kurve steigt vom Kindes- oder Jugendalter stetig an, erreicht ihren Scheitelpunkt im mittleren Erwachsenenalter und fällt dann wieder ab, langsam und gemächlich, in ein gut situiertes Dasein als Pensionär. Empirische Untersuchungen seit den 1960er und 70er Jahren zeigen jedoch ein deutlich anderes Bild. Nehmen wir beispielsweise Daniel Levinsons Darstellung »Das Leben des Mannes«, die 1979 veröffentlicht und später, in den 90er Jahren, auf das Leben der Frau erweitert wurde.[7] Das Bild der Entwicklungsepochen im frühen und mittleren Erwachsenenalter, wie es Levinson zeichnet[8], stellt entschieden keine Kurve dar – obwohl es insofern noch immer Überreste der Fortschrittsideologie enthält, als es an Stufen erinnert, die den Menschen zu immer höheren Leistungsplateaus hinaufführen. Gleichwohl ist selbst bei diesem idealtypischen Bild offensichtlich, daß der Lebenslauf weder als linear noch als stetige Bewegung in die eine oder andere Richtung anzusehen ist. Das Erwachsenenalter enthält nach heutiger Erkenntnis vielmehr zahlreiche Krisen und mehrere Wendepunkte.

Wie würde das Bild wohl aussehen, wenn wir selbst eines malen müßten? Ich nehme an, daß es keine Stufen mehr zeigen würde. Vielleicht würden wir unser Leben eher mit mehreren Linien darstellen – verschiedenen Linien oder Strömungen, die manchmal zusammenlaufen, weit häufiger aber verschiedenen Richtungen folgen: Arbeitsleben, Privatleben, Beziehungen, vielleicht Mitgliedschaften, spirituelle Erfahrungen usw. Zusammengefaßt: Das Erwachsenenalter ist nicht mehr die Zeit nach dem großen Übergang des Jugendalters. Das Erwachsenenalter selbst bedeutet nun Übergang – oder: zahlreiche Übergänge zwischen verschiedenen Segmenten eines Lebenszyklus, der keine abgerundete Gestalt mehr aufweist.

Jenseits solcher allgemeiner Beobachtungen, welche die Wirklichkeit des Lebenszyklus und seine Gestalt betreffen, steht die moderne Vorstellung von Erwachsensein vor einer Reihe spezifischer Herausforderungen. Im folgenden möchte ich kurz auf vier solche Herausforderungen eingehen: den Wandel der Arbeit, die Krise von Ehe und Familie, den Einfluß der Medien sowie die religiöse Situation.

Auch wenn dies nicht gleichermaßen für alle Länder und zu allen Zeiten zutrifft, gilt insgesamt und besonders für Deutschland, daß eine erhebliche Zahl von Menschen heute von einer weitreichenden Bedrohung ihres Status als modernen Erwachsenen belastet werden, weil ihnen die Möglichkeit lebenslanger *Arbeitslosigkeit* vor Augen steht. Auf Grund von Globalisierung und internationalem Wettbewerb, der weltweit den Arbeitsmarkt ergriffen hat, machen viele Erwachsene die Erfahrung, daß bezahlte Arbeit knapp und für sie unerreichbar geworden ist. Arbeitslosigkeit entzieht ihnen jedoch – besonders den Männern, zunehmend aber auch den Frauen – eine der herkömmlicherweise wichtigsten Leistungen des genuinen Erwachseneins: Autonomie im Sinne finanzieller Unabhängigkeit. Arbeitslosigkeit bedeutet, in eine empfindliche Form der Abhängigkeit zurückzufallen – nämlich sich auf die Ressourcen von Eltern oder Verwandten bzw. auf Staatsleistungen verlassen zu müssen. Darüber hinaus führt besonders eine langanhaltende Arbeitslosigkeit für die Betroffenen vielfach zu einem weitreichenden Zusammenbruch der Zeitperspektiven und des Zeitmanagements, sowohl im Blick auf den Alltag als auch hinsichtlich der Ausgestaltung der persönlichen Zukunft. Ohne bezahlte Arbeit fehlt eine definierte Zeitstruktur für den Alltag, und ohne auf bezahlte Arbeit bezogene Karriereperspektiven droht die Zukunft sinnlos und leer zu werden. Dies ist eine kritische und manchmal zerstörerische Erfahrung, der viele Erwachsene in der Moderne beim Austritt aus dem Arbeitsleben begegneten. Heute kann diese Erfahrung bereits am Beginn des Erwachsenenalters stehen – mit der sogenannten Jugendarbeitslosigkeit, die ja nichts anderes bedeutet als eine Verweigerung des Zugangs für junge Menschen, die in das Arbeitsleben eintreten wollen.

Interessanterweise stellt sich dieses Problem auch etwa in den Vereinigten Staaten, die manchmal als Ausnahme genannt werden. So warnte der amerikanische Soziologe Wade Clark Roof bereits in den 90er Jahren davor, die Situation und die Zukunftsperspektiven jüngerer Menschen in den USA allzu positiv einzuschätzen. Er beobachtet:

> »Junge Menschen sehen einer ungewissen ökonomischen Zukunft entgegen. Im Gegensatz zu dem weit verbreiteten Glauben, daß die Jugend die beste Zeit des Lebens sei, stellen junge Menschen heute eine der am stärksten benachteiligten und verletzlichsten Gruppen in der gesamten Bevölkerung dar. Mit dem Übergang von einer industriellen zu einer postindustriellen Wirtschaft in den letzten Jahrzehnten haben die jungen Menschen Rechtsansprüche verloren. Wir haben der Jugend gesagt, daß sie Bildung brauche, und Jugendliche brauchen diese wirklich. Aber Tatsache ist doch, daß die heutige Jugend in einer Welt der Bildungsinflation lebt. Zahlreiche Tätigkeiten, für die man früher nur einen einfachen Schulabschluß brauchte, setzen heute einen universitären Abschluß voraus, selbst wenn die Jobs noch immer genau dieselben sind. Wir geben unseren Kindern mehr Bildung als in der Vergangenheit, und doch sehen viele Jugendliche für sich nur ziemlich dunkle Zukunftsperspektiven: Teilzeitjobs, geringe Bezahlung und den Wettbewerb in einer globalen Ökonomie, wo nicht vorhersehbare Verschiebungen des Marktes direkt in die eigenen Möglichkeiten eingreifen.«[9]

Roof fragt nicht weiter, was dies für das Verständnis des Erwachsenseins bedeutet. Es liegt jedoch auf der Hand, daß nicht nur die Arbeitslosigkeit, sondern auch die von ihm genannten »dunklen Zukunftsperspektiven« Einfluß auf die Gleichsetzung von Erwachsensein mit aktiver Teilhabe am Arbeitsleben haben werden.

Die nächste Gruppe von Veränderungen, die wir hier betrachten müssen, betrifft die häufig als alarmierend wahrgenommene *Krise von Ehe und Familie.* Im ersten Kapitel wurde bereits deutlich, in welch hohem Maße sich die Gestalt des Familienlebens im Laufe der letzten 100 Jahre verändert hat. Zudem sind besonders in den letzten 30 oder 40 Jahren die Scheidungsraten dramatisch angestiegen. In den 90er Jahren erreichten sie in den Vereinigten Staaten einen internationalen Spitzenwert von mehr als 50 %[10], und es gibt bislang keine Anzeichen dafür, daß sich der Trend umgekehrt hätte. Die Vereinigten Staaten sind beileibe nicht das einzige Land, in dem sich solche Tendenzen beobachten lassen. Vielmehr zeigt sich in vielen Ländern in der westlichen Welt ein ähnliches Bild der Familie – an erster Stelle mit ansteigenden Scheidungsraten, selbst wenn diese noch immer niedriger liegen als in den Vereinigten Staaten. Dies gilt nicht zuletzt auch für die Situation in Deutschland.[11]

Dies bedeutet nicht, daß Ehe und Familie im Leben vieler Menschen keine wichtige Rolle mehr spielen würden. Ihre Bedeutung hat sich jedoch nachhaltig verändert. Als Erwachsene zu leben bedeutet zumindest in vielen Fällen nicht mehr, eine Beziehung mit einer Partnerin oder einem Partner eingegangen zu sein, die im Idealfall für den Rest des Lebens andauern wird. Statt dessen wird es zunehmend als normal angesehen, sich mit der veränderlichen und komplexen Erfahrung manchmal mehrerer Ehen und aufeinander folgender Familien auseinandersetzen zu müssen, so wie dies mit den Begriffen der Patchwork- oder der »postfamilialen« Familie beschrieben wird.[12] Wie in Kapitel 2 bereits erwähnt, hat diese Situation für die betroffenen Kinder weitreichende und häufig nachteilige Folgen. Die Ausführungen dieses Kapitels zeigen darüber hinaus, daß auch das moderne Verständnis des Erwachsenenalters davon berührt ist. Mit dem Wandel von Ehe und Familie verliert das Erwachsenenalter ein weiteres Hauptmerkmal einer stabilen Lebenszeit. Ähnlich wie im Blick auf Arbeit und Anstellungsverhältnisse ist das Erwachsenenalter auch in dieser Hinsicht zu einer Zeit der Übergänge und Krisen geworden.

Neben Arbeit und Arbeitslosigkeit sowie Ehe und Familie ist jedoch noch eine weitere wichtige Erfahrung zu nennen, die den Status des Erwachsenenseins verändert – nämlich der noch immer zunehmenden *Einfluß der Medien.* Nach Auffassung von Medienforschern wie Neil Postman ist die Unterscheidung zwischen Kindheit und Erwachsenenalter durch die Medien ins Rutschen geraten. In seinem Buch »Das Verschwinden der Kindheit«[13] weist Postman nach, daß die moderne Auffassung vom Erwachsensein von kulturellen Voraussetzungen abhängig ist, die in vieler Hinsicht mit den Medien zu tun haben. Dieser Sichtweise zufolge verändert sich die Auffassung vom Erwachsensein jeweils mit dem Auftreten neuer Medien. Postman stützt diese Hypothese, indem er zunächst die Zeit, als Print-Medien bzw. Druckerzeugnisse erstmals große Verbreitung gewannen (in Europa war dies die Reformationszeit, als die Druckerpresse eingeführt wurde). Die vorherrschende Rolle, welche die gedruckten Materialien schon bald in allen Bereichen von Wissen und Information einnahmen, führte zu einer Neubestimmung des Erwachsenseins über den Zugang zu dieser Art von Informationen. Diesem Verständnis zufolge meint Erwachsensein die Fähigkeit, lesen und schreiben zu können. Auf diese Weise, so Postman weiter, wird mit der Fähigkeit des Lesens gedruckter Informationen eine Informationsgrenze zwischen Kindheit und Erwachsenenalter aufgerichtet, die er als charakteristisch für den modernen Begriff des Erwachsenenalters ansieht, eben weil der Zugang zu solchen Informationen das Erwachsensein auszeichnet.

In der zweiten Hälfte des 20. Jahrhunderts habe sich diese Grenze allmählich wieder aufgelöst – vor allem durch den nun enorm anwachsenden Einfluß von Medien, deren Schwerpunkt auf Bildern und bildhaften Symbolen liegt und nicht mehr beim geschriebenen Wort. Nun sei alles allen zugänglich, in jedem Alter und zu jeder Zeit. Die Geheimnisse des Wissens der Erwachsenen – etwa im Blick auf Sexualität oder Gewalt – existieren nicht mehr. Das Fernsehen liefere alles frei Haus für jeden, der zwei Augen hat, durch die die Bilder ins Bewußtsein eindringen können. Postmans Hypothese zufolge schmilzt die stets gegenwärtige und zugängliche Bilderwelt des Fernsehens die Unterscheidung zwischen Erwachsenen und Kindern ein und läßt eine Art Zwischenzustand zurück, den er mit dem Begriff des »Kind-Erwachsenen« kennzeichnet – als Verschmelzung von Kind und Erwachsenem, die vor dem Fernsehschirm nicht mehr voneinander unterscheidbar seien.

Ähnlich wie bei anderen Stufen des Lebenszyklus haben auch die

Veränderungen des Erwachsenenalters *religiöse* Implikationen. Die Konsequenzen, die sich aus diesen Veränderungen in religiöser Hinsicht ergeben, sind freilich komplex und ambivalent. Im folgenden werde ich mich auf zwei dieser Konsequenzen konzentrieren, weil sie für das Verständnis des Erwachsenenalters von besonderem Interesse sind.

Wie bereits erwähnt, erwächst eine der hoffnungsvolleren Erwartungen im Blick auf die religiöse Gegenwartssituation aus dem sich verstärkenden Bewußtsein, daß Säkularisierung – neueren wissenschaftlichen Analysen zufolge – keineswegs die Zukunft der Religion bestimmt.[14] Zur Stadt »ohne Gott« ist es nicht gekommen – statt dessen ist die Stadt zu einem Sammelbecken für verschiedene Religionen und Weltanschauungen in großer Zahl geworden. Weltweit ist in zahlreichen Ländern zugleich der Einfluß religiöser Institutionen wie der Kirche deutlich zurückgegangen und scheint auch derzeit noch weiter zurückzugehen. Hingegen haben andere Formen der individuellen Religion und ein neues Interesse an Spiritualität im gleichen Zeitraum zugenommen. Es gibt offenbar so etwas wie einen neuen spirituellen Hunger, der von den modernen Propheten der säkularen Gesellschaft nicht erwartet worden war.

Unser Wissen über die Religion oder Spiritualität heutiger Erwachsener ist allerdings begrenzt. Die verfügbaren Forschungsergebnisse ergeben gewiß kein vollständiges Bild. Eine Reihe von wichtigen Hypothesen läßt sich auf dieser Grundlage gleichwohl vertreten:[15]

– *Erstens* zeigen heutige Erwachsene eine deutliche Distanz zur herkömmlichen Kirche, besonders hinsichtlich der großen Kirchen in Deutschland oder Europa und den sogenannten Mainline-Kirchen in den Vereinigten Staaten.[16] Auch wenn die meisten Erwachsenen ihren eigenen Angaben zufolge an Gott glauben, verbinden sie ihren persönlichen Glauben nicht mit dem der Kirche. »Jede/r ein Sonderfall« ist der bezeichnende Titel einer entsprechenden Untersuchung aus der Schweiz.[17] Selbst dieses kleine Land, von dem die Reformierte Tradition ausging und das früher so deutlich von einer Protestantischen Ethik beeinflußt war, ist zu einer höchst beweglichen Landschaft religiöser Pluralität und individualisierter Religion geworden.

- *Zweitens* sind wie das Erwachsenenalter als Lebensstufe auch die religiösen Orientierungen in Bewegung geraten. Religiöse Bindungen stellen kein auf Dauer angelegtes Merkmal mehr dar, von dem die Identität eines Erwachsenen abhängig ist. Statt dessen gehen viele Erwachsene mehr oder weniger aktiv der Suche nach Sinn in ihrem Leben nach. In diesem Prozeß kann sich die Kirchenmitgliedschaft ändern oder sie wird überhaupt aufgegeben. Einen Konformitätsdruck, der dies verhindern könnte, gibt es kaum oder gar nicht mehr.
- *Drittens* scheinen Fragen, die sich auf den Lebenszyklus beziehen, nach wie vor einen Haftpunkt für religiöse Interessen darzustellen, was im vorliegenden Zusammenhang von besonderer Bedeutung ist: Wie finde ich ein sinnvolles Leben? Ergeben die verschiedenen Segmente meines Lebenszyklus ein zusammenhängendes Ganzes? Was wird aus mir nach dem Tod? Solche Fragen scheinen den Prozeß der spirituellen Suche im Erwachsenenalter in Gang zu halten.[18]

Zusammen genommen bestätigen diese Beobachtungen zum Erwachsenenalter die Auffassung, daß Religion heute in hohem Maße individualisiert, pluralisiert und privatisiert ist, so wie dies von der heutigen Religionssoziologie beschrieben wird. Diese Beschreibung ist jedoch nicht vollständig. Wie manche Soziologen zu Recht hervorheben[19], kann Religion in der Gegenwart auch eine neue Öffentlichkeitsbedeutung gewinnen, was nicht übersehen werden darf. An dieser Stelle stoßen wir erneut auf die Frage der Säkularisierung.

Die kritische Neubewertung der Säkularisierungserwartung schließt auch ein neues Verständnis der öffentlichen Rolle ein, welche die Religion in Zukunft übernehmen könnte. Die säuberliche Trennung zwischen einer säkularen Öffentlichkeit einerseits und einer privaten Religion andererseits verliert jedenfalls angesichts der tatsächlichen Bedeutung von Religion in der Politik rasch an Plausibilität. Ein eindrückliches Beispiel kann in den in vielen Ländern zu findenden Umweltbewegungen gesehen werden, die zumindest teilweise religiös motiviert sind. Ein ganz anderes Beispiel stellen etwa die konservativen Christen in den Vereinigten Staaten dar. In allen diesen Fällen sind Politik und Religion nicht wirklich zu trennen.

Weiterhin zu denken ist in diesem Zusammenhang an das wachsende Bewußtsein, daß wir eine starke Zivilgesellschaft brauchen, wenn Demokratie Zukunft haben soll.[20] Die Megasysteme von Staat und Ökonomie sind offenbar nicht in der Lage, die für das persönliche wie auch für das gesellschaftliche Leben erforderlichen ethischen Grundlagen oder Orientierungen bereit zu stellen. Angesichts dieser Situation können Religion und insbesondere das Christentum als wichtige Ressourcen für Lebenssinn und als Motiv für wechselseitige Fürsorge angesehen werden. Etwa den soziologischen Untersuchungen Robert Wuthnows zufolge[21] spielt das Christentum in vielen Bereichen eine wichtige Rolle für die Ausbildung ethischer Motive im Sinne von Gemeinschaftsorientierung und Bereitschaft zu ehrenamtlicher Tätigkeit. Zugleich ist nicht zu verkennen, daß nicht jede Form von Religion oder christlichem Glauben in diesem Sinne wirken wird. Privatisierte Religion, die sich nur an das Individuum und dessen Inneres richtet und die sich ausschließlich auf den individuellen Lebenszyklus beschränkt, wird sich kaum als Quelle öffentlicher Solidarität erweisen.

Die im letzten Abschnitt genannten drei verschiedenen Formen des Christentums, die von der Moderne hervorgebracht werden – Kirche, individuelle Religion sowie öffentliche oder Zivilreligion – existieren in der Postmoderne weiter. In bestimmten Hinsichten sind die Spannungen zwischen ihnen jedoch stärker geworden. Ein höheres Maß an Individualisierung und Pluralisierung hat den Graben zwischen individueller Religion und Kirche tiefer werden lassen. Zudem macht es die religiöse Pluralität noch schwerer, genügend Überzeugungen miteinander zu teilen, um noch eine Zivilreligion aufrechterhalten zu können. Zugleich haben sich allerdings auch einige der schärfsten Trennungen verflüssigt und sind Grenzen durchlässiger geworden. Bereits hingewiesen habe ich auf die öffentliche Wirkung von Religion, wodurch sich neue Verbindungen zwischen Religion und dem öffentlichen Bereich ergeben – einem Bereich, der nach moderner Auffassung ganz säkular sein sollte. Darüber hinaus könnte auch auf das in der Kirche zunehmende Bewußtsein hingewiesen werden, daß zwischen der Kirche als Institution und dem persönlichen und religiösen Leben postmoderner Menschen Brücken gebaut werden müssen.

Diese Fragen und Überlegungen leiten über zum letzten Abschnitt dieses Kapitels, in dem mögliche Reaktionen auf die Herausforderungen des Erwachsenseins in der Postmoderne erörtert werden sollen.

3. Praktische Theologie als Geburtshilfe für ein postmodernes Erwachsenenalter?

Besonders hinsichtlich des Erwachsenenalters ist leicht zu erkennen, daß die postmodernen Herausforderungen keineswegs nur negativ sind. Aus moderner Perspektive mögen sie abträglich sein, aber sie schließen zugleich zahlreiche Potentiale ein, die lebensförderlich sind, und sie ermöglichen eine neue Offenheit genau an solchen Punkten, an denen der moderne Lebenszyklus das Leben mehr und mehr behinderte. Neue Chancen für eine menschlichere Gestalt des Erwachsenenlebens scheinen sich herauszubilden, und diese Chancen und Potentiale beziehen sich auch auf Religion. Für Kirche und Theologie ist es befreiend zu erkennen, daß die bedrückende Erwartung einer allumfassenden Säkularisierung sich nicht bewahrheitet und daß die Zukunft von Religion weit erfreulicher aussehen könnte, als die Propheten der Säkularisierung uns glauben machen wollten. Ebenso müssen religiöse Individualisierung und Pluralisierung nicht zwangsläufig zu dem so häufig befürchteten Supermarkt der Religionen führen. Sie können auch bedeuten, daß die zahlreichen Stimmen von Menschen, die dem modernen Verständnis von Erwachsensein nicht entsprechen, endlich Gehör finden. Aus diesem Grund wird in der Theologie manchmal eine enge Verbindung zwischen Postmoderne und Befreiungstheologie gesehen.[22]

Die Chancen und Potentiale des postmodernen Lebenszyklus sowie einer menschlicheren Gestalt des Erwachsenseins werden jedoch nicht automatisch realisiert. Ein Großteil der oben beschriebenen Entwicklungen bezieht sich auf ambivalente und offene Prozesse, und deshalb ist die unterstützende Tätigkeit von Kirche und Theologie bedeutsam. Eines der offensichtlichsten Beispiele stellt eine starke Zivilgesellschaft dar, die auf Solidarität und wechselseitiger Fürsorge beruht und die nicht von selbst entstehen wird. Es gibt zu viele Gegenkräfte und -tendenzen, die in unserer Kultur des Wettbewerbs und der Gewalt wirksam sind, und auch zu viele Kontexte, in denen Religion nicht Solidarität und wechselseitige Fürsorge unterstützt, sondern selbst zur Quelle von Feindschaft und Konflikt geworden ist. Wenn also eine starke Zivilgesellschaft das Ziel ist, sind bewußte und entschiedene Anstrengungen erforderlich – Anstrengungen dazu, Menschen in entsprechender Weise zu ermutigen und Orientierung zu geben, eine tragfähige Wertebasis zu sichern sowie entsprechende Charaktereigenschaften zu fördern, und zwar sowohl in Kindheit und Jugendalter als auch im Erwachsenenalter.

In diesem Prozeß der Ermutigung und Orientierung werden verschiedene Vorstellungen des Erwachsenseins eine wichtige Rolle spielen. Noch immer hat die von der Moderne gepflegte Vorstellung des rationalen und autonomen Individuums beträchtlichen Einfluß und dient weithin als ein Modell oder Ideal, an dem sich Erwachsene orientieren. Wenn dieses einseitige und unangemessene Ideal seine bestimmende Kraft verlieren soll, müssen andere Modelle und alternative Ideale gestärkt werden. Aus diesem Grund werde ich mich im folgenden auf *neue Leitbilder des Glaubens* konzentrieren, die in dieser Richtung wirken können. Angesichts des noch immer unsicheren Übergangs vom modernen zum postmodernen Erwachsensein sollen solche Leitbilder die Menschen bei ihrer Suche nach förderlichen und menschlicheren Lebensformen unterstützen, wie sie vor allem in drei Richtungen gefunden werden können:

– jenseits der Ideologie von Rationalismus und Fortschritt
– jenseits des Individualismus als isolierter Autonomie
– jenseits der bloßen Privatheit individualisierter Religion.

Die ersten beiden Richtungen beziehen sich auf zwei Haupttendenzen der modernen Kultur, d.h. auf Rationalismus und Individualismus. Die dritte Richtung konzentriert sich auf die damit verbundenen religiösen Aspekte.

Eine kritische Einschätzung von Rationalismus, Individualismus und Privatreligion wird heute bei vielen – innerhalb wie außerhalb der Kirche – Zustimmung finden. In allen drei Hinsichten fällt es jedoch leichter zu sagen, was überwunden werden soll, als klar zu beschreiben, was danach kommen könnte. Was soll den Rationalismus ablösen – Relativismus oder gar Fundamentalismus? Was soll an die Stelle des Individualismus treten – ein neuer Kollektivismus oder gar ein Tribalismus ethnischer und kultureller Gruppen, wie viele befürchten? Und was soll die Privatreligion ersetzen – etwa eine Rückkehr zur früheren Verschmelzung von Kirche und Staat, die ebenfalls kaum vorstellbar und schon gar nicht zu wünschen ist?

Im folgenden möchte ich diese drei Fragen aufnehmen und nach alternativen Vorstellungen und Leitmodellen für das Erwachsensein suchen. Dabei ist von vornherein klar, daß die Gefahren, die sich bei dem Versuch einer Überwindung der modernen Vorstellung von Erwachsensein auftun, genau beachtet und sorgfältig vermieden werden müssen. Auch wenn sich mein Interesse auf den Beitrag von Kirche und Theologie richtet – am Ende des Kapitels werde ich dafür plädieren, daß sich die Praktische Theologie als Geburtshilfe für das postmoderne Erwachsenenalter einsetzen soll –, können alternative Vorstellungen zum Erwachsensein nicht von Kirche und Theologie allein kommen. Erforderlich ist statt dessen eine Zusammenarbeit zwischen Theologie und anderen Feldern des Wissens und der Forschung. Deshalb werde ich im folgenden auch philosophische und sozialwissenschaftliche Modelle berücksichtigen.

(1) Meines Erachtens kommt dem Begriff einer *zweiten Naivität*, wie er von dem französisch-amerikanischen Philosophen Paul Ricoeur formuliert wird,[23] im Übergang zu einem verantwortlichen Post-Rationalismus eine Schlüsselfunktion zu. Diese Naivität bezieht sich insofern auf eine lebenszyklische Perspektive, als sie die Kindheit als Zeit naiver Glaubensvorstellungen und einer unkritischen Übernahme von Geschichten und Symbolen, die dem Kind geboten werden, versteht. Mit der Adoleszenz und dem Erwachsenenalter wird diese Naivität aufgebrochen und von einem kritischen Denken im Sinne der Aufklärung abgelöst, die diese Art des Denkens als die höchste Leistung menschlicher Vernunft ansieht. Ricoeur fordert jedoch, daß die Entwicklung des menschlichen Verstehens über den Punkt einer kritischen Destruktion früherer Glau-

bensvorstellungen hinausgehen sollte. Sie soll an einen Punkt oder zu einer Stufe gelangen, wo solche Glaubensvorstellungen rekonstruiert und in bestimmter Hinsicht neu angeeignet werden können.

An dieser Stelle gewinnt die Idee einer zweiten Naivität ihre Plausibilität. Sie meint eine Rückkehr zu nicht-rationalistischen Weltanschauungen und Identitäten beispielsweise in Symbol, Erzählung und Glaube, die nun in ihrem Wert wieder bzw. neu geschätzt werden können. Während diese zweite Naivität damit deutlich die Grenzen des Rationalismus transzendiert, wird die Notwendigkeit rationaler Begründungen sowie moderner Wissenschaft und Technologie jedoch keineswegs verleugnet. Die Leistungen der Moderne erhalten vielmehr in einem umfassenderen Rahmen eine neue Grundlage, so daß Rationalität ihre Rolle spielen kann – eine Rolle, die notwendig, aber zugleich insofern begrenzt ist, als sie die Ziele der sozialen und kulturellen Entwicklung nicht bestimmen und auch nicht als die letzte Norm für den menschlichen Lebenszyklus dienen kann. Durch den Einbezug rationaler Begründungen und ebenso durch seine selbstreflexive und selbstkritische Ausrichtung vermeidet dieser Weg über den Rationalismus hinaus die Sackgassen von Relativismus und Fundamentalismus. Wir können nicht zur Vormoderne zurück. Eine zweite Naivität gibt der Moderne vielmehr eine neue Grundlage und einen veränderten Rahmen, so daß festgehalten werden kann, was an der Moderne nach wie vor wertvoll ist, während die Grenzen der Moderne ebenfalls nicht übersehen werden.

Ricoeurs philosophische Vorstellung einer zweiten Naivität erweist sich auch für den Versuch, für Religion einen angemessenen Platz im Erwachsenenalter zu finden, als hilfreich, was kein Zufall ist. Denn es ist die christliche Tradition, in der die Voraussetzungen zu finden sind, auf denen Ricoeurs Vorstellungen beruhen. Insbesondere der Theologe Friedrich Schleiermacher prägte die Vorstellung einer *zweiten Kindheit*, um damit Erwachsenen ein nachaufklärerisches Verständnis erwachsener Religion zu bieten.[24] Bei Schleiermacher ist es ganz offensichtlich, daß die Vorstellung einer zweiten Naivität oder einer zweiten Kindheit eine moderne Übersetzung der neutestamentlichen Vorstellung vom Werden »wie die Kinder« (Mt 18,3) ist.

Die Perspektive des Werdens »wie die Kinder« kann auch zu einer veränderten Einstellung gegenüber der Ideologie von Wachstum, Fortschritt und Perfektion führen. Wenn diese Perspektive im Sinne der Rechtfertigung durch Glaube und Gnade statt auf Grund unserer eigenen Leistungen verstanden wird, erwächst daraus eine neue Offenheit für den niemals perfekten, immer unvollständigen oder sogar fragmentarischen Charakter unseres Lebens.[25] In diesem Falle gewinnt das theologische Verständnis des Selbst eine zusätzliche Bedeutung. In Kapitel 3 sind wir darauf gestoßen, daß die Wertschätzung des fragmentarischen Charakters des menschlichen Selbst dazu verhelfen kann, mit der postmodernen Erfahrung eines pluralen Selbst zurechtzukommen. Sie läßt nämlich gegenüber der Erwartung eines in sich geschlossenen Selbst generell skeptisch werden. Im vorliegenden Zusammenhang muß sich eine ähnliche Skepsis auf die Erwartung eines Selbst richten, das durch beständiges Wachstum, Selbstperfektion und zunehmenden Erfolg bestimmt sein soll.

(2) Der zweite Aspekt, der im Blick auf den Übergang zu einer menschlicheren Gestalt des Erwachsenseins angesprochen werden muß, betrifft den Weg hinaus über den Individualismus, der nach modernem Verständnis eng mit dem Rationalismus verwandt ist. Rationalität gilt als Grundlage individueller Autonomie und umgekehrt. Daher ist es nicht weniger wichtig, neben der Frage des Rationalismus auch alternative Vorstellungen jenseits des Individualismus zu betrachten.

In dieser Hinsicht hilfreiche Anstöße sind in den letzten Jahrzehnten vor allem aus der feministischen Psychologie und Ethik einerseits und aus der neuen Wertschätzung von Gemeinschaftsstrukturen andererseits gekommen. Zunächst sollen Vorstellungen aus der feministischen Psychologie aufgenommen werden, danach die Frage der Gemeinschaft. Zwei wichtige Vorstellungen aus dem Werk Carol Gilligans und ihrer Kolleginnen sind an dieser Stelle zu nennen: *Verantwortung* und *Verbundenheit.*[26] Beide Vorstellungen umschreiben ein alternatives Verständnis von Reife und Erwachsensein. Indem sie auf reife Formen der Verantwortung für sich selbst, für andere wie auch für die Natur hinweisen und indem sie zeigen, daß

Reife sich nicht angemessen allein als individuelle Autonomie verstehen läßt, beschreiben sie wichtige Alternativen zu einem bloß individualistischen Verständnis von menschlicher Entwicklung.

Statt Reife mit Unabhängigkeit gleichzusetzen, heben sie den wesensmäßig relationalen Charakter des menschlichen Lebens hervor und daher auch die Notwendigkeit reifer Beziehungen, die sowohl Abhängigkeit als auch Unabhängigkeit in sich schließen. Auch wenn dieses alternative Verständnis der menschlichen Entwicklung heute vor allem im Zusammenhang der feministischen Psychologie sowie weiblicher Lebenssituationen diskutiert wird, läßt es sich doch ebenso auf das Leben von Männern und auf ihr Verständnis des Erwachsenseins beziehen. Für Männer wie auch für Frauen kann die Neubewertung einer Verbundenheit, die verantwortliche Beziehungen zum eigenen Selbst und zu anderen einschließt, bei der Überwindung modern-individualistischer Tendenzen hilfreiche Orientierung geben.

Über die bisher beschriebene psychologische Begründung der Notwendigkeit von Verbundenheit hinaus ist auf wichtige Wurzeln in der biblischen Tradition hinzuweisen. Der relationale Charakter des menschlichen Lebens kann mit Recht als das Zentrum der biblischen Anthropologie angesprochen werden, d.h. des Verständnisses dessen, was den Menschen in der Sicht der Bibel ausmacht.[27] Von Anfang an wird die Notwendigkeit von Beziehungen hervorgehoben, und zwar sowohl die der Beziehung zu anderen Menschen (Gen 2, 18: »Es ist nicht gut, daß der Mensch allein sei«) wie auch die der Beziehung zu Gott. In diesem Sinne unterstützt das gegenwärtige psychologische Interesse an Verbundenheit, ohne daß dies ausdrücklich gesagt würde, die Wiederaneignung eines zentralen Anliegens der biblisch-christlichen Anthropologie, das nun für Kirche und Theologie zu einer Ressource im Übergang zum postmodernen Erwachsenenalter werden kann.

Ohne hier die komplexe Frage aufnehmen zu können, wie Erwachsensein und die postmoderne Familie miteinander verbunden sein sollen, möchte ich zumindest die mögliche Verknüpfung zwischen dem Leitbild Verbundenheit und der sogenannten »egalitären Familie« hervorheben.[28] In dieser Form von Familie werden für die postmoderne oder postindustrielle Situation besondere Chancen gesehen. Don Browning u.a. schreiben: »Obwohl wir uns bewußt sind, daß es immer verschiedene Varianten geben wird, vertreten wir die Auffassung, daß die egalitäre Familie das neue postindustrielle Ideal darstellen sollte, so daß Ehemann und -frau in relativ gleichem Maße sowohl an bezahlter Arbeit als auch an der Versorgung der Kinder und anderen häuslichen Verantwortlichkeiten teilhaben«.[29] Dieses Ideal kann als ein konkretes Beispiel für die Potentiale einer menschlicheren Gestalt des Erwachsenenalters angesehen werden, die beiden, Frauen und Männern, neue Möglichkeiten bietet.

(3) Die dritte Vorstellung, die ich hier aufnehmen möchte, bezieht sich auf *Gemeinschaft* und ist für eine neue Sicht von Kirche und Religion im Erwachsenenalter von besonderer Bedeutung. In den 1980er und 90er Jahren spielte dieser Begriff eine wichtige Rolle in der Diskussion über den Kommunitarismus wie auch im Bereich der christlichen Ethik.[30] Die entsprechenden philosophischen und ethischen Hintergründe sollen hier wiederum nicht im einzelnen dargestellt werden. Für den vorliegenden Zusammenhang mag es genügen festzuhalten, daß Kirche nicht als eine mehr oder weniger geschlossene Gemeinschaft anzusehen ist, daß ihr aber auch eine vollständige Verwerfung des Gemeinschaftsgedankens, etwa weil er einer rein universalistischen Ethik wie beispielsweise der weithin beachteten Diskursethik von Jürgen Habermas widerspreche, nicht gerecht wird.[31] Die universalistische Einstellung sieht für spezielle Gemeinschaften im Blick auf die Ethik keinen wirklichen Raum, weil von solchen Gemeinschaften am Ende bloß trennende Unterscheidungen erwartet werden. In diesem negativen Verständnis von Gemeinschaft liegt eine wesentliche Schwäche jeder universalistischen Ethik. Mit der Vernachlässigung von gemeinschaftlichen Strukturen tendiert eine solche Ethik zu einem abstrakten Individualismus, und im Blick auf Kirche und Religion führt sie, weil die Öffentlichkeit als rein säkular postuliert wird, zur religiösen Privatisierung.

Die Kirche nur als eine Gemeinschaft anzusehen, die sich lediglich auf sich selbst bezieht, nicht aber auf den weiteren gesellschaftlichen Horizont und noch weniger auf die globale Umwelt, führt jedoch ebenfalls zu einer reduktionistischen Sichtweise. Das Evangelium, auf das sich die Kirche beruft, unterstützt eine solche Form von Selbstbeschränkung keineswegs. Das Evangelium ist vielmehr in dem Sinne öffentlich und von öffentlicher Bedeutung, daß es sich auf alle Menschen bezieht und daß die darin enthaltenen Bilder von Mensch und Gesellschaft wichtige ethische Implikationen einschließen, die nicht auf die Kirche begrenzt sind.[32] Für eine Zukunft jenseits von religiösem Individualismus und Privatreligion ist ein Verständnis von Kirche und Religion erforderlich, das weder auf abstrakten Universalismus beschränkt ist noch auf eine bloß selbstzentrierte Gemeinschaft. Eine Gemeinschaft, die nur an sich selber denkt und die nur für ihre Mitglieder sorgt, widerspricht in deutlicher Weise dem Selbstverständnis des christlichen Glaubens, der Liebe und Zuwendung auch auf den Feind bezieht. Aus diesem Grund bezeichne ich die Kirche als eine *öffentliche Gemeinschaft*. Sie ist eine Gemeinschaft, die auf einem gemeinsamen Glauben beruht. Zugleich ist sie aber eine Gemeinschaft, die sich auf die Öffentlichkeit bezieht und sich für das Gemeinwohl einsetzt. Sie ist daher als »öffentliche Kirche« bezeichnet worden – eine Bezeichnung, die ebenfalls den öffentlichen Charakter der Kirche hervorhebt.[33]

Der moderne Begriff des Erwachsenenalters beruht auf der Prämisse einer klaren Trennung zwischen Kirche, privater Religion und öffentlicher Verantwortung. Es ist jedoch deutlich geworden, daß diese Aufteilung den Bedürfnissen des persönlichen und gesellschaftlichen Lebens in der Gegenwart nicht mehr entspricht. Statt dessen erzeugt sie zahlreiche Probleme: für die Zukunft von Demokratie und Zivilgesellschaft, die moralische und religiöse Unterstützung brauchen; für den einzelnen Menschen, dessen Leben leer und oberflächlich wird, wenn alle Fragen von Sinn und Wahrheit auf die innere Welt der Gefühle beschränkt werden sollen; und ebenso für die Kirche, die ihren Auftrag nicht erfüllen kann, wenn sie vom persönlichen oder vom öffentlichen Bereich abgetrennt wird.

In dem Maße, in dem die gegenwärtigen Erfahrungen des postmodernen Lebens eine Überwindung der Trennung zwischen Kirche, individueller und öffentlicher Religion zulassen, können sie sich letztlich als hilfreich erweisen. Doch sollte diese Einschätzung nicht im Sinne eines nicht zu rechtfertigenden Optimismus verstanden werden. Sie verweist vielmehr auf die Aufgabe einer Praktischen

Theologie, die sich selbst am Übergang zwischen Moderne und Postmoderne positioniert und Leitbilder für die Zukunft anbieten will – Vorstellungen von Gemeinschaft und Verantwortung, von Verbundenheit und einer zweiten Naivität, nicht nur für die individuelle Religion oder eine säkulare Öffentlichkeit, sondern zugunsten einer neuen Form der Gegenwart von Religion im öffentlichen Leben.

Kapitel 6
Zwischen Erwachsenenalter und Hohem Alter: Die Frage eines »Dritten Alters«

Auch wenn der Schwerpunkt dieser Untersuchung auf jenen Stufen liegt, die manchmal metaphorisch als die ersten beiden Drittel des Lebenszyklus zusammengefaßt werden, d. h. Kindheit, Jugend- und jüngeres Erwachsenenalter, wäre es doch gewiß verfehlt anzunehmen, daß sich Veränderungen nur in jenen Lebenszeiten vollziehen. Ohne Zweifel haben die Veränderungen von Kindheit und Jugendalter in der Vergangenheit weit mehr Aufmerksamkeit auf sich gezogen als die von Erwachsenenalter oder Hohem Alter. Eine Entwicklungspsychologie des Erwachsenenalters gibt es erst seit vergleichsweise kurzer Zeit – sie ist erst vor 40 oder 50 Jahren ins Blickfeld getreten.[1] Zuvor hatten die meisten Psychologen ganz selbstverständlich angenommen, daß die Entwicklung mit dem Übergang vom Jugend- zum Erwachsenenalter als der Zeit der Reife an ihr Ende gelange. Wie ich jedoch schon im vorangehenden Kapitel im Blick auf Leitbilder von Glaube und Erwachsensein zu zeigen versucht habe, kann auch die Zeit des Erwachsenenalters im Lebenszyklus mehrere Entwicklungsstufen bzw. Zwischenstufen einschließen. Diese Sicht hat sich auch in der Religionspsychologie weithin durchgesetzt.[2] Erst in jüngster Zeit aber wird auch der religiösen Entwicklung bzw. Religion im Hohen Alter besondere Aufmerksamkeit geschenkt.

Wenn man sich dies vor Augen führt, ist leicht zu verstehen, warum im ursprünglichen Plan für dieses Buch ein Kapitel über das Hohe Alter ebenfalls nicht vorgesehen war. Meine früheren Arbeiten über Kindheit, Jugend und Erwachsenenalter hatten mich annehmen lassen, daß die wichtigsten Veränderungen, die in der vorliegenden Untersuchung aufgenommen werden müßten, gewiß in den frühen Stufen des Lebenszyklus zu finden sein würden.[3] Die Zuhörerinnen und Zuhörer bei meinen Vorträgen und Vorlesungen zu solchen Themen wiesen mich jedoch mit Nachdruck auf die Notwendigkeit hin, meine Analyse der sich wandelnden Gestalt des Lebenszyklus weiter auszudehnen und auch die späteren Stufen einzuschließen. Und sie hatten Recht! Wer sich für den postmodernen Lebenszyklus und für seine Herausforderungen für Kirche und Theologie interessiert, kann die Augen vor dem Hohen Alter nicht verschließen.

Gemäß der zeitlichen Logik des modernen Lebenszyklus folgt auf die Stufe des Erwachsenenalters die des »Hohen Alters«, die letzte Stufe im Lebenszyklus. Es ist wichtig, sich von Anfang an klarzumachen, daß diese Abfolge nicht einfach aus der menschlichen Natur in einem biologischen Sinne resultiert. Vielmehr setzt das herkömmliche Verständnis des Hohen Alters als einer eigenen Stufe im Lebenszyklus die Gleichsetzung von Erwachsensein mit (bezahlter) Arbeit voraus. Unter dieser Voraussetzung beginnt mit dem Ruhestand eine neue Lebensphase, und diese Phase wird durch ihre Stellung am Ende des Lebens als abschließende Stufe bestimmt. Genau in dieser Hinsicht jedoch führen neuere Entwicklungen sowie zeitgenössische Deutungen des Lebenszyklus zu einer kritischen Auseinandersetzung mit den herkömmlichen bzw. modernen Auffassungen. Peter Laslett zufolge, dessen Arbeiten die internationale Diskussion in diesem Bereich nachhaltig beeinflußt haben, müssen wir uns von unseren herkömmlichen Annahmen hinsichtlich der Abfolge von Erwachsenenalter und Hohem Alter verabschieden. Wir müssen die Möglichkeit eines weiteren Lebensalters oder einer zusätzlichen Stufe im Lebenszyklus in Betracht ziehen, die einerseits *nach* dem modernen Erwachsenenalter, aber zugleich deutlich *vor* der letzten Lebensstufe eintritt.[4] Laslett nennt dieses zusätzliche Lebensalter das *Dritte Alter*, das er vom zweiten Lebensalter (dem modernen Erwachsenenalter) und vom vierten Alter (dem Hohen Alter oder der Senilität, der letzten Stufe des Lebens) unterscheidet. Auf diese Unterscheidung beziehe ich mich in der Überschrift zum vorliegenden Kapitel. Lasletts kritische Auseinandersetzung mit dem herkömmlichen Modell des Lebenszyklus und mit dessen Anwendung auf das Hohe Alter kann dafür sensibilisieren, auch im vorliegenden Zusammenhang eine weitere Stufe im Lebenszyklus in Betracht zu ziehen – ähnlich wie an einem früheren Punkt dieser Untersuchung die Herausbildung der Postadoleszenz als einer neuen Stufe zu bedenken war.

Eine Betrachtung des späten Erwachsenenalters bzw. des Hohen Alters wirft auch wichtige Fragen im Blick auf die religiösen Implikationen der in diesem Bereich zu beobachtenden Veränderungen auf. Lange Zeit schenkten Kirche und Theologie dieser Altersgruppe keine besondere Aufmerksamkeit, weil diese mit den Angeboten der Kirche recht zufrieden zu sein schien. In jüngerer Zeit wurde jedoch in einer ganzen Reihe von Ländern darauf aufmerksam gemacht, daß diese Angebote auf einem Verständnis des Hohen Alters beruhen, das nicht mehr zutrifft und das den wirklichen Bedürfnissen und Potentialen der Betroffenen nicht gerecht werden kann.[5] Da viele westliche Gesellschaften zu alternden Gesellschaften geworden sind, weil der Anteil älterer Erwachsener an der Bevölkerung immer mehr zunimmt, sind dies Alarmsignale für Kirche und Theologie.

1. Herkömmliche Erwartungen: Entbindung von Pflichten des Erwachsenenalters – Loslassen als Weisheit

Es darf wohl gesagt werden, daß die Moderne besonders widersprüchliche Erwartungen hinsichtlich des späten Erwachsenenalters und des Hohen Alters hervorgebracht hat. Einerseits hat sie die Vorstellung einer Lebenszeit geschaffen, die so etwas wie eine Belohnung für die harte Arbeit während des größten Teils des Lebens verspricht. Andererseits macht es die Gleichsetzung der erwachsenen Person mit dem autonomen Individuum, wie in Kapitel 5 beschrieben, besonders schwer, sich wirklich zu freuen, wenn man nicht mehr einer bezahlten Arbeit nachgehen muß, und diese Belohnung auch zu genießen. Was kann das Leben in dieser Sicht eigentlich noch bedeuten, wenn es nicht mehr im beruflichen Sinne produktiv ist und keinen fortschreitenden Erfolg mehr verspricht? Kann das Leben noch Sinn und Wert haben, wenn es die Anforderungen von Unabhängigkeit und Autonomie nicht mehr erfüllt? Die wichtigen Fortschritte bei der Gesundheitsfürsorge, die für die Moderne bezeichnend sind, haben beide Tendenzen verstärkt, haben aber auch die Spannungen und Widersprüche zwischen ihnen deutlicher hervorgehoben. Gute Gesundheit ist erforderlich, wenn man die Vorteile eines Lebens ohne Arbeit im späten Erwachsenenalter genießen möchte. Darin liegt gewiß ein positiver Effekt der modernen Medizin. Zugleich hat die immer höhere Lebenserwartung aber auch zu der inzwischen weit verbreiteten Sorge geführt, ob und wie eine Gesellschaft sich selbst erhalten kann, wenn immer mehr Menschen nicht mehr an der Produktion von Gütern und an der Bereitstellung von Dienstleistungen beteiligt sind.[6] Das Hohe Alter, wie es von der Moderne geschaffen wurde, hat nicht zu vernachlässigende wirtschaftliche Implikationen: Die Versorgung von Menschen, die von bezahlter Arbeit freigesetzt sind, verlangt finanzielle Ressourcen, die nicht ohne weiteres mehr bereitstehen.

Bekanntlich hat das 20. Jahrhundert für das späte Erwachsenenalter bzw. für das Hohe Alter eine neue Situation geschaffen.[7] Durch die Einführung von Pensionsfonds oder anderer Zahlungen im Ruhestand wurde der Status des Pensionärs in westlichen Gesellschaften allgemein, d.h. für alle oder doch die meisten Mitglieder dieser Altersgruppe verfügbar. Schon von jeher gab es einzelne, die sich dieser Form eines komfortablen Ruhestands erfreuen konnten, auch bereits lange vor der Moderne. Der größte Teil der Bevölkerung hatte jedoch keine Chance, jemals die beträchtlichen Ressourcen anzusammeln, die für eine finanzielle Absicherung im Hohen Alter erforderlich sind. Die in der Moderne erreichte Verfügbarkeit solcher Ressourcen für eine breite Absicherung des Ruhestands in der Bevölkerung hat sicherlich eine Reihe ernsthafter Probleme gelöst oder zumindest abgemildert, mit denen ältere Menschen in früheren Zeiten zu kämpfen hatten, vor allem das Schicksal der Altersarmut oder das Fehlen von Gesundheitsfürsorge. Zugleich hat sie jedoch am Ende der Arbeitskarriere einen höchst schwierigen Übergang entstehen lassen. Viele Menschen haben im Arbeitsleben eine bestimmte Position angestrebt – und erreicht – und sich selber mit Hilfe dieser Position definiert. Viele finden es darum höchst schwierig, einen neuen und veränderten Status zu akzeptieren oder sogar zu begrüßen, der genau darauf beruht, *keine* solche Position mehr inne zu haben. Die zahlreichen Diskussionen über die existentiellen Krisen, die mit dem Übergang in den Ruhestand einher gehen, legen davon Zeugnis ab. Weitere Hinweise ergeben sich aus dem offensichtlichen Bedarf an psychologischer Beratung und Unterstützung, die Menschen auf diesen Übergang am Ende einer professionellen Karriere vorbereiten oder sie in diesem Übergang begleiten.

In diesem Zusammenhang erweist sich Erik Eriksons Modell des Lebenszyklus wiederum als höchst interessant. Erikson beschreibt die Hauptkrise der Reife oder des Hohen Alters unter Bezugnahme auf die Spannung zwischen »Integrität« und »Verzweiflung«.[8] Als positiver Pol in dieser Spannung tritt »Integrität« nun an die Stelle von »Generativität«, die den positiven Pol in Eriksons Sicht des Erwachsenenalters darstellte. Der Begriff der Integrität bezeichnet einen weitreichenden Perspektivenwechsel. Generativität verbindet sich notwendigerweise mit dem Blick nach vorn, weil das, was »generiert« bzw. erzeugt oder erreicht werden soll, nur in der Zukunft liegen kann. Integrität hingegen meint den Blick zurück auf die eigene Vergangenheit und Gegenwart. Daher bedeutet sie die »Hinnahme dieses unseres einmaligen und einzigartigen Lebensweges als etwas Notwendigem und Unersetzlichem«.[9] Die weitreichendste und wahrhaft existentielle Herausforderung der Betrachtung des eigenen Lebens in einer solchen Retrospektive erwächst aus der Tatsache, daß wir die Vergangenheit nicht ändern können. Ein Leben, das gelebt worden ist, muß nun entweder als etwas Bedeutsames, in sich Abgerundetes (»etwas Notwendiges und Unersetzliches«) anerkannt werden – oder es wird in »Verzweiflung« und »Ekel«, wie Erikson auch sagen kann, verworfen, weil Chancen und Möglichkeiten nicht genutzt wurden, solange sie noch offen standen. Die Frage der Integrität – sein Leben in der Retrospektive annehmen können – hat bedeutsame religiöse Implikationen. Ehe wir uns den religiösen Dimensionen des Hohen Alters weiter zuwenden, müssen aber zunächst noch weitere Aspekte des Hohen Alters in der Moderne aufgenommen werden.

Manchmal wird angenommen, daß alte Menschen in früheren Zeiten hoch angesehen und respektiert waren. Diese Annahme bezieht sich insbesondere auf die sogenannte Weisheit des Hohen Alters, die sich auf die gesammelte Erfahrung eines Lebens stützen kann. Weiter wird gesagt, die Moderne habe im Gegensatz dazu den Status älterer Menschen wie auch die Bedeutung des in der Vergangenheit angesammelten Wissens abgewertet. Auf Grund der Betonung von Zukunft und Fortschritt lasse die Moderne dem Bezug auf die Vergangenheit keinen Raum. In jüngerer Zeit hat die historische Forschung diese Annahmen in Frage gestellt.[10] Demnach waren ältere Menschen schon immer, zumindest in einem gewissen Maße, negativen Einstellungen der jüngeren Generation ausgesetzt. Offenbar waren Vorurteile gegen ältere Menschen im Mittelalter nicht weniger verbreitet als in der Neuzeit. Auch wenn wir uns demnach vor jeder Idealisierung der Einstellungen gegenüber dem Hohen Alter in der Vormoderne hüten müssen, kann es keinen Zweifel daran geben, daß Vorurteile gegen das Alter – im Englischen spricht man von »ageism« – im 20. und auch im 21. Jahrhundert ein ernsthaftes Problem darstellen.

Wo feindselige und abwertende Sichtweisen älterer Menschen auftreten, kann man von Vorurteilen sprechen.[11] Solche Vorurteile setzen das Hohe Alter mit Abhängigkeit und Unfähigkeit gleich, mit einem allgemeinen Wertverlust von Menschen, die nicht mehr arbeiten. Um ein Vorurteil handelt es sich insofern, als bestimmte Aspekte des Alterns verallgemeinert werden und so zu einem allgemeinen Negativbild führen, das für andere, möglicherweise positivere Aspekte nicht mehr offen ist.

Wie bereits erwähnt, müssen solche problematischen Sichtweisen im Horizont des allgemeinen Wandels der Gesellschaft gesehen werden. Viele westliche Gesellschaften sind zu alternden Gesellschaften geworden, weil der Anteil älterer Menschen immer weiter zunimmt.[12] So wird etwa vom »Ergrauen Amerikas« gesprochen und werden weitreichende Folgen für die Ökonomie erwartet.[13] Wenn die Anzahl älterer Menschen in einer Gesellschaft rasch zunimmt, kann dies die jüngeren Gesellschaftsmitglieder in Furcht versetzen. Sollen sie die Last tragen, für eine immer größere Zahl von Menschen zu sorgen, die nicht mehr in der Lage oder willens sind zu arbeiten? Bevölkerungsstatistiken zeigen, daß die Lebenserwartung in der westlichen Welt enorm zugenommen hat. Diese Zunahme stellte sich im wesentlichen im Zeitraum der letzten 100 Jahre ein – was erklärt, warum der Wandel schockartig bewußt geworden ist. Es handelt sich nicht um einen allmählichen Prozeß des Wandels, der sich über viele Jahrhunderte hinweg vollzogen hätte, sondern um eine sich rapide verändernde Situation. In England beispielsweise, wo diese Zusammenhänge besonders intensiv erforscht worden sind, konnte ein Kind, das im Jahre 1900 geboren wurde, statistisch gesehen eine Lebenszeit von etwas mehr als 40 Jahren erwarten. Am Ende des Jahrhunderts waren es hingegen 70 oder 80 Jahre. Und im selben Zeitraum hat sich der Prozentsatz der Menschen im Alter von mehr als 60 Jahren in England von kaum über 10 % auf mehr als 20 % verdoppelt.[14] Solche Zahlen zeigen an, wie stark sich die Situation verändert hat und wie flexibel die Bedeutung des Lebensalters geworden ist.

Wie steht es nun angesichts dieser Situation mit den herkömmlichen (modernen) Erwartungen im Blick auf *Religion* im Hohen Alter? Bereits erwähnt haben wir, daß Eriksons Modell religiöse Fragen als zentrale Dimension der letzten Stufe im Lebenszyklus darstellt. In gewisser Weise wiederholt sich hier die adoleszente Identitätskrise, einschließlich ihrer religiösen Aspekte, nun freilich mit anderer Perspektive. Die adoleszente Identitätskrise beruht darauf, daß der junge Mensch nach vorn blickt und nach sinnvollen Zielen, die im künftigen Leben erreicht werden sollen, Ausschau hält. Erikson zufolge trägt Religion zu einer erfolgreichen Lösung dieser Krise bei, indem sie eine sinnvolle Deutung der Welt und eine Interpretation der Geschichte anbietet, mit deren Hilfe der heranwachsende Mensch seinen Platz in ihr finden kann. Demgegenüber blicken ältere Menschen zurück auf das Leben, das sie gelebt haben und nun nicht mehr oder nur in begrenztem Maße ändern können. Unzufriedenheit oder »Verzweiflung« kommen auf, wenn dieses Leben nicht akzeptiert werden kann. Aber wie läßt sich diese vernichtende Erfahrung vermeiden? Auch bei dieser Stufe nennt Erikson ein religiöses Bedürfnis, das dem in der Adoleszenz gleicht. Er spricht von dem Bedürfnis nach einer »Weltordnung und einem geistigen Sinn« (wobei im englischen Original sogar von einem »spirituellen« Sinn die Rede ist).[15] An zentraler Stelle schreibt Erikson dann von einer deutlich religiösen »Weisheit«, die auf dieser Stufe erforderlich sei:

> »Hier nimmt die Stärke die Form jenes distanzierten und doch aktiven Interesses am Leben an, das durch den Tod gebunden ist, das wir *Weisheit* nennen… Nicht als ob jeder Mensch allein Weisheit entwickeln könnte.

Für die meisten stellt die lebendige *Tradition* ihr Wesen dar. Aber das Ende des Kreises erweckt auch die ›höchste Sorge‹ darum, welche Chancen der Mensch wohl hat, die Grenzen seiner Identität zu transzendieren und sein oft tragisches oder bitterlich tragisch-komisches Engagement in seinem einen und einzigen Lebenszyklus innerhalb der Generationenfolge zu überschreiten. Aber große philosophische und religiöse Systeme, die sich mit der letzten Individuation befassen, scheinen verantwortlich bezogen auf die Kulturen und Zivilisationen ihrer Zeit geblieben zu sein. Obgleich sie die Transzendenz im Verzicht suchen, bleiben sie ethisch an der ›Aufrechterhaltung der Welt‹ interessiert.«[16]

Im selben Zusammenhang thematisiert Erikson auch die Parallelen zwischen Religion im Jugendalter und Religion im Hohen Alter und spricht von einer »Neuauflage« der adoleszenten Identitätskrise:

»Zu welchen Abgründen die ›letzte Sorge‹ den einzelnen Menschen auch immer führt, der Mensch als soziales Geschöpf wird gegen das Ende seines Lebens einer neuen Auflage einer Identitätskrise begegnen, die wir in die Worte fassen können: ›Ich bin, was von mir überlebt.‹«[17]

Obwohl Erikson nicht detailliert beschreibt, wie eine Weisheit, die sich aus einer religiösen oder spirituellen Tradition speist, gegenüber »Verzweiflung« und »Ekel« die Oberhand gewinnen kann, ist nicht zu übersehen, daß die letzte Stufe des Lebenszyklus eine zutiefst religiöse Krise einschließt. Ein religiöses Verständnis des Todes und des Lebens nach dem Tod kann beim Nachdenken über den Sinn des Lebens, das sich jetzt seinem Ende nähert, eine große Hilfe sein.

Untersuchungsergebnisse zu Kirchenmitgliedschaft und Gottesdienstbesuch unterstützen diese theoretische Erwartung in nachdrücklicher Weise. Im späten Erwachsenenalter und im Hohen Alter nimmt das Interesse an Religion deutlich zu. Entsprechend gehört zu Kirchengemeinden häufig eine große Zahl älterer Menschen, während sich nur wenige aktive Mitglieder im Alter zwischen 20 und 50 oder 60 Jahren finden[18].

Die Erwartung, daß Religion im späten Erwachsenenalter oder im Hohen Alter eine wichtige Rolle spielt, paßt also gut zu der tatsächlichen Präsenz älterer Menschen in der Kirche. Dennoch sind kritische Rückfragen im Blick auf die Ambivalenzen, die in dieser

Situation liegen, zu stellen. Wie in Kapitel 5 erwähnt, besteht die Gefahr, daß die Verknüpfung von Religion mit dem Jugendalter auf der einen und mit dem Hohen Alter auf der anderen Seite eine Bedeutung von Religion für den größten Teil des Erwachsenenalters ausschließt. Religion als eine Angelegenheit nur für Kinder und für Alte anzusehen widerspricht jedoch eindeutig dem Selbstverständnis des christlichen Glaubens, demzufolge dieser Glaube das gesamte Leben umschließt und jedem Lebensalter, einschließlich des Erwachsenenalters, Gestalt und Orientierung bieten kann. Darüber hinaus gibt es zumindest einige Belege dafür (s. dazu Kap. 4), daß die herkömmlichen Zusammenhänge des Lebenszyklus – Jugendliche entfernen sich von der Kirche und kehren später zu ihr zurück – nicht mehr selbstverständlich vorausgesetzt werden können. In Zukunft wird es vielleicht – angesichts des für die heutige Situation kennzeichnenden fehlenden Kontakts zu Kirche im Jugend- und Erwachsenenalter – eine solche Rückkehr zur Kirche im späten Erwachsenenalter oder im Hohen Alter nicht mehr geben.

Schließlich ist den Angeboten der Kirche vorgehalten worden, daß sie ältere Menschen nicht wirklich ernst nehmen.[19] Dieser Kritik zufolge passen diese Angebote nur allzu gut zu den verbreiteten Sichtweisen einer veralteten Gerontologie. Allgemein gesagt folgen viele Angebote, die die Kirche für ältere Menschen macht, der Auffassung, daß *für diese Menschen gesorgt* werden müsse. Entweder sind sie darauf angelegt, schwächer und abhängiger werdende Menschen zu unterstützen; oder sie versuchen ganz im Gegenteil, alte Menschen zu aktivieren, um sie auf diese Weise so jung und gesund als möglich zu erhalten. Die erste Möglichkeit entspricht der Theorie des *Disengagement*, die Aspekte wie Schwäche, Gebrechlichkeit, Abhängigkeit und Unfähigkeit im Hohen Alter hervorhebt. Die zweite Möglichkeit folgt der Theorie der *Aktivierung*, die bei der Möglichkeit ansetzt, der Senilität entgegenzuwirken, indem alte Menschen aktiv gehalten werden. In der Forschung werden beide Theorien aber weithin als überholt betrachtet.[20] In unterschiedlicher Weise, jedoch mit ähnlichem Nachdruck werden beide Theorien – die des Disengagement und die der Aktivierung – in Frage gestellt, weil sie der komplexen Wirklichkeit des Lebens im Hohen Alter nicht gerecht werden. Wohl noch wichtiger ist der Einwand, daß beide Ansätze nicht ernst nehmen, daß alte Menschen verantwortliche Subjekte sind, die nicht einfach behandelt oder versorgt werden wollen. Wie wir im nächsten Abschnitt sehen werden, wird diese kritische Bewertung auch von den Auffassungen unterstützt, die sich mit der Postmoderne und mit dem heute im späten Erwachsenenalter und im Hohen Alter zu beobachtenden Wandel verbinden.

2. Neugestaltung des Lebenszyklus in der Postmoderne?

Zu Beginn dieses Kapitels habe ich die Beobachtung erwähnt, daß sich die Gestalt von Erwachsenenalter und Hohem Alter so stark verändert hat, daß es Sinn machen könnte, nun von einer neuen oder zusätzlichen Stufe im Lebenszyklus zu sprechen. Einige dieser Veränderungen, die die herkömmliche Abfolge in Frage stellen, sollen an dieser Stelle genauer betrachtet werden.

Eine erste Beobachtung betrifft das hohe Aktivitätsniveau, das viele, die vom Alter her zur Kategorie des Hohen Alters zählen, für sich aufrechterhalten. Statt dem vorgegebenen Muster zu folgen und sich damit zu begnügen, auf ihr Leben zurückzublicken, entwickeln sie neue Ideen und beginnen neue Projekte. Reisen im Hohen Alter sind ein Beispiel dafür, ein anderes ist die ehrenamtliche Arbeit in der Gemeinde oder im Stadtteil. Die wachsende Zahl älterer Menschen, die an die Universität zurückkehren oder sich auf anspruchsvolle Bildungsprogramme verpflichten, hat zu Recht große Aufmerksamkeit auf sich gezogen. In diesem Falle werden Bildung und Ausbildung, die im Denken der Moderne fast ausschließlich mit zukunftsgerichteten Investitionen Jugendlicher oder junger Erwachsener verknüpft waren, auch für ältere Menschen attraktiv.

Eine weitere wichtige Erfahrung betrifft die Situation von Frauen, besonders solcher Frauen, die keiner bezahlten Arbeit nachgehen, sondern sich um Kinder und Familie kümmern. Für diese Frauen wird die Spanne zwischen dem Zeitpunkt, zu dem das letzte Kind das Haus verläßt, und dem Erreichen eines Alters von 65 oder 70 Jahren, immer länger.[21] Zu diesem Wandel, der sich über die letzten 50 oder 100 Jahre hinweg vollzog, haben verschiedene Faktoren beigetragen. So hat die Anzahl der Kinder pro Familie abgenommen – mit der Folge, daß die Zeit der aktiven Elternschaft kürzer geworden ist und schon im Alter zwischen 40 und 50 Jahren endet, wenn das letzte Kind aus dem Haus geht. Die Vorstellung, daß Frauen in diesem Alter von der Generativität zur Integrität übergehen, also vom aktiven Leben zum Rückblick auf vergangene Tätigkeiten, ist kaum plausibel. Vielmehr wird die Situation, nicht mehr für die Kinder sorgen zu müssen, aber auch keine Tätigkeit im Sinne bezahlter Arbeit zu haben, häufig als deprimierend erlebt. Diese Situation wird nämlich nicht als durch einen natürlichen Verlauf des Lebens auferlegt erfahren, sondern wird auf eine Gesellschaft zurückgeführt, die auf Grund einer geschlechtsspezifischen Altersdiskriminierung den Interessen und Bedürfnissen von Frauen in dieser Altersgruppe keinen Raum gibt.

Erfahrungen und Beobachtungen dieser Art haben zu der Auffassung geführt, daß wir unsere herkömmlichen Erwartungen im Blick auf das späte Erwachsenenalter und das Hohe Alter neu überdenken müssen. Die Annahme, daß auf das Arbeitsleben ein Ruhestand ohne Aktivität und mit dem Bedürfnis, sich versorgen zu lassen, folge, hat sich als Vorurteil oder sogar als Ideologie herausgestellt. Wie zu Beginn dieses Kapitels erwähnt, kam einer der wichtigsten Anstöße zu einem veränderten Denken von dem britischen Historiker und Sozialforscher Peter Laslett. In seinem Buch, das im englischen Original den treffenden Titel »Eine neue Landkarte für das Leben« trägt, untersucht er die »Herausbildung eines Dritten Alters«. In systematischer Weise will er zwischen vier verschiedenen Lebensaltern unterscheiden, die s.E. deutlich auseinander gehalten werden müssen:

> »Am Anfang steht die Zeit der Abhängigkeit, Sozialisation, Unreife und Erziehung; zweitens folgt die Zeit der Unabhängigkeit, Reife und Verantwortung, des Verdienens und Sparens, drittens die Zeit der persönlichen Erfüllung und viertens die Zeit der unabänderlichen Abhängigkeit, der Altersschwäche und des Todes«.[22]

Diese Unterscheidung wird vor allem notwendig, weil die Bedeutung des Hohen Alters unter den heute vorherrschenden Voraussetzungen, d.h. weil der Anteil der Bevölkerung im Ruhestand immer größer wird, neu zu bedenken ist. Die herkömmlichen Merkmale von Abhängigkeit und Schwäche reichen zur Beschreibung nicht mehr aus, um den unterschiedlichen Realitäten des Lebens in diesem Alter gerecht zu werden. Solche Negativbilder sind besonders dann ungenügend, wenn der Zeit des Dritten Alters ein eigener Sinn gegeben werden soll. Daher ist Laslett sehr darum bemüht, die neuen Chancen und Möglichkeiten herauszustellen, die genutzt werden können, wenn die zahlreichen Pflichten des Zweiten Alters – besonders die Pflichten der bezahlten Arbeit also – entfallen. Darin liegt auch der Grund für seinen Vorschlag, das Dritte Alter als eine Zeit mit großen Potentialen für persönliche Erfüllung anzunehmen, die sich erst erschließen, wenn Karrierezwänge ihre Herrschaft über das Leben verlieren.

Laslett ist sich der vielen Fragen bewußt, die seine Vorstellung von einem Dritten Alter und von persönlicher Erfüllung unvermeidlich aufwirft, nicht nur in Bezug auf neue Anstellungsverhältnisse für ältere Menschen nach der Pensionierung, deren Möglichkeit er bedenkt, sondern auch hinsichtlich der hohen Erwartungen, die sich mit der Hoffnung auf Erfüllung verbinden. Im vorliegenden Zusammenhang bin ich jedoch weniger an einer Auseinandersetzung mit Lasletts persönlichen Auffassungen interessiert und überlasse dies den Spezialisten in der sozialwissenschaftlichen Forschung zum Hohen Alter. Im vorliegenden Zusammenhang kommt es darauf an, welche Problemanzeige Lasletts Ansatz enthält. M.E. verweist seine Vorstellung von einem Dritten Alter auf eine weitreichende Infragestellung der modernen (herkömmlichen) Sicht des Hohen Alters als der Zeit nach dem Rückzug aus dem Arbeitsleben und als letzter Lebensstufe. Die herkömmliche Sicht verfehlt die Erfahrungen vieler Menschen, deren Leben diesem einfachen Muster nicht mehr entspricht. Und solche Erfahrungen bilden den Ausgangspunkt dafür, eine neue und zusätzliche Stufe des Lebenszyklus anzunehmen, die zwischen das herkömmlicherweise sogenannte Erwachsenenalter und das Hohe Alter tritt.

Es ist daher keine Überraschung, daß die herkömmlichen (modernen) Sichtweisen des späten Erwachsenenalters und des Hohen Alters immer stärker kritisiert werden, sei es durch die Arbeiten von Historikern und Philosophen wie P. Laslett oder sei es durch die nun in Gang gekommene empirische Forschung über das Alter in unserer eigenen Gegenwart. Auf der Grundlage neuerer empirischer Untersuchungen wird in den Sozialwissenschaften argumentiert, daß Verallgemeinerungen im Blick auf das Hohe Alter die Realität des Lebens in diesem Alter mit zunehmender Wahrscheinlichkeit verfehlen.[23] Solchen Beobachtungen zufolge hat die Individualisierung auch diese Stufe im Lebenszyklus stark verändert – nicht weniger, als dies für frühere Stufen im Lebenszyklus gesagt werden kann. Älter werden, so heißt es nun, sei zuerst und vor allem ein individueller Vorgang, der im Blick auf seine konkrete Gestalt in vieler Hinsicht von nicht verallgemeinerbaren individuellen Lebensumständen abhängig ist. Allgemeine Theorien zum Hohen Alter gelten daher als problematisch. Statt dessen werden einfühlsame Beschreibungen angestrebt, die für persönliche Lebenssituationen und deren individuelle Bewertung durch die Menschen selbst offen sind. Wie wir im nächsten Abschnitt sehen werden, wirft dies auch für Praktische Theologie und Kirche wichtige Fragen auf. Bevor wir uns diesen Fragen zuwenden, soll zunächst nach Religion im Hohen Alter gefragt werden.

Lange Zeit hat die Frage nach Religion im späten Erwachsenenalter und im Hohen Alter in der Forschung wenig Aufmerksamkeit erfahren. Bis vor kurzem konzentrierte sich etwa die Religionspsychologie fast ausschließlich auf Kindheit und Jugendalter, die als die entscheidenden Zeiten der religiösen Entwicklung angesehen wurden. Inzwischen hat sich das Bild zwar verändert, aber doch nur in begrenztem Maße. Psychologie und Gerontologie haben wichtige Forschungsergebnisse zu Religion im Hohen Alter zu bieten, aber im Blick auf die untersuchten Themen ist diese Forschung noch immer eng begrenzt und ist häufig medizinisch ausgerichtet.[24] Ein Großteil der Forschung im Bereich der Gerontologie bezieht sich auf Fragen körperlicher Gesundheit und emotionaler Stärke, was bereits darauf hinweist, daß solche Untersuchungen sich vor allem auf das konzentrieren, was Laslett als das Vierte Alter der Gebrechlichkeit beschreibt, und also noch nicht auf das Dritte Alter, das als eine Zeit neuer Möglichkeiten vor der Senilität steht. So werden beispielsweise die religiösen Dimensionen der Weisheit, auf die Erikson bereits hinweist[25], oder die spirituelle Entwicklung im höheren Erwachsenenalter nur selten eigens untersucht.

Ein profundes und interessantes Beispiel für diese Art der Forschung bietet Harold G. Koenig mit seinem Buch über »Altern und Gott: Spirituelle Pfade zu geistiger Gesundheit in der Lebensmitte und in den späteren Jahren«, das aus dem von der Duke-Universität in den USA durchgeführten Programm »Religion, Altern und Gesundheit« hervorgegangen ist.[26] Der Schwerpunkt liegt hier bei psychologischen Problemen wie Depression und Angst. Die Untersuchungen, auf die sich Koenig beziehen kann, fragen, wie Glaube und Religion Menschen darin unterstützen, mit solchen Problemen zurecht zu kommen. Darüber hinaus bietet Koenig eine hilfreiche Zusammenstellung »spiritueller Bedürfnisse«, die er mit dem Hohen Alter verbunden sieht.[27] Die vierzehn spirituellen Bedürfnisse in dieser Zusammenstellung schließen beispielsweise das »Bedürfnis nach Sinn, Zweck und Hoffnung« ein oder das »Bedürfnis, zu lieben und anderen zu helfen«, wobei Verbindungen zu den von Laslett identifizierten Potentialen eines Dritten Alters sichtbar werden. Für Koenigs Ansatz insgesamt ist es aber bezeichnend, daß er seine Aufzählung mit dem »Bedürfnis der Vorbereitung auf Tod und Sterben« enden läßt. Auch hier steht also die letzte Stufe oder das Ende des Lebens vor Augen und leitet so die Betrachtung spiritueller Bedürfnisse im Alter.

Wenn es aber zutrifft, daß der Wandel in der Gesellschaft das Potential für das Dritte Alter, wie es von P. Laslett beschrieben wird, geschaffen hat, dann brechen unvermeidlich andere Fragen auf, die in den herkömmlichen Untersuchungen zu Religion im Hohen Alter noch nicht angesprochen werden, weil sie sich nicht auf das Ende des Lebens beziehen. Einige davon sollen im nächsten Abschnitt aufgenommen werden.

3. Sich der Herausforderung stellen: Modelle pastoralen Handelns und Bildungsprogramme für das Dritte Alter

Setzen wir einmal voraus, daß es ein Drittes Alter wirklich gibt und daß zumindest manche Menschen erfolgreich versuchen, die Möglichkeiten dieser Stufe für sich zu nutzen. Wie werden sie die Angebote, die ihnen von der Kirche gemacht werden, wahrnehmen? Es liegt auf der Hand, daß Menschen im Dritten Alter Angebote, die mit Unterstützung für »ältere Menschen« und Fürsorge für die »Gebrechlichen« assoziiert werden, nicht gerade attraktiv finden werden. Sie wollen nicht umsorgt werden. Und ebensowenig fühlen sie sich in ihren Bedürfnissen und Interessen angesprochen, wenn Tod und Sterben die einzigen Themen darstellen, über die sie nachdenken sollen. Statt dessen suchen sie – nicht anders als jüngere Menschen – nach Gelegenheiten dafür, etwas Sinnvolles anzufangen mit der neuen Freiheit, die sie jetzt, nachdem die früheren Pflichten in Arbeit und Familie hinter ihnen liegen, erlangt haben. Vielfach sind sie offen für Möglichkeiten, die sie früher links liegen lassen mußten, weil die vielfachen Zeitanforderungen des Arbeitslebens oder der Vorbereitung für Arbeit und Karriere anderes nicht zuließen.

Verkaufs- und Marketingspezialisten haben schon lange erkannt, über welches Potential diese wachsende Gruppe von Kunden verfügt. Man muß sich nur die Werbung in populären Zeitschriften ansehen, um zu erkennen, wie Werbespezialisten diese Zielgruppe wahrnehmen. Im Mittelpunkt stehen hier nicht Schwäche, Abhängigkeit oder Senilität. Statt dessen bezieht sich die Werbung gezielt auf unerfüllte Sehnsüchte, langgehegte Wünsche und neu zu entwickelnde Potentiale. Es geht um ein Leben – und um das Versprechen eines Lebens, das nun endlich genossen werden kann.

Natürlich plädiere ich hier nicht dafür, daß die Kirche sich die populäre Werbung als Vorbild wählen sollte. Die Aufgabe der Kirche besteht nicht darin, weitere Genußmöglichkeiten zu erschließen, die lediglich den Gesetzen des Konsumierens folgen. Ebensowenig wäre es zu begrüßen, wenn von der Kirche getragene Angebote sich der verbreiteten Tendenz eines Verdrängens der dunkleren Zeiten des Lebens anschließen sollten, schon weil dies – wie etwa beim Thema Tod und Sterben zu sehen – nur im Widerspruch zwischen Verschweigen, Faszination und Angst enden kann. Die in hohen Auflagen vertriebenen Selbsthilfebücher über den Umgang mit Tod und Sterben legen davon Zeugnis ab.

Das Leben, das älteren Menschen von der Zielgruppenwerbung versprochen wird, ist ambivalent. Wenn wir jedoch die Absurditäten heutiger Konsumorientierung beiseite lassen, können Kirche und Theologie durchaus etwas davon lernen, wie andere die älteren Menschen wahrnehmen und ansprechen. M.E. bestätigen solche Beobachtungen deutlich P. Lasletts Überzeugung, daß wir die Herausbildung des Dritten Alters begrüßen müssen, indem wir ihm Raum geben und neue Möglichkeiten für diejenigen anbieten, die sich auf dieser Stufe im Leben befinden.

Was bedeutet dies im einzelnen? Drei miteinander verbundene Aufgaben sind m.E. von besonderer Bedeutung: die Entwicklung eines theologischen Verständnisses der neuen Stufe eines Dritten Alters; die Entwicklung von Unterstützungsmöglichkeiten für die Potentiale dieser Stufe; Angebote für Menschen auf dieser Stufe, die diesen Potentialen gerecht werden.

(1) Zunächst ist festzuhalten, daß das Dritte Alter noch immer eine offene Frage darstellt und nicht einfach eine Realität. Solange wir uns dieser Grenze bewußt sind, ist es gleichwohl sinnvoll, theologisch vorauszudenken und ein Verständnis dieser neuen Stufe des Lebenszyklus zu entwickeln. Wie bereits deutlich wurde, ist die Bedeutung des Hohen Alters keineswegs natürlich vorgegeben. Sie unterliegt vielmehr gesellschaftlichen Konventionen und ist stets davon abhängig, welche Möglichkeiten für ältere Menschen verfügbar sind. In diesem Sinne waren und sind Kirche und Theologie aktiv an der Definition bzw. Neu-Definition des Hohen Alters beteiligt. Ihre Sichtweisen und Angebote für ältere Menschen sind Teil der gesellschaftlichen Erwartungen, die dieser Stufe des Lebenszyklus ihre Gestalt verleihen.

Es ist heute besonders zu beachten, daß alte Menschen selbst ihren Status neu bestimmen. Wenn sich gegenwärtig eine neue Sicht der pastoralen Aufgaben im Blick auf ältere Menschen herauszubilden scheint, so entspricht dies einem Wandel dieser Menschen selbst.[28] Immer mehr erweist sich die Absicht, diese Menschen zu »versorgen«, als unzureichend. Statt dessen wird zunehmend beobachtet, daß sich ältere Menschen aktiv an der Planung und Organisation von Programmen und der Einrichtung von Gruppen für besondere Interessen beteiligen wollen. Aber was bedeutet dies für ein theologisches Verständnis des Lebens auf dieser Stufe?

In der gesamten Tradition und also lange vor der Heraufkunft der Moderne waren Tod, Sterben und das Leben nach dem Tod für Theologie und Kirche von besonderer Bedeutung. Altehrwürdige Begriffe wie »ars moriendi«, die Kunst des Sterbens, oder »meditatio mortis«, die meditative Betrachtung von Tod und menschlicher Endlichkeit, belegen dies. Ein weiteres Thema von Theologie und Kirche, das sich leicht auf biblische Zeiten zurückverfolgen läßt, ist die Achtung alter Menschen, die nicht mehr arbeiten können (»Du sollst Vater und Mutter ehren«, Ex 20,12) oder, etwa im Falle der Witwenschaft, des besonderen Schutzes bedürftig sind (1 Tim 5). Diese Themen bleiben wichtig, und im letzten Abschnitt dieses Kapitels werde ich sie erneut aufgreifen. Zugleich ist aber nicht zu übersehen, daß Theologie und Kirche, wenn sie der sich neu herausbildenden Stufe im Lebenszyklus vor der Senilität gerecht werden wollen, über ihre traditionellen Themen hinausgehen müssen

Der Wandel des späten Erwachsenenalters und des Hohen Alters fordert Theologie und Kirche dazu heraus, anzuerkennen und mit Nachdruck zu begrüßen, daß eine höhere Lebenserwartung nach einer sinnerfüllten Lebensspanne *nach* der Pensionierung und *vor* der Senilität verlangt.[29] Diese Lebensspanne entspricht nicht den herkömmlichen Erfahrungen und Erwartungen, auf die sich Theologie und Kirche in früherer Zeit beziehen mußten. Daher bietet die christliche Tradition auch keine direkten Anknüpfungspunkte für diese neue Lebensstufe. Gleichwohl ist es möglich, diese Lebensstufe als ein Geschenk Gottes zu schätzen, so wie theologisch das gesamte Leben als ein Geschenk Gottes anzusehen ist. Dieses Verständnis schließt ein, daß das Leben im Dritten Alter respektvoll und in verantwortlicher Weise als eine neue Möglichkeit behandelt – und genossen – werden sollte.

Im Blick auf die praktische Arbeit in der Kirche sollte uns dieses neue Verständnis des späten Erwachsenenalters, das mit der Möglichkeit eines Dritten Alters rechnet, dazu ermutigen, neue Themen und Aufgaben in Angriff zu nehmen, die mit den herkömmlichen Themen kirchlicher Arbeit im Hohen Alter wenig zu tun haben, dafür aber eng mit den Potentialen der neuen Stufe im Lebenszyklus verknüpft sind.

(2) Menschen dabei zu unterstützen, die Möglichkeiten des Dritten Alters für sich zu nutzen, ist deshalb so wichtig, weil sie dabei zahlreichen Ambivalenzen begegnen. Was in Kapitel 5 im Blick auf die Spannungen und Widersprüche des modernen Erwachsenenalters festzustellen war, gilt auch für das späte Erwachsenenalter und für das Hohe Alter. Die Gefahr, bestimmte Erwachsene vom Status vollen Erwachsenseins auszuschließen, weil sie nicht mehr in dem Sinne autonom sind, daß sie finanziell durch bezahlte Arbeit für sich sorgen, ist im Blick auf die Zeit nach der Pensionierung besonders ernst zu nehmen. Kirche und Theologie müssen daher Strategien entwickeln, die im Blick auf solche Tendenzen kritisch sind und zugleich die Menschen dadurch unterstützen, daß ihren Bedürfnissen Raum gegeben wird.

Die Aufgabe, dem Dritten Alter Raum zu schaffen, so daß mehr Menschen die Möglichkeiten eines Lebens als Erwachsene nach dem Ende der Pflichten von Arbeit und Familie nutzen können, bedeutet eine Art *Geburtshilfe* für die sich herausbildenden Potentiale. Es heißt, dafür zu sorgen, daß die Definitionsmacht in diesem Bereich nicht nur bei Werbung und Konsum liegt. Anders gesagt: Der neue Status, der älteren Menschen in der Werbung und in der populären Literatur zum Hohen Alter angedient wird, ist höchst ambivalent. Dieser Status bezieht sich zu Recht auf die Potentiale und Möglichkeiten des Hohen Alters, die den Menschen von der modernen Gesellschaft auf Grund der in ihr vorherrschenden Betonung von Arbeit, Autonomie und Fortschritt verweigert wurden. Wenn jedoch der neue Status, wie er jetzt geschaffen wird, für Schwäche und Abhängigkeit keinen Raum läßt, gerät er ebenso zur Unterdrückung wie die vorausgehende Situation. Geburtshilfe für das Dritte Alter bedeutet daher, 1. die Herausbildung dieses Alters unterstützen, 2. ein kritisches Denken hinsichtlich der modernen Ideologien anstoßen, die Erwachsensein mit Unabhängigkeit gleichsetzen, aber auch hinsichtlich der Versprechungen kommerzieller Zielgruppenwerbung, die die wachsende Anzahl älterer Kunden so rasch entdeckt hat, und 3. Alternativen für die Konsumorientierung im Hohen Alter verfügbar machen.

Vor dem Hintergrund dieser dreifachen Aufgabe können wir erneut die Frage aufnehmen, welche Möglichkeiten eine Kirche oder Gemeinde Menschen dieser Altersgruppe bieten sollte.

(3) Ein zum Teil in Gemeinden bereits umgesetzter Vorschlag bezieht sich auf ehrenamtliche Arbeit älterer Menschen. Eine wichtige Veränderung besteht hier darin, daß ältere Menschen ihren Status als Subjekte behaupten und nicht Objekte kirchlicher Tätigkeit sind. Angesichts der Ansprüche des Dritten Alters kann es dabei aber nicht um beliebige ehrenamtliche Tätigkeiten gehen. Wenn ältere Menschen befähigt werden sollen, ihre neuen und bislang vernachlässigten Potentiale zu nutzen, genügt es nicht, ihnen Aushilfstätigkeiten anzubieten, die sonst von bezahltem Personal ausgeführt werden müßten. Ebensowenig reicht es zu, von Ehrenamtlichen im Dritten Alter zu erwarten, daß sie sich bereitwillig von einem Pfarrer anleiten und einteilen lassen. Wenn die Kirche wirklich Menschen befähigen will, ihre neuen Möglichkeiten zu nutzen, muß sie sich selbst ändern. Das Bedürfnis nach einem Ort, an dem Menschen in dieser Altersgruppe ohne besonderen Anlaß und ohne den Zwang, gemeinsames Konsumieren zur Grundlage gemeinsamer Tätigkeiten machen zu müssen, zusammenkommen können, ist ohne Zweifel vorhanden. Vielleicht könnte eine Art Café in der Kirche dafür dienen, oder es könnte ein besonderes Gemeinschaftszentrum geben, das für diesen Zweck eingerichtet ist. Angesichts des Fehlens erfolgreicher Vorbilder sollten Gemeinden mit neuen Ideen und Möglichkeiten experimentieren. Da diese Altersgruppe jedoch noch immer wächst und ihre Bedeutung in der Gesellschaft ebenfalls weiterhin zunimmt, wären Gemeinden gut beraten, wenn sie im Blick auf den Umgang mit dieser Gruppe eine bewußte Entscheidung träfen.

Für die Bedeutung von als sinnvoll erfahrener ehrenamtlicher Tätigkeit spricht in unserem Zusammenhang noch ein weiterer Grund. Wenn diese Art von Tätigkeit mit dem Ziel einer öffentlichen Kirche, wie ich sie in Kapitel 5 dargestellt habe, verbunden wird, gewinnt sie in mehreren wichtigen Hinsichten zusätzliches Gewicht. Die öffentliche Kirche ist eine Gemeinschaft, die sich nicht auf sich selber konzentriert, sondern ein dauerhaftes Interesse an der Gesellschaft insgesamt einschließt – im Einsatz für die gesamte Gesellschaft sowie für zukünftige Generationen. Daher ergibt sich hier ein sinnvoller Zusammenhang, in dem beides zusammen kommen kann: Die Suche nach persönlicher Erfüllung kann sich in der Übernahme neuer Aufgaben und der Entdeckung neuer Perspektiven fruchtbar mit einer gelebten christlichen Verantwortung verbinden.

Welche Möglichkeiten, die den Potentialen älterer Menschen gerecht werden, können angeboten werden? Offensichtlich begegnen wir hier insgesamt einem Bereich für künftiges Experimentieren, für den wir uns noch nicht auf eine große Zahl erfolgreicher Beispiele stützen können. Vermutlich ist es deshalb hilfreich, einige Ansätze und Versuche, die in diesem Zusammenhang weiter verfolgt werden können, etwas genauer zu betrachten:

- *Studiengruppen* aller Art bieten Gelegenheit, neuen Interessen nachzugehen und neue Menschen zu treffen. Deren Themen sollten nicht nur aus der Theologie oder aus kirchlichen Kontexten kommen, sondern sollten auch Fragen der persönlichen Entwicklung, von Musik und Theater usw. einschließen. Weiterhin sollten solche Gruppen nicht unbedingt von einem Pfarrer oder einer Pfarrerin bzw. durch professionelle Vertreter der Erwachsenenbildung initiiert werden, sondern sollten wo immer möglich von den Beteiligten selbst ausgehen und geleitet werden.
- *Reisen* werden oft von kommerziellen Unternehmen organisiert, die sich an diejenigen wenden, deren finanzielle Möglichkeiten sie zu interessanten Kunden machen. Darin liegt einer der Gründe, warum die Kirche darüber nachdenken sollte, nicht-kommerzielle Angebote zu organisieren, die erschwinglicher sind und deshalb auch weniger exklusiv. Ein weiterer Grund ergibt sich daraus, wie solche Angebote geplant werden. Obwohl ein Teil der kommerziellen Angebote in pädagogischer Hinsicht recht akzep-

tabel ist, basieren sie vielfach doch nur auf dem Versprechen von Vergnügen und gehobener Unterhaltung. Im Gegensatz dazu könnten Reisen, die sich stärker an persönlichen Entwicklungsperspektiven und Bildungsinteressen orientieren, beispielsweise eine ernsthafte Begegnung mit anderen Kulturen oder Religionen sowie mit anderen Kirchen oder mit Gruppen von Menschen im selben Alter in anderen Ländern einschließen. Vielleicht könnten solche Begegnungen sogar Bestandteil einer internationalen Bewegung für Frieden und gegenseitiges Verständnis werden, ähnlich wie die Austauschprogramme, die für Jugendliche angeboten werden.

– *Dienste in Gemeinde und Stadtteil* haben ebenfalls Tradition. Hier ist beispielsweise an Suppenküchen und ähnliche Angebote zu denken, die heute an vielen Orten zu finden sind. Solche Aktivitäten sollen auch im vorliegenden Zusammenhang betont werden, wiederum im Blick auf ihre Bedeutung für eine öffentliche Kirche. Die Leitvorstellung einer öffentlichen Kirche kann auch als Impuls dafür dienen, solche Dienste weiter auszubauen, beispielsweise indem sie auf die Herausforderungen des öffentlichen Lebens vor Ort bezogen werden. Was etwa läßt sich tun, um die Akzeptanz von Minoritäten in der Gemeinde zu verbessern? Wie können wir über das Christentum hinaus wechselseitiges Verständnis und Respekt zwischen verschiedenen religiösen Gruppen unterstützen? usw.

– *Generationenübergreifendes Lernen* und Angebote von *Mentoren oder Mentorinnen* sind weniger bekannte Möglichkeiten in der Gemeinde. Der Begriff des generationenübergreifenden Lernens legt nahe, daß verschiedene Generationen gleichermaßen von einer Zusammenarbeit und gemeinsamem Lernen in Bereichen aktuellen Interesses profitieren können, beispielsweise bei ökologischen Fragen, die häufig für junge Menschen besonders bedeutsam sind, oder bei der Friedensarbeit im Horizont der Globalisierung. Die Forschung zur Entwicklung im Erwachsenenalter hat die Bedeutung älterer Erwachsener, die als Mentoren für jüngere agieren, klar hervorgehoben.[30] Herkömmlicherweise hatten solche Mentorenbeziehungen ihren Ort im Umkreis von Arbeit und Beruf, aber es wäre sicher möglich, sie auf andere Kontexte wie

die Gemeinde auszudehnen. Generationenübergreifende Angebote könnten dazu beitragen, Kontaktmöglichkeiten für die Herausbildung von Mentorenbeziehungen zu schaffen.
- *Gemeindeentwicklung* wird oft als allein pastorale Aufgabe angesehen. Es liegt jedoch auf der Hand, daß der Einbezug anderer Mitglieder der Gemeinde die Reichweite dieser Entwicklung stark verbessern könnte. Im vorliegenden Zusammenhang muß nachdrücklich betont werden, daß es dabei nicht um die Entlastung von Pfarrerinnen und Pfarrern gehen kann, sondern um die Unterstützung von Menschen in der Gemeinde bei der Realisierung neuer Möglichkeiten. Und dies schließt nicht zuletzt ein, daß diese auch eigene Vorstellungen im Blick auf die Zukunft von Kirche und Gemeinde entwickeln dürfen. Und es heißt weiterhin, daß sie nicht unter der Aufsicht von Pfarrern oder Pfarrerinnen arbeiten, sondern als deren Partner und Kooperanden.

Über diese exemplarischen Perspektiven wäre natürlich mehr zu sagen, zumal sie für viele Gemeinden neu und herausfordernd sind. Letztlich kommt es aber weniger darauf an, welche Perspektive in einer bestimmten Gemeinde aufgenommen wird – entscheidend ist die umfassende Aufgabe, den Bedürfnissen und Potentialen einer neuen Altersgruppe gerecht zu werden.

4. Der letzte Schritt: Das Ende des Lebens – zwischen moderner Verdrängung und neuer Wahrnehmung

Auch die Befürworter eines Dritten Alters und seiner Potentiale müssen sich der Gefahr bewußt sein, daß das Bedürfnis des Nachdenkens über Tod und Sterben als Teil des menschlichen Daseins verdrängt werden könnte. Es wäre aber höchst schädlich, wenn dieser Aspekt unserer Existenz aus dem Bewußtsein gedrängt würde. Daher gäbe es gute Gründe dafür, diesem Thema ein eigenes Kapitel zu widmen, was erneut Gelegenheit zur Auseinandersetzung mit dem Wandel des menschlichen Lebenszyklus geben würde, beispielsweise in Bezug auf die Art und Weise, wie die Gesellschaft den Tod in ihren Alltag einschließt oder eben von diesem auszuschließen sucht. Um die vorliegende Darstellung jedoch nicht weiter auszudehnen, werde ich mich auf einen kurzen Abschnitt dazu beschränken, was ich metaphorisch als den »letzten Schritt« bezeichne. Dieser Abschnitt dient zwei begrenzten, aber doch wichtigen Absichten:

Erstens soll sichergestellt werden, daß meine Konzentration auf das Dritte Alter nicht in dem Sinne mißverstanden wird, daß sich Theologie und Kirche nicht mehr mit Tod und Sterben beschäftigen sollten. Das Anliegen einer »ars moriendi« und einer »meditatio mortis« – der Kunst des Sterbens und der Todesmeditation –, und beides im Lichte der christlichen Auferstehungshoffnung, bleibt von zentraler Bedeutung.

Die zweite Absicht betrifft die für die Moderne kennzeichnende Sichtweise von Tod und Sterben. Wenn diese Sichtweise auf Grund der damit verbundenen Verdrängungen überwunden werden muß, lohnt es sich, postmoderne Alternativen aufzugreifen, soweit sie neue Möglichkeiten eröffnen.

Zahlreiche soziologische und historische Untersuchungen haben gezeigt, daß die Moderne für die Erfahrung von Endlichkeit und Tod keinen wirklichen Raum hat.[31] Demnach tendieren moderne Gesellschaften dazu, den Tod gleichsam unsichtbar zu machen, indem er an bestimmten Orten wie speziellen Krankenhäusern sowie isolierten Abteilungen selbst innerhalb solcher Häuser eingeschlossen wird. Der Optimismus der Moderne und ihr Fortschrittsglaube werden durch die Endlichkeit und die letzten Begrenzungen des irdischen Lebens zutiefst herausgefordert. Deshalb werden Tod und Sterben so häufig verdrängt und tabuisiert.

Ein weiteres Thema von aktuellem Interesse ist der Einfluß moderner medizinischer Technologien. Vielfach erhalten solche Technologien Menschen medizinisch am Leben, lange nachdem der Kontakt zu anderen Menschen abgebrochen ist und ein Großteil ihrer vitalen Funktionen aufgehört hat. Viele fragen sich, ob dies wirklich zum Wohle der Patienten und ihrer Angehörigen geschieht.

Die Kehrseite der Verdrängung von Tod und Sterben ist die

enorme Faszination durch dieses Thema, die für die Moderne jedenfalls zu bestimmten Zeiten nicht weniger kennzeichnend war bzw. ist. Eines der eindrücklichsten Beispiele stellt die öffentliche Reaktion auf die von Elisabeth Kübler-Ross veröffentlichten »Interviews mit Sterbenden« dar, die zum Bestseller geworden sind.[32] Vorträge auf der Grundlage dieses Buches haben die Erfahrungen der von ihr Interviewten zu einem internationalen Medienereignis von beträchtlicher Popularität werden lassen. Verdrängung und Dramatisierung durch die Medien können sich offenbar leicht miteinander verbinden, aber sie führen noch nicht zu einer gesunden Einstellung im Blick auf die menschliche Endlichkeit.

Es ist eine offene Frage, ob uns die Postmoderne in dieser Hinsicht angemessenere Möglichkeiten beschert. In der Gegenwart gibt es hoffnungsvolle Anzeichen wie beispielsweise die Hospiz-Bewegung, die sich dafür einsetzt, Sterbenden einen menschlicheren Umgang mit dem herannahenden Tod zu ermöglichen. Die Gesamtsituation erscheint aber weithin unverändert und widersprüchlich. Die Aufgabe, die Ambivalenzen im Umgang der Moderne mit Tod und Sterben zu überwinden, liegt weiterhin vor uns.

Kapitel 7
Theologische Anforderungen an das postmoderne Leben: Auf dem Weg zu einer Theologie des Lebenszyklus

Dieses letzte Kapitel soll mehreren Zwecken dienen. Zunächst möchte ich auf einige der Fragen und Probleme zurückkommen, die wir zu Beginn des Buches angesprochen haben. Die Frage nach dem postmodernen Lebenszyklus, die wir nun von der Kindheit über das Jugendalter, die Postadoleszenz und das Erwachsenenalter bis hin zum Hohen Alter verfolgt haben, sowie die Herausforderungen, die der Wandel des Lebenszyklus für Kirche und Theologie in sich schließt, sind das erste Hauptthema dieses Kapitels. Es geht also in einer ersten Hinsicht um eine konstruktive Praxis in der Begegnung mit den Bedürfnissen und Herausforderungen des gegenwärtigen Lebens und der Gegenwartskultur insgesamt.

Zweitens schließt die Begegnung mit dem postmodernen Lebenszyklus aber auch weitreichende theoretische Fragen im Blick auf die Praktische Theologie und ihr Verhältnis zur Postmoderne ein. Kann die Praktische Theologie angesichts dieses Verhältnisses so bleiben, wie sie ist? Oder wird eine neue Praktische Theologie erforderlich – ein neues Paradigma, wie manche es nennen – ein postmodernes Paradigma der Praktischen Theologie?

Drittens soll dieses Kapitel die Frage nach theologischen Anforderungen an das postmoderne Leben aufnehmen, wie ich es zu Beginn des Buches genannt habe. Bis zu diesem Kapitel lag der Schwerpunkt meiner Analysen bei Anforderungen, die von der Postmoderne ausgehen. Folglich ging es in erster Linie um Anpassungsleistungen, die von Kirche und Theologie zu erbringen sind, wenn sie mit der Postmoderne Schritt halten wollen. Wie jedoch an zahlreichen Stellen im Verlauf unserer Untersuchung deutlich wurde, ist dies nicht das ganze Bild. Wir müssen auch in umgekehrter Richtung fragen, nämlich indem wir die Theologie als Ausgangspunkt wählen und dann theologische Anforderungen im Blick auf das postmoderne Leben darstellen. Welche Anforderungen oder Kriterien können der Theologie zu einer kritischen und konstruktiven Begegnung mit der Postmoderne verhelfen? Welche Art von Praktischer Theologie brauchen wir für diesen Zweck?

Es ist vermutlich nützlich, zunächst noch einmal einige der Fragen hinsichtlich einer solchen Theologie vor Augen zu stellen und wenigstens einen Teil der darauf bezogenen Argumente aus früheren Kapiteln dieses Buches zusammenzufassen.

1. Offene Fragen

Aufs Ganze gesehen hat sich die Praktische Theologie nur in sehr begrenztem Maße auf das Problem der Postmoderne eingelassen.[1] Zum Teil – besonders in Westeuropa im Unterschied zu den USA – ist dies auf die Zweifel zurückzuführen, die im Blick auf die Vorstellung einer Postmoderne angemeldet worden sind. Gibt es die Postmoderne wirklich? Ist der Begriff der Postmoderne tatsächlich eine Hilfe bei der Diagnose von Gegenwartskultur oder führt er in die Irre, weil es sich bestenfalls um eine unklare Vorstellung handelt? Während also die Kategorie der Postmoderne als vage oder sogar als depressiv und nostalgisch beurteilt wird, üben Begriffe von Moderne und Modernisierung auf der europäischen Seite des Atlantiks noch immer einen großen Einfluß aus. In den Vereinigten Staaten hingegen ist der Begriff der Postmoderne weit stärker akzeptiert, und eine beträchtliche Anzahl theologischer Untersuchungen sind ihm gewidmet, nicht zuletzt in Exegese und Systematischer Theologie[2]. Selbst in der nordamerikanischen Diskussion ist jedoch bislang, soweit mir bekannt, keine größere Untersuchung zu Praktischer Theologie und Postmoderne vorgelegt worden.

Die Zurückhaltung gegenüber der Postmoderne, die sich in der Praktischen Theologie beobachten läßt, mag auch auf die offenen empirischen Fragen zurückzuführen sein, die sich mit diesem Begriff verbinden. In dieser Hinsicht ist die Situation nämlich als reichlich unklar anzusprechen. Philosophische Analysen beispielsweise von

David Harvey oder Wolfgang Welsch haben sich weithin als Standarddarstellungen zur Postmoderne durchgesetzt.[3] Aber können die dort beschriebenen Sichtweisen auch im Blick auf heutige Formen des Alltagslebens empirische Geltung beanspruchen? Können wir beispielsweise voraussetzen, daß sich die Stufen des Lebenszyklus tatsächlich gemäß der Erwartungen, wie sie in der Philosophie formuliert werden, verändert haben? Nicht ohne Grund zögert die Praktische Theologie, ihr Verständnis und ihre Praxismodelle auf theoretische und philosophische Annahmen zu stützen, die sich nicht auch im Blick auf die Empirie bewährt haben. Solange in den Sozialwissenschaften zum Teil bezweifelt wird, daß wirklich ein postmodernes das moderne Selbst abgelöst hat, ist es ein Stück weit berechtigt, wenn die Praktische Theologie im Blick auf allzu rasche Deutungen im Sinne der Postmoderne Zurückhaltung übt.[4] Auf jeden Fall ist ein stärker empirischer und induktiver Ansatz erforderlich, wenn sich die Praktische Theologie kritisch und konstruktiv mit den Anforderungen des postmodernen Lebens auseinandersetzen soll.

In einer bestimmten Hinsicht stellt die Postmoderne aber eine spezifische Herausforderung für die Praktische Theologie dar, so daß die Postmoderne, wo sie ernstgenommen wird, zu einer höchst dringlichen Anfrage an die Praktische Theologie werden muß. Wenn es zutrifft, wie in den Lehrbüchern häufig gesagt wird, daß die Praktische Theologie als akademische Disziplin ein Kind der Moderne ist, dann stellt sich die Frage, ob die Heraufkunft der Postmoderne zugleich bedeutet, daß es für diese Art von Unternehmen nun keinen Bedarf mehr gibt. Markiert die Postmoderne, wenn sie denn existiert, das Ende der Praktischen Theologie? Oder, wenn dies nicht zutrifft, verlangt sie zumindest nach einem neuen Paradigma für die Praktische Theologie? Und wenn ja, wie kann die Praktische Theologie als Kind der Moderne im Zeitalter der Postmoderne erwachsen werden?

In der vorliegenden Untersuchung wie auch in früheren Arbeiten, auf die ich mich stütze, habe ich versucht, die beiden oben beschriebenen Fragen miteinander zu verbinden, indem ich einerseits nach Veränderungen frage, die sich im gegenwärtigen Lebenszyklus empirisch beobachten lassen, und andererseits prüfe, was diese Veränderungen für die Praktische Theologie implizieren.[5] Die Entscheidung, den Lebenszyklus ins Zentrum zu stellen, geht auf das besondere Interesse zurück, das dieser Frage für die Praktische Theologie zukommt. Und dieses besondere Interesse ist eng mit der praktischen Arbeit in Kirche und Gesellschaft verbunden, die durch die Praktische Theologie unterstützt und angeleitet werden soll. Zugleich bezieht es sich auf das Verhältnis zwischen Praktischer Theologie und Postmoderne auf theoretischer Ebene. Den Lebenszyklus zu einer zentralen Frage der Praktischen Theologie zu machen oder eine Praktische Theologie entlang den Stufen des Lebenszyklus zu entfalten kann als ein typisch moderner Ansatz betrachtet werden. Dies ist an der verbreiteten Aufmerksamkeit abzulesen, die diese Art von Praktischer Theologie in den letzten 30 oder 40 Jahren auf sich gezogen hat, vor allem im Bereich der Seelsorge, wo die Lehrbücher häufig einem solchen Ansatz folgen.[6] Die für diese Art von Praktischer Theologie leitende Perspektive beruht auf dem modernen Verständnis des individuellen Lebens als einer der Theologie vorgegebenen Voraussetzung. Genauer gesagt ist es das Leben des autonomen Individuums, das – dieser Auffassung zufolge – den Horizont bestimmt, den die moderne Praktische Theologie als ihren Ausgangspunkt akzeptieren muß.[7] Folglich kann uns eine Betrachtung des Verhältnisses zwischen den Veränderungen des Lebenszyklus einerseits und der Praktischen Theologie andererseits dazu verhelfen, ein besseres Verständnis der Herausforderungen für eine Praktische Theologie in der Postmoderne zu gewinnen.

Die Konzentration auf Veränderungen des Lebenszyklus geht weiterhin zurück auf das Bemühen um eine induktive Annäherung an die Frage der Postmoderne. Wie bereits in Kapitel 1 deutlich gemacht, darf ein solcher induktiver Ansatz allerdings nicht naiv verstanden werden, weil es nicht möglich ist, Erscheinungen wie die Postmoderne in ausschließlich empirischer Art und Weise zu erfassen. In der gesamten Untersuchung waren wir auf Begriffe und Kategorien aus der philosophischen und theoretisch-sozialwissenschaftlichen Diskussion angewiesen, um gegenwärtige Erfahrungen entziffern zu können. Dadurch aber, daß wir nach dem postmodernen Leben und dem postmodernen Lebenszyklus fragen und uns also nicht auf philosophische Analysen beschränken, können wir den heutigen Erfahrungen und Anliegen der Menschen wenigstens ein Stück weit näher kommen.

Wenn das Bemühen der Praktischen Theologie um die Erfahrungen der Gegenwart nicht in bloßer Anpassung enden soll und also allein mit der Frage nach *postmodernen Anforderungen an die Theologie*, dann müssen wir uns über die Kriterien für *theologische Anforderungen an das postmoderne Leben* klar werden. Die vorangehenden Kapitel enthalten bereits erste Überlegungen zu solchen Kriterien oder kritischen Perspektiven, die nun noch in einer zusammenhängenden Form darzustellen sind. In dieser Absicht werde ich eine, wie ich es nenne, Theologie des Lebenszyklus umreißen – oder, um es vorsichtiger auszudrücken: die Forderung und die Parameter für eine solche theologische Beschreibung darlegen. Ein erster Schritt in Richtung dieses Zieles besteht darin, einige zusammenfassende Beobachtungen im Blick auf die heutige Gestalt des Lebenszyklus zu formulieren.

2. Den postmodernen Lebenszyklus verstehen

Wie bereits erwähnt, sehen es manche Sozialwissenschaftler als eine offene Frage an, ob die Rede von einem postmodernen Lebenszyklus wirklich ausreichend begründet ist. Ihren Einschätzungen zufolge reicht es nicht zu, nur auf die philosophischen Begriffe der Postmoderne zu schauen und dann anzunehmen, daß das Leben oder der Lebenszyklus der Menschen sich mehr oder weniger in Übereinstimmung mit den theoretischen Annahmen zur Postmoderne verändert haben. Theoretische Erwartungen und die Realitäten des Lebens fallen nicht immer zusammen. Auch in der Postmoderne ist das Leben komplexer und vielgestaltiger, als selbst die pluralistischste Theorie anzunehmen vermag.

Da solche Warnungen vor voreiligen Annahmen hinsichtlich eines postmodernen Lebenszyklus ernst zu nehmen sind, war meine eigene Annäherung an dieses Thema bewußt induktiv gehalten – mit einer idealtypischen Beschreibung des *modernen Lebenszyklus* (der aus postmoderner Sicht als der herkömmliche Lebenszyklus anzusprechen ist) und einem Vergleich mit den Veränderungen und

Herausforderungen der *gegenwärtigen – möglicherweise postmodernen – Situation*. Diese Art von Vergleich ergibt eine Vorstellung von den empirischen Aspekten des postmodernen Lebens.

Natürlich ist es nicht möglich, die Veränderungen, die mit dem heutigen Lebenszyklus verbunden sind, hier in wenigen Sätzen noch einmal zusammenzufassen. Dies müßte darauf hinauslaufen, alles in diesem Buch Gesagte auf ein paar wenigen Seiten zu kondensieren, was zu unzulässigen Vergröberungen führen würde. Daher werde ich mich auf ein allgemeines Bild der Situation beschränken, das einige der wesentlichen Merkmale noch einmal hervorheben kann.

Das Hauptergebnis, das aus der Betrachtung der von mir als Testfälle benutzten Stufen oder Phasen des Lebenszyklus erwächst, liegt darin, daß der Lebenszyklus sich in der Tat in grundlegender Weise verändert hat. Die Veränderungen betreffen nicht nur die Erfahrungen, die den *Inhalt* der verschiedenen Stufen des Lebenszyklus ausmachen. Sie betreffen vielmehr ebenso seine *Struktur* sowie sein *Gefüge*, beispielsweise indem sie neue Stufen wie die Postadoleszenz entstehen lassen oder indem sie bereits bestehende Stufen wie im Falle eines Dritten Alters neu bestimmen. In diesem Sinne ist es gerechtfertigt, von einem postmodernen Lebenszyklus zu sprechen, um diesen so von seinem modernen Gegenstück, wie es etwa von Psychologen wie Erik Erikson beschrieben wird, klar zu unterscheiden. Die Veränderungen, die sich heute beobachten lassen, beeinflussen alle Stufen des Lebenszyklus. Auch wenn wir noch immer von Kindheit, Jugendalter, Erwachsenenalter oder Hohem Alter sprechen können, haben diese Stufen doch allesamt eine deutlich andere Bedeutung angenommen. Gleichzeitig liegt es auf der Hand, daß sich neue und zusätzliche Perioden des Lebenszyklus herausgebildet haben und daß sie nach Anerkennung in ihrem Eigenrecht verlangen: Postadoleszenz, Krisen der Lebensmitte sowie die verschiedenen Abschnitte des Hohen Alters, um nur die wichtigsten Beispiele zu nennen. Und sei es hinsichtlich der neuen Bedeutung herkömmlicher Bezeichnungen oder im Blick auf die Herausbildung neuer Stufen des Lebenszyklus: Es läßt sich kaum übersehen, daß wir tatsächlich vor Veränderungen des Lebenszyklus stehen, die sich mit dem herkömmlichen Verständnis schwerlich einfangen lassen. Die Vorstellung vom modernen Lebenszyklus kann zwar noch immer als eine Vergleichsmöglichkeit dienen und ist insofern aufschlußreich, aber sie kann nicht mehr als zureichende Darstellung heutiger Erfahrungen gelten. Und noch weniger kann sie uns eine normative Vorstellung bieten, die in den Krisen des gegenwärtigen Lebens tragfähig ist.

Alle Stufen des Lebenszyklus, die wir betrachtet haben, verändern sich nicht nur graduell. Sie haben vielmehr einen Teil der zentralen Merkmale verloren, durch die sie in der Vergangenheit definiert waren:

- Die *Kindheit* ist nicht mehr die vergleichsweise ruhige Zeit der Stabilität, die im Rahmen einer verläßlichen, auf Dauer angelegten Familie zu erfahren und zu genießen wäre. Die Veränderungen der Familie haben die Kindheit statt dessen zu einer Zeit mit zahlreichen Übergängen und neuen Belastungen, die schon früh und immer wieder neu eintreten, werden lassen. Im wörtlichen wie im übertragenen Sinne bedeutet Kindsein nicht mehr das Leben in der Sicherheit eines Zuhause, auf das man immer zurückschauen wird, um den wahren Grund der eigenen Identität zu finden.
- In ähnlicher Weise hat das *Jugendalter* seine herkömmliche Bedeutung eingebüßt. Es ist nicht mehr die Zeit, in der man eine das ganze Leben bestimmende Verpflichtung auf eine klar umrissene bzw. zumindest stabile Identität oder eine Weltanschauung entwickelt und übernimmt, die dem Leben einen tiefsitzenden Richtungssinn verleihen kann. Vielfach sind solche herkömmlichen Festlegungen durch die Erfahrung eines pluralen Selbst und des Lebens mit pluralen Identitäten abgelöst worden. Pluralität ist zum unausweichlichen Horizont der heutigen Adoleszenz geworden.
- Darüber hinaus grenzt die Adoleszenz nicht mehr an das Erwachsenenalter, sondern an die *Postadoleszenz* als eine neue Stufe des Lebenszyklus. Der Übergang zwischen Adoleszenz und Erwachsenenalter ist zu einem langgestreckten Zeitabschnitt geworden, mit wichtigen Implikationen für die Glaubensentwicklung und für das Problem religiöser Bindung und Entfremdung.
- Selbst das *Erwachsenenalter*, das früher – sogar in der modernen Psychologie – als die längste, beständigste und stabilste Periode

im Lebenszyklus erschien, ist heute in Frage gestellt. Keines der modernen Kriterien des Erwachsenseins versteht sich mehr von selbst. Weder Autonomie noch Rationalität oder zunehmender Erfolg sind noch als zutreffende Beschreibungen des Erwachsenseins akzeptabel. Zugleich bedrohen globale ökonomische Entwicklungen sowie die Medien in noch weiterreichender Weise bereits den Status des Erwachsenseins als solchen, indem sie keine finanzielle Unabhängigkeit mehr zulassen oder indem sie den Wert traditionellen Wissens neu bestimmen, das dann nicht mehr als Privileg des Erwachsenenalters angesehen werden kann.

- Das *Hohe Alter* hat sich ebenfalls zutiefst verändert. Angesichts der Veränderungen im späten Erwachsenenalter und im Hohen Alter macht es keinen Sinn mehr, dabei nur an die Zeit von Senilität und Abhängigkeit zu denken, die fast unvermeidlich am Ende des Lebens eintreten. Vorstellungen von einem Dritten Alter mit neuen Potentialen und neuen attraktiven Möglichkeiten zeigen an, wie stark sich das heutige Verständnis der Lebenszeit nach der Pensionierung von den Sichtweisen vor nur 20 oder 30 Jahren unterscheiden kann. Die Bedürfnisse von Menschen im Dritten Alter beziehen sich nicht mehr einfach auf Unterstützung oder Versorgung. Statt dessen gibt es beispielsweise den Wunsch nach Möglichkeiten, einen Teil dessen zu realisieren, was das Leben zu einer früheren Zeit nicht zuließ.

Angesichts solcher Veränderungen, die von den zahlreichen Einzeluntersuchungen, die wir in früheren Kapiteln aufgenommen haben, eindrücklich belegt werden, läßt sich eine zumindest klarere Antwort auf die Frage nach dem postmodernen Lebenszyklus geben. Es trifft offenbar zu, daß wir vor weitreichenden Veränderungen im menschlichen Lebenszyklus stehen. Und da es sich dabei um Veränderungen handelt, die so deutlich von den mit der Vorstellung vom modernen Lebenszyklus verbundenen Erwartungen abweichen, erscheint es auch begründet, von einem *post*modernen Lebenszyklus zu sprechen. Bei dieser Feststellung sollten allerdings die Einwände gegen manche Auffassungen von Postmoderne ebenfalls nicht übergangen werden. Einer der Haupteinwände betrifft die Kennzeichnung der Postmoderne allein durch das, was im Übergang von der

Moderne verloren geht. Besonders in Theologie und Kirche wird häufig der Verlust eines einheitsstiftenden Norm- oder Wertezentrums beklagt und wird der Zusammenbruch der »großen Erzählungen« als Bedrohung für die Verkündigung des Evangeliums angesehen. Es gibt aber keinen Grund dafür, die Gegenwart nur als eine Zeit des Verlustes wahrzunehmen, sei es im Blick auf den einzelnen Menschen oder in Bezug auf Kirche und Theologie. In vieler Hinsicht stehen Kirche und Theologie vor neuen Herausforderungen. Der postmoderne Lebenszyklus ist gewiß nicht einfach besser als seine Vorgänger. Und doch schließt die Postmoderne neue Chancen und Potentiale für das menschliche Leben ein, sofern dieses Leben jetzt von den einengenden Erwartungen rationaler Autonomie und fortschreitenden Erfolgs befreit werden kann.

In diesem Zusammenhang kann die alternative Terminologie, die von Beobachtern wie Anthony Giddens und Ulrich Beck anstelle des Begriffs der Postmoderne vorgeschlagen wird, nützlich sein.[8] Demnach sollten wir von einer *zweiten Moderne* sprechen – einer Moderne, die insofern auch als *reflexive Moderne* angesprochen werden kann, als sie, trotz der Selbstbezeichnung als Moderne, ein kritisches Bewußtsein der Unzulänglichkeiten und der dunklen Seiten der Moderne einschließt. Im Unterschied zu einem Teil der postmodernen Weltanschauungen soll das kritische Bewußtsein der reflexiven Moderne aber von vornherein jede Form der depressiven Nostalgie für die angeblich besseren Zeiten von Moderne oder sogar Vormoderne verhindern. Statt dessen soll der Begriff einer »reflexiven Modernisierung« als Grundlage dafür dienen, den Fehlern der Moderne wo immer möglich zu begegnen und sie zu vermeiden – und doch zugleich beizubehalten, was an der Moderne behaltenswert ist. Vom *Lebenszyklus* im Sinne einer *reflexiven Moderne* zu sprechen würde bedeuten, bewußt an der Vorstellung eines gelingenden, guten und sinnerfüllten Lebens festzuhalten, die als normative Sicht in das moderne Verständnis des Lebenszyklus eingelassen ist. Es würde bedeuten, diese Vorstellung selbst dann nicht preiszugeben, wenn wir erkennen, daß die herkömmlichen (»modernen«) Begriffe von Identität und Autonomie höchst ambivalent und viel zu eng sind, um als Leitvorstellungen für den Lebenszyklus in der zweiten Moderne zu dienen. Diese Art und Weise, den modernen

Lebenszyklus »reflexiv« wahrzunehmen, paßt gut zu den oben entwickelten Einschätzungen des modernen Lebenszyklus. In vieler Hinsicht – sei es bei den modernen Sichtweisen der Familie oder der Kindheitsreligion, bei der adoleszenten Identitätsbildung oder bei der sogenannten Unabhängigkeit von Erwachsenen – war die Ambivalenz der modernen Erwartungen offensichtlich. Daher macht es Sinn, auch im Blick auf den Lebenszyklus von der Notwendigkeit einer »reflexiven Modernisierung« auszugehen.

Die reflexive und kritische Perspektive auf den Lebenszyklus ist auch für die Praktische Theologie von unmittelbarem Interesse. Viele, wenn nicht sogar die meisten der Veränderungen, die für den heutigen Lebenszyklus zu konstatieren sind, beziehen sich direkt oder indirekt auf Religion oder haben wenigstens religiöse Implikationen. Beginnend in der frühen Kindheit und bis hinein ins Jugend- oder Erwachsenenalter sind die grundlegenden Voraussetzungen religiöser Erziehung, Entwicklung und Bildung in Bewegung geraten. Daher ist leicht zu verstehen, warum sich viele, die mit Kindern, Jugendlichen oder Erwachsenen in der Kirche oder in den darauf bezogenen Arbeitsfeldern zu tun haben, von den weitreichenden Veränderungen der Lebensstrukturen und -orientierungen bedroht fühlen. Und so gesehen ist auch klar, daß sich die Art und Weise, wie die Menschen auf ihrem Weg durch diesen Lebenszyklus begleitet werden können, mit dem Wandel des Lebenszyklus ebenfalls ändern muß. Der postmoderne Lebenszyklus verlangt postmoderne Ansätze in der Praxis von Kirche und Religionspädagogik.

Was die Perspektive einer zweiten – reflexiven – Moderne dem hinzufügt, ist eine kritische und konstruktive Perspektive, mit der wir dieser Situation begegnen können. Statt die Verluste der Postmoderne zu beklagen und statt an ihrem pluralen Charakter zu verzweifeln, kann uns diese Perspektive dazu ermutigen, nach den *Potentialen* des postmodernen Lebenszyklus zu fragen. In meinem Verständnis besteht die Aufgabe heute darin, eine *Praktische Theologie der reflexiven Modernisierung* zu entwickeln, die gleichsam als Geburtshilfe für diese Potentiale dient und entsprechende Vermittlungsleistungen übernimmt.

Um dieses Verständnis weiter zu verdeutlichen, beschließe ich diesen Abschnitt, indem ich noch einmal auf meine Überlegungen zur Analyse der sich wandelnden Gestalt des Erwachsenenalters (in Kapitel 5) zurückgreife. Wie dort beschrieben, war die Moderne im Blick auf normative Vorstellungen vom Erwachsensein besonders produktiv. In gewisser Weise läßt sich sagen, daß die Moderne eng mit der stolzen Hoffnung der Aufklärung verbunden war, die Menschheit werde endlich ihr Erwachsenenalter und eine entsprechende Reife erreichen. Das moderne Erwachsenenalter wird dabei häufig mit Autonomie, Unabhängigkeit und Rationalität gleichgesetzt. Dieses Verständnis betrifft auch die Religion, die dann auf die Aufgabe, rationale Autonomie besonders im ethischen Bereich zu unterstützen, beschränkt wird. Darüber hinaus ist festzuhalten, daß Religion im modernen Erwachsenenalter keinen wirklichen Platz besitzt. Inzwischen ist jedoch die moderne Vorstellung vom Erwachsensein selbst in die Schußlinie der Ideologiekritik geraten. Diese Vorstellung – so heißt es jetzt – sei niemals offen gewesen für Menschen, die nicht völlig autonom, unabhängig und rational werden können. Darüber hinaus sei das moderne Verständnis von Erwachsensein nicht in der Lage, die Vielfalt des postmodernen Lebens zu erfassen, sei es im Blick auf neue Lebensstile oder neue Interessen an Religion und Spiritualität. Angesichts solcher Einwände seien die postmodernen Herausforderungen keineswegs als bloß abträglich einzuschätzen. Sie schließen vielmehr Potentiale ein, die deutlich weiterführenden Charakter haben, und sie bieten eine neue Offenheit an genau jenen Punkten, an denen der moderne Lebenszyklus mehr und mehr zu einer Belastung des Lebens geworden war.

3. Praktische Theologie zwischen Moderne und Postmoderne

Das herkömmliche bzw. um genauer zu sein: das ursprüngliche Verständnis von Praktischer Theologie als akademischer Disziplin ist eng mit der Herausbildung der Moderne im 18. Jahrhundert verbunden. Als Friedrich Schleiermacher, der häufig als Vater der Praktischen Theologie angesehen wird, und seine Zeitgenossen das Projekt der Praktischen Theologie als eines eigenen Zweigs oder einer eigenen Subdisziplin der Theologie entwickelten, standen ihnen die Herausforderungen von Moderne und Aufklärung vor Augen. Eine der wichtigsten Herausforderungen lag darin nachzuweisen, daß Religion und Kirche nicht nur ein Übrigbleibsel aus der dunklen Zeit der Vormoderne waren, sondern daß sie noch immer eine bedeutsame Rolle für die Zukunft spielen.[9] Aus diesem Grunde versucht Schleiermacher zu zeigen, daß die menschliche Existenz unvollständig wahrgenommen wird und verarmt, wenn Religion im menschlichen Leben keinen angemessenen Platz findet. Darüber hinaus schlägt er vor, die Kirche als eine Institution der religiösen Kommunikation zu verstehen, die unverzichtbar bleibt, wenn Menschen dazu befähigt werden sollen, ihre religiösen Gefühle zum Ausdruck zu bringen und durch Predigt und Lehre wiederum selbst angeregt zu werden. Bei alldem lag die größte Herausforderung in der starken Spannung zwischen der christlichen Tradition einerseits und der modernen Kultur andererseits. Aus diesem Grunde wurde die Praktische Theologie als Ort der Vermittlung eingeführt – der Vermittlung zwischen Tradition und Moderne, zwischen Religion und Rationalität sowie zwischen der Kirche und den Lebenswelten der Moderne.[10]

Da also zwischen der Moderne und der Herausbildung der Praktischen Theologie als einer neuen theologischen Disziplin ein enger Zusammenhang besteht, ist von vornherein klar, daß die Postmoderne gleichsam in sich selbst eine grundlegende Herausforderung für die Praktische Theologie darstellt. Wenn wir tatsächlich aus dem Bannkreis der Moderne herausgetreten sind – und die Veränderungen des modernen Lebenszyklus können als ein empirischer Hinweis in diesem Sinne gelesen werden –, dann ist auch die Aufgabe der Vermittlung zwischen der christlichen Tradition und der Moderne betroffen. Darin liegt der Grund, warum die Auseinandersetzung mit der Postmoderne für die Praktische Theologie so dringlich ist. Sie konfrontiert diese Disziplin nämlich mit der Frage nach ihrer zukünftigen Existenz sowie mit der Notwendigkeit, ihre Vermittlungsaufgabe neu zu bedenken.

Besteht nach dem Heraustreten aus der Moderne überhaupt noch ein Bedarf für eine Vermittlung zwischen der christlichen Tradition und heutigen Erfahrungen? M.E. kann die Antwort nur lauten: »Ja!« Die Merkmale der Postmoderne, wie sie in der Literatur beschrieben werden – Pluralisierung, Individualisierung, das Ende der »großen Erzählungen« usw. –, zeigen an, daß der Übergang zur Postmoderne bzw., um die alternative Terminologie zu benutzen: die Heraufkunft einer zweiten Moderne keineswegs eine Rückkehr der Gegenwartskultur und -gesellschaft zu der vormodernen Einheit von Christentum, Kultur und Gesellschaft bedeutet.[11] Selbst wenn die heutige Situation, wie ich unten noch zeigen möchte, eine gewisse Wiederkehr der Religion einschließt, so ist es doch nicht eine institutionalisierte Religion im Sinne der christlichen Kirche, die jetzt neue Aufmerksamkeit erfährt. Statt dessen handelt es sich um eine Spiritualität im Sinne persönlicher religiöser Interessen ohne institutionelle Bindungen. Folglich kann die zukünftige Rolle der Praktischen Theologie noch immer mit dem Begriff der Vermittlung zutreffend gefaßt werden. Was sich hingegen verändert hat, ist die Polarität, die eine theologische Vermittlung erforderlich macht, während die Aufgabe der Vermittlung als solche keineswegs überflüssig geworden ist. In meiner Sicht muß sich die Vermittlungsaufgabe jetzt auf die Spannungen beziehen, die im Übergang zwischen Moderne und Postmoderne oder zwischen erster und zweiter Moderne aufbrechen.

Dieser Auffassung zufolge bezieht sich die von der Praktischen Theologie zu leistende Vermittlung auf eine zugleich zeitliche und kulturelle Übergangssituation zwischen erster und zweiter Moderne. Genauer gesagt geht es um die konflikthafte Abfolge verschiedener Epochen oder Kulturen, und die Aufgabe der Praktischen Theologie besteht darin, die Kirche durch ihre Vermittlungsleistungen in diesem Übergang zu unterstützen und dabei zugleich der weiteren Öffentlichkeit bzw. der Gesellschaft Orientierung zu bieten. Diese Aufgabe schließt für die Praktische Theologie darüber hinaus auch eine soziale, auf Beziehungen gerichtete Dimension ein. Angesichts des Einflusses von Pluralisierung, Individualisierung, Distanz zu Institutionen usw. kann die Praktische Theologie ihre Vermittlungsaufgabe nur dadurch erfüllen, daß sie produktive Beziehungen zwischen Kirche, individueller Religion und der Öffentlichkeit möglich macht bzw. zumindest erleichtert.

Wenn wir, um konkreter zu werden, noch einmal die sich wandelnden Stufen des Lebenszyklus, wie sie oben beschrieben wurden, aufnehmen, so ist es m.E. ganz offensichtlich, daß sich das Interesse der Praktischen Theologie bei ihrer Vermittlungsaufgabe darauf beziehen muß, was wir als die Potentiale der Postmoderne im Gegenüber zu den Einengungen des modernen Lebenszyklus bezeichnet haben. Ebenso deutlich ist aber, daß keineswegs alles, was sich selbst als postmodern versteht, deshalb auch akzeptiert und ohne kritische Erörterung empfohlen werden kann. Statt dessen bedarf es einer sorgfältigen und kritischen Auseinandersetzung mit den verschiedenen Veränderungen zwischen Moderne und Postmoderne, um so allererst zu klären, was wirklich ein Potential darstellt und was eher als abträglich bezeichnet werden muß. Um es in einem Satz zusammenzufassen: Unterstützung für aussichtsreiche postmoderne Entwicklungen, zugleich aber auch kritischer Widerstand gegenüber alldem, was zwar postmodern, aber dennoch nicht akzeptabel ist – darin besteht die inhaltliche Aufgabe der Praktischen Theologie bei der Vermittlung zwischen erster und zweiter Moderne.

In einem weiteren Schritt muß diese allgemeine Aussage auf religiöse Zusammenhänge bezogen werden – besonders auf das Verhältnis zwischen Kirche, individueller Religion und Öffentlichkeit.[12] Dabei begegnen wir erneut einer ambivalenten Situation. Die Moderne hat eine Trennung zwischen verschiedenen Bereichen von Religion mit sich gebracht. Die Öffentlichkeit wurde nun als säkular angesehen bzw., falls sie mit Religion in Verbindung gebracht wurde, als Feld der Zivilreligion. Die Religion des einzelnen Menschen hingegen wurde auf den Privatbereich beschränkt (religiöse Privatisierung). In der Folge bildet die Distanz zwischen Kirche, Religion in der Öffentlichkeit sowie individueller Religion nicht nur ein empirisches Faktum, sondern wird darüber hinaus durch rechtliche und politische Prinzipien auf Dauer festgeschrieben. Dieser Auffassung zufolge muß die Öffentlichkeit säkular sein, die einzelnen Menschen müssen ihre religiösen »Präferenzen« für sich selbst behalten, wenn sie sich in der Öffentlichkeit bewegen, und die Kirche darf sich nicht einfallen lassen, an diese so klar gezogenen Grenzen rühren zu wollen.

Aus sozialwissenschaftlichen und theologischen Analysen geht hervor, daß die Beziehungen zwischen Kirche, individueller Religion und Öffentlichkeit in der Postmoderne Veränderungen erfahren. Es gibt offenbar neue Chancen dafür, daß Religion auch im öffentlichen Leben wieder eine größere Rolle spielen kann, beispielsweise in Gestalt verschiedener politischer Bewegungen, die aus religiösen Motiven heraus entstanden sind.[13] Zugleich ist nur schwer zu sehen, wie Religion tatsächlich eine öffentliche Rolle spielen soll, solange sie größtenteils in einer individualisierten und privatisierten Gestalt verbleibt. Auch die Position der Kirche wird geschwächt, wenn immer weniger Menschen eine Verbindung zwischen ihrem persönlichen Glauben und den Lehren der Kirche wahrnehmen. Die Vermittlungsaufgabe der Praktischen Theologie erwächst daher zugleich von der Kirche wie von der Öffentlichkeit her. Wenn die Praktische Theologie – gleichsam durch eine Art Geburtshilfe, wie ich es genannt habe – die religiösen Potentiale der zweiten Moderne unterstützen möchte, muß sie zwischen Kirche, individueller Religion und der Öffentlichkeit vermitteln.

In diesem Falle bedeutet Vermittlung den Aufbau von Beziehungen sowie die Sorge dafür, daß Menschen Gehör finden. Wenn sich Theologie und Kirche auf den postmodernen Lebenszyklus einlassen, zeigen sie eine neue Bereitschaft, auf die einzelnen Menschen zu hören und sich für deren Lebenserfahrungen zu öffnen. Dies kann als ein erster Schritt in Richtung engerer Beziehungen zwischen der Kirche und den einzelnen Menschen angesehen werden. Der nächste Schritt muß in der Entwicklung weiterer Strategien und Angebote liegen – sei es in Predigt oder Unterricht, Liturgie oder Seelsorge – Angebote, die deutlich auf die Bedürfnisse von Menschen bezogen sind, die ihren Weg durch den postmodernen Lebenszyklus finden müssen.

In gewisser Hinsicht bezeichnete die Vermittlung zwischen der Kirche und den einzelnen Menschen schon immer die Aufgabe der Praktischen Theologie. Insofern begegnen wir hier keiner grundsätzlich neuen Situation. Das zweite Spannungsverhältnis hingegen – das Spannungsverhältnis zwischen Kirche und öffentlichem Leben oder zwischen individueller Religion und Öffentlichkeit – hat in der Vergangenheit weit weniger Aufmerksamkeit erfahren. Und doch ist die Aufgabe auch in dieser Hinsicht deutlich: Wenn die Kirche eine stärkere Rolle im öffentlichen Leben spielen soll, muß sie eine *öffentliche Gemeinschaft* werden – eine Gemeinschaft, die auf überzeugende Weise zweierlei miteinander verbindet: einerseits die Fähigkeit, gemeinsame Bindungen, wie sie aus einem *bestimmten* Glauben und einem *bestimmten* Ethos erwachsen, zu bilden, sowie andererseits eine *universelle* Verantwortung für das gemeinsame Wohl aller Bürgerinnen und Bürger sowie darüber hinaus auch der Menschheit insgesamt.

Um es in knappster Form zusammenzufassen: In der sozialen Dimension schließt die Aufgabe der Praktischen Theologie den dreifachen Schwerpunkt bei Kirche, individueller Religion und Öffentlichkeit ein wie auch die Hinwendung zu den dynamischen Beziehungen zwischen allen drei Bereichen. In meinem Verständnis muß die Praktische Theologie daher als theologische Disziplin einen theoretischen Horizont ausbilden, der weit über die herkömmlichen Definitionen hinausreicht, sofern diese die Praktische Theologie allein auf pastorale Tätigkeit innerhalb der Kirche beziehen. Ein kirchlicher Schwerpunkt der Praktischen Theologie kann durchaus bejaht werden, weil religiöse Institutionen notwendig bleiben. Wir müssen jedoch die Praktische Theologie so weit ausspannen, daß sie zugleich auf das Leben der einzelnen Menschen und die Rolle der Religion in der Öffentlichkeit bezogen ist.[14]

Wenn die Praktische Theologie dieser Aufgabe gerecht werden soll, braucht sie klare theologische Kriterien. Ohne solche Kriterien wäre sie nicht in der Lage, den Übergangsprozeß zwischen der ersten und der zweiten Moderne kritisch zu begleiten. Die erforderlichen Kriterien müssen der Vermittlungsarbeit der Praktischen Theologie im Horizont der dynamischen Beziehungen zwischen Kirche, individueller Religion und Öffentlichkeit Orientierung bieten. Um zu zeigen, was dies bedeutet, will ich mich erneut auf den Lebenszyklus beziehen, nun mit der Frage, wie eine theologische Sicht des Lebenszyklus formuliert werden kann.

Die Beziehung zwischen Praktischer Theologie und Postmoderne muß in Zukunft allerdings noch genauer bestimmt werden. Das in diesem Kapitel Ausgeführte ist keineswegs in einem erschöpfenden Sinne gemeint. Mein Schwerpunkt liegt vielmehr bei der grundsätzlichen Frage, was die Postmoderne für unser Verständnis der Aufgaben der Praktischen Theologie bedeutet. Als Ergebnis kann festgehalten werden: Die Postmoderne ist nicht das Ende der Praktischen Theologie als Vermittlung, aber sie macht es notwendig, die Formen, in denen diese Vermittlung geschehen soll, neu zu bewerten und umzugestalten.

Bedeutet dies, daß wir ein neues Paradigma für die Praktische Theologie brauchen? Der Bezug oder die Berufung auf ein »neues Paradigma« ist stets ambivalent, wenn sie der eigenen Gegenwart gelten. Wenn der Begriff des Paradigmas, so wie ihn Thomas Kuhn entwickelt hat[15], ernstgenommen wird, impliziert er ja gerade, daß diejenigen, die in einem bestimmten Paradigma arbeiten, sich dessen nicht bewußt sind. Das Paradigma entfaltet seine Wirkung gleichsam hinter ihrem Rücken. Es ist nichts, was absichtlich eingeführt werden könnte. Aus diesem Grund kommt es bei meiner Frage nach der Neuausrichtung von Praktischer Theologie nicht auf den Begriff des Paradigmas an. Ich plädiere auch nicht für einen absichtlichen Paradigmenwechsel (das wäre ein Widerspruch in sich selbst). Mein Plädoyer richtet sich vielmehr auf eine Praktische Theologie, die sich den Herausforderungen des gegenwärtigen Lebens stellt, das jedenfalls in wichtigen Hinsichten nicht mehr im herkömmlichen Sinne »modern« ist.

4. Perspektiven für eine Theologie des Lebenszyklus

Das Vorhaben in diesem letzten Abschnitt führt vor eine gewissermaßen paradoxe Aufgabe. Einerseits soll jetzt, im Interesse an den für die Praktische Theologie im Übergang zwischen Moderne und Postmoderne erforderlichen Kriterien, der Ausgangspunkt bei der Theologie liegen. Gesucht ist eine theologische Sicht des Lebenszyklus. Andererseits steht eine solche theologische Sicht gerade nicht ohne weiteres zur Verfügung. M.W. gibt es etwa aus dem Bereich der Systematischen Theologie oder der theologischen Ethik keine Darstellung, die eine »Theologie des Lebenszyklus« einschließen würde, zumindest nicht aus neuerer Zeit.[16] Natürlich gibt es Darstellungen aus der Pastoraltheologie und aus der Religionspädagogik, die sich auf Teile oder einzelne Aspekte des Lebenszyklus beziehen, vor allem im Blick auf Seelsorge und Erziehung.[17] Mit wenigen Ausnahmen – besonders hervorzuheben ist hier James Loders Darstellung zur menschlichen Entwicklung in theologischer Perspektive[18] – bieten sie jedoch keine umfassende theologische Perspektive auf den Lebenszyklus insgesamt. Und selbst Loders Ansatz, auf den ich mich im folgenden implizit stütze, legt den Schwerpunkt nicht auf den postmodernen Lebenszyklus, sondern bemüht sich um einen kritischen Dialog mit der Psychologie der menschlichen Entwicklung, ganz unabhängig von Moderne oder Postmoderne.

Angesichts der geradezu enormen Aufmerksamkeit, den der moderne Lebenszyklus in der zweiten Hälfte des 20. Jahrhunderts auf sich gezogen hat, und angesichts der Herausforderungen, die nun aus der Postmoderne erwachsen, darf wohl behauptet werden, daß die Theologie in dieser Hinsicht ihren Aufgaben nicht gerecht geworden ist. Es reicht sicher nicht mehr zu, sich hier auf theologische Lehren und Prinzipien zu stützen, solange diese nicht auf die Erfahrungen im Umkreis des postmodernen Lebenszyklus bezogen sind. Wenn Theologie Leitmodelle und Hilfestellungen für den Übergang von der ersten zur zweiten Moderne bieten soll, wird eine Theologie des Lebenszyklus zur unabdingbaren Voraussetzung – nicht zuletzt für die kritische Wahrnehmung und Vermittlung im Bereich der Praktischen Theologie.

Wie soll angesichts dieser Lage verfahren werden? Es ist deutlich, was wir brauchen, aber genau dies steht nicht zur Verfügung. Und es wird gewiß auch nicht möglich sein, die beschriebene Lücke im letzten Abschnitt dieses Buches einfach zu füllen. Der Anspruch auf ein umfassendes Modell soll hier auch nicht vertreten werden. Möglich ist hingegen die Beschreibung zentraler Gesichtspunkte oder Perspektiven, die zumindest meinem Verständnis zufolge die entscheidenden Probleme benennen, die in einer Theologie des Lebenszyklus aufzunehmen sind. Wenn die theologischen Deutungen in den früheren Kapiteln des vorliegenden Buches in dieser Absicht noch einmal zusammengestellt werden, so ergibt sich zumindest ein Anfang für eine Theologie des Lebenszyklus, der dann vielleicht auch als Gerüst für zukünftige Arbeiten dienen kann.

Die Aufgabe einer Theologie des Lebenszyklus besteht darin, eine theologische Deutung des Lebenszyklus und seiner verschiedenen Stufen zu entwickeln. Diese Deutung muß Antworten auf mindestens drei Fragen einschließen, die für Menschen auf dem Weg durch diesen Lebenszyklus wichtig werden können:

1. Welche Aspekte des *christlichen Glaubens* sind auf den verschiedenen Stufen von besonderer Bedeutung? Was sagt dieser Glaube im Blick auf die Probleme der verschiedenen Phasen des Lebenszyklus?
2. Welche *ethischen Leitlinien* bietet dieser Glaube im Blick auf verschiedene Lebensalter, Stufen oder Lebensphasen?
3. Wie ist *religiöse Kommunikation* angesichts der postmodernen Herausforderungen von Pluralisierung, Individualisierung und religiöser Privatisierung möglich?

Alle drei Fragen stehen für Perspektiven oder Anforderungen, die die Theologie gegenüber dem postmodernen Lebenszyklus erhebt. Zugleich zeigen sie an, in welchen Hinsichten die theologische Arbeit über ihr traditionelles Selbstverständnis hinausgehen muß, wenn sie sich mit dem postmodernen Leben auseinandersetzen will.

(1) An erster Stelle nehme ich die Perspektive des *Glaubens* auf. Wie bezieht sich das christliche Glaubensverständnis auf den postmodernen Lebenszyklus? Ein entscheidender Fortschritt, der von der Praktischen Theologie in der zweiten Hälfte des 20. Jahrhunderts erzielt wurde, besteht in der Identifikation von Bildern und Geschichten, die eine besondere Nähe zu den spezifischen Erfahrungen verschiedener Stufen des Lebenszyklus aufweisen. Solche theologischen Korrelationen stützen sich vor allem auf Eriksons Modell, was darauf hinweist, daß sie sich auf den *modernen Lebenszyklus* beziehen. Wenn wir die verschiedenen Modelle aus Praktischer Theologie und Religionspädagogik zusammenführen und eine zusammenfassende Darstellung versuchen, gelangen wir zu einer korrelativen Übersicht, die in etwa so aussieht:[19]

Psychosoziale Krisen (nach E. H. Erikson)	religiöse Symbole
1 Grundvertrauen gegen Grundmißtrauen	das Numinose (Gott, Muttergottheiten), das (verlorene) Paradies und die Hoffnung auf das Reich Gottes
2 Autonomie gegen Scham u. Zweifel	Gut u. Böse, Gnade, Gehorsam u. Exodus, Symbole des Essens u. Trinkens
3 Initiative gegen Schuldgefühl	liebender u. strafender Vater Vatergottheit Sünde u. Erlösung, Umkehr
4 Werksinn gegen Minderwertigkeitsgeühl	Beruf(ung), Schöpfungsauftrag, Werke
5 Identität gegen Identitätskonfusion	Glaube, gemeinsame Überzeugungen, der (im Leiden) solidarische Gott, Entfremdung u. Erlösung
6 Intimität gegen Isolierung	Gemeinschaft, christologische Themen
7 Generativität gegen Stagnation	Schöpfung, Beruf(ung), Fürsorge für das Kommende
8 Integrität gegen Verzweiflung u. Ekel	das Heilige, die letzten Dinge

Bei genauerer Betrachtung dieser Überblicksdarstellung ist zu erkennen, daß sie – wie bereits angedeutet – den *modernen* Lebenszyklus voraussetzt, nicht nur weil sie Eriksons Stufen als Ausgangspunkt wählt, sondern auch weil die Konflikte und Ambivalenzen fehlen, die mit der Postmoderne verbunden sind. Und Ähnliches ist im Blick auf die neuen Potentiale zu sagen, die die Postmoderne meiner eigenen Analyse zufolge in sich schließt. Dies heißt nicht, daß die korrelativen Ansätze, auf die sich die Darstellung bezieht, insgesamt ihren Wert verloren hätten. Wie vielfach deutlich geworden ist, heben die Veränderungen in unserer gegenwärtigen Lebenssituation die mit dem modernen Lebenszyklus verbundenen Erwartungen nicht einfach auf. Es kann jedoch kein Zweifel daran bestehen, daß die herkömmlichen (modernen) Krisen des Lebenszyklus die Erfahrungen heutiger Menschen nicht mehr zureichend erfassen. Folglich besteht die Aufgabe einer Theologie des modernen Lebenszyklus darin, solche Korrelationen im Lichte der gegenwärtigen Veränderungen des Lebenszyklus neu zu fassen.

Die Aufgabe, korrelative Bezüge so auszuarbeiten, daß sie den postmodernen Erfahrungen gerecht werden, ist allerdings komplex und anspruchsvoll. Es ist wohl noch zu früh, sie in ein neues Schema zu gießen. Sinnvoll bleibt es jedoch, die Prinzipien für die Konstruktion postmoderner Korrelationen anzugeben, was sich im Rückblick auf die verschiedenen Kapitel des vorliegenden Buches auch erreichen läßt. Dabei können Beispiele benannt werden, in deren Zusammenhang religiöse oder christliche Symbole heute wichtig werden könnten. Zugunsten einer vereinfachten Darstellung werde ich mich dabei auf Kindheit, Jugendalter und Erwachsenenalter beschränken.

Kindheit: Die bei den *modernen* Korrelationen vorgeschlagenen Symbole zielen häufig auf die Erfahrung eines gesicherten Aufwachsens mit Mutter und Vater, einer Erziehung mit klaren und anspruchsvollen Erwartungen und Normen sowie auf die Auseinandersetzung mit der manchmal überwältigenden Autorität der Erwachsenen. Was weniger im Blick zu sein scheint, ist die Erfahrung des Aufwachsens mit nur einem Elternteil, die Abwesenheit des Vaters auch in einem Haushalt mit zwei Eltern, das Fehlen klarer Erwartungen sowie die Verletzlichkeit von Eltern oder Erziehungspersonen, die nicht mehr eindeutig zu sagen vermögen, auf welche Autorität sie sich noch stützen können. *Postmoderne* Erfahrungen führen deutlich zu einer ganzen Reihe von Krisen, die sich von den im Modell des modernen Lebenszyklus genannten unterscheiden. Andere Probleme werden wichtig, etwa Probleme des Vertrauens gegenüber Eltern, die sich nicht als vertrauenswürdig erweisen, die Erfahrung von Verlust und Verlassensein oder Bedürfnisse nach Hoffnung und Orientierung. Diese Themen sind in der christlichen Tradition ebenfalls zu finden, aber die entsprechenden Symbole und Geschichten müssen jetzt neu ausgewählt und in Korrelation zu den Konflikten präsentiert werden, die wir als typisch für die heutige Kindheit identifiziert haben.

Das Symbol des guten Hirten (Lk 15, 1-7) beispielsweise bleibt sicherlich wichtig, aber es kann zugleich für diejenigen, die niemals entsprechende Erfahrungen mit ihren Eltern machen konnten, die neue Bedeutung etwa eines Kontrastbildes annehmen. Oder, um ein weiteres Beispiel zu nennen: Die Geschichte von Jona, der auf einer Reise verloren geht und der gleichsam eine Zeit im Niemandsland überleben muß, wird für Kinder attraktiv bleiben, die selber das Gefühl haben, daß sie irgendwo auf dem Weg ihrer Familie verloren gegangen sind – aber solche Erfahrungen müssen nun eigens berücksichtigt werden.

Eine weitere Gruppe von Problemen hat mit der Spannung zwischen Zugehörigkeit und Offenheit zu tun, die in Kapitel 2 beschrieben wurde. Wenn ein Pluralismus von Religionen und Weltanschauungen für zahlreiche Kinder von früh auf zu einer Realität geworden ist, brauchen sie Symbole und Geschichten, die sie bei der Auseinandersetzung mit ihren möglicherweise desorientierenden Erfahrungen unterstützen können. Auch in dieser Hinsicht werden also neue Akzente bedeutsam.

Adoleszenz: Die Krisen und Konflikte in der *modernen* Darstellung spiegeln vielfach Erfahrungen von Unterdrückung und Befreiung, d.h. eines Selbst, das sich gegen übermächtige soziale Erwartungen behaupten und von vorbestimmten sozialen Rollen lösen soll. Probleme von Unterdrückung und Befreiung bleiben zwar auch weiterhin bedeutsam, aber die spezifisch *postmoderne* Erfahrung von Pluralisierung und Individualisierung fehlt bei dieser modernen Sicht. Die Herausforderungen des pluralen Selbst und pluraler Identitäten, wie sie in Kapitel 3 beschrieben wurden, schließen etwa Erfahrungen der Unvollständigkeit und der Diskontinuität ein. Angesichts der Gefahr der Fragmentierung, die solche Erfahrungen mit sich führen, kann die positive Annahme des fragmentarischen Charakters des menschlichen Selbst als Ausdruck menschlicher Endlichkeit jungen Menschen ein neues und ermutigendes Gefühl des Selbstseins geben. Dies trifft besonders dann zu, wenn die Annahme der eigenen Grenzen nicht nur auf Resignation oder Frustration mit sich selbst zurückzuführen ist, sondern wenn sie auf die Erfahrung von Gottes Liebe und auf das von Gott Angenommensein antwortet, das nicht auf persönlichen Leistungen beruht. Aus diesem Grund habe ich auf die entscheidende Bedeutung des Rechtfertigungsglaubens verwiesen, der genau dies impliziert – daß das menschliche Selbst nicht eine Leistung ist, sondern an erster Stelle ein Geschenk Gottes. Und die Einsicht in den zutiefst relationalen Charakter der menschlichen Existenz, die dieser Glaube impliziert, kann jungen Menschen dabei helfen, die heute so weit verbreiteten individualistischen Sichtweisen zu überwinden und eine Orientierung gegenüber dem Relativismus zu finden, der bei individualistischen Auffassungen häufig mitschwingt.

Erwachsenenalter: An dieser Stelle unterscheide ich bewußt nicht zwischen dem (sogenannten eigentlichen) Erwachsenenalter und dem Hohen Alter. Diese Unterscheidung, auf der die *moderne* Darstellung beruht, hat sich selbst als fragwürdig und ideologisch erwiesen, weil sie den Status des wirklich Erwachsenseins auf diejenigen beschränkt, die im Vollbesitz von Autonomie und Unabhängigkeit sind. Diese Tendenz geht einher mit der Verbindung des Erwachsenenalters mit auf bezahlter Arbeit beruhenden Symbolen wie Beruf einerseits und des Hohen Alters mit den »letzten Dingen« andererseits. Die *postmoderne* Erfahrung fordert uns – so ist besonders in den Kapiteln 5 und 6 deutlich geworden – dazu heraus, solche Erwartungen gründlich zu überdenken und auf diese Weise Raum zu schaffen für ein neues Verständnis des Erwachsenenalters wie auch des Hohen Alters.

Für die Lebenszeit, die als (eigentliches) Erwachsenenalter angesprochen zu werden pflegt, brauchen wir Symbole, die alternative Vorstellungen von Reife unterstützen und die Aspekte wie Abhängigkeit und die Bezogenheit auf andere mit dem Erwachsensein versöhnen. Ähnliches gilt im Blick auf Schwäche sowie emotionale oder spielerische Einstellungen. Anders gesagt: Wenn sich unser Verständnis des Erwachsenseins erweitern soll, müssen Erfahrungen und Eigenschaften, die von der Moderne ausgeschlossen oder als kindisch unterdrückt worden sind, neu gewürdigt werden.

Etwas anders verhält es sich mit dem, was ich im Anschluß an Peter Laslett in Kapitel 6 als das Dritte Alter bezeichnet habe und was herkömmlicherweise als das späte Erwachsenenalter angesehen wurde. In diesem Falle muß der Nachdruck auf Symbolen und solchen Menschen als Vorbildern liegen, die, obwohl sie das Jugendalter längst hinter sich hatten, doch den Mut und die Energie fanden, noch einmal etwas Neues anzufangen. Die biblischen Archetypen dafür sind sicher Abraham und Mose, wie er den Exodus anführt, aber zu denken ist auch an Frauen wie Miriam (Ex 15,20), deren

Bedeutsamkeit erst in der jüngeren Vergangenheit neu entdeckt worden ist.

Über die unterschiedliche Bedeutung des Glaubens in verschiedenen postmodernen Lebenszusammenhängen wäre im einzelnen natürlich noch weit mehr zu sagen. Die Prinzipien, die zu einer umfassenderen Darstellung führen könnten, sind jedoch klar. Wir brauchen religiöse oder christliche Symbole, die 1. zu postmodernen Erfahrungen sprechen, die 2. kritische Leitlinien im Gegenüber zu Agnostizismus und Relativismus bieten und die 3. das Bemühen stützen, die neuen, in der postmodernen Situation enthaltenen Möglichkeiten auch wirklich zu nutzen. Auf diese Weise wird der Versuch, die christliche Tradition und Erfahrungen der Gegenwart miteinander zu korrelieren, so zur Geltung gebracht, daß die Praktische Theologie – im Sinne einer »Geburtshilfe« – ihre Vermittlungsleistungen erbringen kann.

So wichtig die korrelative Aufgabe für die Zukunft der Praktischen Theologie aber auch sein wird, wir müssen doch noch einen Schritt weiter gehen. Die Idee der Korrelation von christlicher Tradition und heutiger Erfahrungen des Lebenszyklus impliziert nämlich eine Voraussetzung, die in der Postmoderne keineswegs mehr selbstverständlich ist. Diese Voraussetzung bezieht sich auf die grundlegende Frage, *warum* eigentlich überhaupt über solche Korrelationen nachgedacht werden sollte. Wenn die Postmoderne das Ende aller »großen Erzählungen« bedeutet, dann könnte dies ja einschließen, daß eine theologische Perspektive auf den Lebenszyklus überhaupt nicht mehr erforderlich ist.

An dieser Stelle muß eine Theologie des Lebenszyklus über individuelle Korrelationen hinausgehen und sich auf der Ebene einer Fundamentalanthropologie ausweisen. Anders gesagt, muß eine Theologie des Lebenszyklus zeigen, daß die Frage des Glaubens tatsächlich in den Lebenszyklus als solchen eingelassen ist und deshalb keineswegs von der Erfahrung der Moderne abhängt. Geboren werden und sterben, Vertrauen und Angst, Autonomie und Abhängigkeit, Identität und die Zurückweisung oder Verneinung des Selbst – solche Erfahrungen haben einen potentiell religiösen Charakter. Sie schließen eine tiefe Sehnsucht nach letzten Antworten in sich – eine

Sehnsucht, die offenbar nicht nur von der Theologie behauptet wird, sondern die in der Erfahrung vieler Menschen aufscheint. Die Postmoderne mag das Ende der »großen Erzählungen« sein, aber sie bedeutet nicht das Ende aller Fragen des Glaubens, wie sie aus dem Lebenszyklus erwachsen.

Zusammenfassend kann im Blick auf die erste Aufgabe einer Theologie des Lebenszyklus die Unterscheidung zwischen zwei Aspekten festgehalten werden: Dabei geht es zum einen um die Korrelation im Sinne eines Dialogs zwischen der christlichen Tradition und den Erfahrungen des postmodernen Lebens, zum anderen um den auf der Ebene der Fundamentalanthropologie zu führenden Nachweis, daß und wie Glaube und Lebenszyklus auch jenseits der Moderne zusammengehören.

(2) Die zweite Aufgabe einer Theologie des Lebenszyklus bezieht sich auf die Perspektive der *christlichen Ethik*. Diese Perspektive schließt wiederum zwei verschiedene Aspekte oder Ebenen ein: die Ebene eines *verantwortlichen persönlichen Lebens* und die Ebene einer *Verantwortung für den Lebenszyklus*.

Verantwortliches persönliches Leben: Diese Ebene bezieht sich auf die Frage, wie der einzelne Mensch leben und handeln soll. Soweit die christliche Ethik oder die Praktische Theologie diese Frage aufgenommen haben, ging es ihnen um moralische Leitlinien für den Weg durch den Lebenszyklus sowie im Blick auf die Tugenden, die im persönlichen Leben hilfreich und wichtig sein können. Aufs Ganze gesehen wurde allerdings in jüngerer Zeit nicht allzu häufig der Versuch gemacht, die Perspektive der christlichen Ethik in einer umfassenden Weise auf die verschiedenen Stufen des Lebenszyklus zu beziehen. Deshalb müssen wir, zum letzten Mal in diesem Buch, auf Erik Erikson zu sprechen kommen, dessen Darstellungen zum modernen Lebenszyklus auch wichtige ethische Aspekte einschließen.

Erikson bezieht sich auf ethische Aspekte häufig im Rahmen seiner Deutung des Lebenszyklus und der Entwicklungsaufgaben, die darin beschlossen sind. Den verschiedenen Stufen des Lebenszyklus werden sogenannte »Grundtugenden« zugeordnet.[20] Wenn wir seine

Beschreibungen zusammenfassen, gelangen wir zu folgendem Überblick:

Stufen des Lebenszyklus	Tugenden
Säuglingsalter	Hoffnung
Frühe Kindheit	Wille
Spielalter	Zielstrebigkeit
Schulalter	Tüchtigkeit
Adoleszenz	Treue
Frühes Erwachsenenalter	Liebe
Erwachsenenalter	Fürsorge
Hohes Alter	Weisheit

Es ist wichtig, sich klarzumachen, daß viele dieser Tugenden ursprünglich aus der christlichen Tradition kommen oder zumindest in einem christlichen Sinne interpretiert werden können. Dies gilt besonders für die Tugenden der *Hoffnung* und der *Treue* (fidelity), aber es kann auch im Blick auf *Liebe, Fürsorge* und *Weisheit* gesagt werden. Deshalb stellt die von Erikson vorgeschlagene Korrelation zwischen Tugenden und Stufen des Lebenszyklus einen wertvollen Beitrag zu einer Theologie des Lebenszyklus dar.

Ebenso deutlich ist allerdings auch, daß wir über Eriksons moderne Darstellung hinausgehen müssen, wenn wir dem postmodernen Lebenszyklus gerecht werden wollen. Wenn wir uns Eriksons Terminologie der Tugenden zu eigen machen, müssen wir deshalb neue Tugenden hinzufügen, die auf die Herausforderungen des postmodernen Lebens zugeschnitten sind. Beispielsweise ist in Eriksons Zuordnung kein Platz vorgesehen für Tugenden wie kritische Wahrnehmung in Bezug auf Pluralismus oder für die dialogischen und beziehungsorientierten Fähigkeiten, die als Gegengewicht zum Individualismus eine Rolle spielen können. In diesem Zusammenhang ist auch daran zu erinnern, daß die Tugend der Verantwortung in der feministischen Psychologie zu Recht neue Aufmerksamkeit erfahren hat.[21] Solche Beispiele verweisen auf die Notwendigkeit, die ethischen Aufgaben, die mit dem individuellen Leben unter den Voraussetzungen der Postmoderne verbunden sind, neu zu bedenken und zu bestimmen. Nach wie vor gibt es einen Bedarf für Leitbilder und Tugenden, daran hat sich in der Postmoderne nichts geändert. Die ethischen Herausforderungen reichen jedoch weiter, und deshalb muß eine christliche Ethik des Lebenszyklus eine zweite Ebene in den Blick nehmen – ethische Fragen nicht nur *innerhalb* des Lebenszyklus, sondern Verantwortung *für* den Lebenszyklus selbst.

Verantwortung für den Lebenszyklus: Ausgangspunkt für die Annahme einer Verantwortung für den Lebenszyklus ist die Einsicht, die im vorliegenden Buch wiederholt vor Augen getreten ist, daß nämlich der Lebenszyklus – jeder Lebenszyklus, sei er postmodern oder nicht – keineswegs eine naturgegebene Voraussetzung darstellt. Wie mehrfach gezeigt, hängt die Gestalt des Lebenszyklus vielmehr zutiefst von den Einflüssen der Kultur und Gesellschaft ab. Wenn dies zutrifft, kann der Lebenszyklus selbst als ein Bereich der ethischen Verantwortung angesehen werden – und in meiner Sicht ist dies heute unausweichlich. Weil der Lebenszyklus keine anthropologische Konstante ist, die sich niemals verändert, sind wir selbst dafür verantwortlich, welche Gestalt der Lebenszyklus annimmt und welche Strukturen wir ihm geben.

Auf den ersten Blick mag es nicht ohne weiteres einleuchten, diese Art der Verantwortung als Schlüsselaufgabe der christlichen Ethik anzusprechen. In der Moderne schien es im Verhältnis zwischen Theologie und einer Psychologie des Lebenszyklus vor allem darum zu gehen, wie Theologie und Kirche für die verschiedenen Lebensalter und Stufen des menschlichen Lebenszyklus sensibler werden können. Und wie viele andere moderne Themen hat auch diese Frage ihre Bedeutung heute nicht einfach verloren. Es kommt noch immer entscheidend darauf an, daß beispielsweise Religionspädagoginnen und -pädagogen lernen, Kinder mit ihren eigenen Weltzugängen wirklich zu verstehen. Zugleich macht uns der postmoderne Lebenszyklus aber auch schmerzhaft bewußt, wie flexibel und wie kontingent die Lebensalter und Stufen des Lebenszyklus tatsächlich sind. Die heutige Kindheit und die Kindheit unserer Großeltern weisen nur wenig Gemeinsamkeiten auf, und das Leben unserer Kinder wird sich aller Wahrscheinlichkeit nach erneut stark von unserem eigenen unterscheiden. Aus diesem Grunde stellt der postmoderne Lebenszyklus die Theologie vor zusätzliche Herausforderungen – die Verantwortung für die Gestalt des Lebenszyklus selber. Was bedeutet dies?

Um es noch einmal zu sagen: Der Prozeß, in dem sich der Lebenszyklus verändert, ist keine natürliche Gegebenheit. Er ist vielmehr das Ergebnis sozialer, politischer und kultureller Wandlungen, und dies schließt ein, daß es auch um Entscheidungen geht – Entscheidungen, die auf verschiedenen Ebenen gefällt werden und die zusammen zu den Veränderungen des Lebenszyklus führen. Zu denken ist dabei zunächst an die Entscheidungen einzelner Menschen, die im Blick auf Lebensstile oder Karrieren eine Wahl treffen. Weiterhin ist auf die Entscheidungen von Kirchen zu verweisen, die etwa im Blick auf die Unterstützung von Familien bestimmte Strategien entwickeln (oder eben auch nicht). Und nicht zuletzt sind die Entscheidungen der Politik ins Auge zu fassen, die die sozialen und wirtschaftlichen Parameter des Lebenszyklus in der gesamten Gesellschaft betreffen.

Alle diese Entscheidungen sind im Spiel, wenn uns als Resultat die gegebene »natürliche« Gestalt und Struktur des Lebenszyklus vor Augen treten. Die theologisch-ethische Herausforderung, vor die uns diese Einsicht stellt, besteht darin, wie solche Entscheidungen in verantwortlicher Weise und in Übereinstimmung mit einem ethisch reflektierten Verständnis von Person und Gesellschaft getroffen werden können. Anders ausgedrückt eröffnen die neue Flexibilität und Pluriformität auch neue Möglichkeiten für eine bewußtere Gestaltung des Lebenszyklus bzw., um es bescheidener auszudrücken: sie führen uns vor Augen, wie unterschiedliche Entscheidungen ganz unvermeidlich die Gestalt des Lebenszyklus beeinflussen.

Angesichts dieser Situation müssen sich Theologie und Kirche zwingend darüber klar werden, welche Gestalt von Kindheit, Jugend- und Erwachsenenalter usw. aus ihrer Perspektive als förderlich und menschlich bejaht werden kann. Aus diesem Grunde wird die Ausarbeitung einer Theologie des Lebenszyklus immer wichtiger, nicht nur für eine verantwortliche Lebensführung innerhalb des Lebenszyklus, sondern auch für eine ethisch-reflektierte Verantwortung für die zukünftige Gestalt des Lebenszyklus.

(3) Die dritte Frage für eine Theologie des Lebenszyklus – die Frage der *religiösen Kommunikation* – stellt sich etwas anders dar als die ersten beiden Fragen. Sie mag darüber hinaus auch als weniger naheliegend erscheinen. Warum stellt sich im vorliegenden Zusammenhang die Frage nach religiöser Kommunikation?

Wieder sind wir mit einer spezifischen Herausforderung des postmodernen Lebens konfrontiert. In der Postmoderne wird religiöse Kommunikation extrem schwierig und diffus. Dies ist auf die beiden miteinander verbundenen Prozesse der Pluralisierung und der Individualisierung von Religion zurückzuführen, die zumindest in extremen Fällen bedeuten, daß nicht einmal mehr eine Sprache zur Verfügung steht, die für Zwecke der religiösen Kommunikation geeignet wäre. Wenn alles von früh auf dem Individuum überlassen bleibt, haben Kinder oder Jugendliche kaum eine Chance, eine solche Sprache zu erwerben. Glaube oder Religion erscheint dann als eine reine Privatangelegenheit, die sich allein auf innere Gefühle bezieht, die nicht mit anderen geteilt werden können. Und selbst dort, wo dies nicht der Fall ist und wo eine solche Sprache durch Erziehung, Bildung und Religionsunterricht noch immer erworben werden kann, wird der religiöse Diskurs in der Öffentlichkeit schwierig, weil religiöse Sprachformen, sobald Religion zur reinen Privatangelegenheit erklärt wird, als stets begrenzt auf eine bestimmte Religionsgemeinschaft angesehen werden. Und in der Tat: Herkömmlicherweise sind die Formen der christlichen Sprache nur selten für Zwecke des öffentlichen Dialogs über religiöse Fragen entwickelt worden. Darin liegt einer der Gründe, warum solche Fragen so häufig von der Öffentlichkeit ausgeschlossen bleiben. Religion kann zwar noch immer mit Hilfe rechtlicher oder politischer Begriffe angesprochen oder aus der Perspektive der Sozialwissenschaften thematisiert werden – aber in allen diesen Fällen geht es um einen öffentlichen Dialog *über* Religion, nicht aber um einen *religiösen* Dialog, bei dem unterschiedliche Glaubensweisen in authentischer Weise zum Ausdruck kommen.

In meinem Verständnis ist diese Lage in mehreren Hinsichten problematisch. Erstens hat es nachteilige Folgen, wenn eine ganze Dimension des menschlichen Lebens – die religiöse Dimension des Lebenszyklus – keinen Zugang zur menschlichen Kommunikation findet. Zweitens ist es für die Gesellschaft abträglich, wenn Fragen letzter Sinngebung nicht auch öffentlich erörtert werden können. Und drittens ist es eine Belastung für die Arbeit der Kirche, wenn die öffentliche Kommunikation über Glaube und Religion schwierig wird, was dann im übrigen sogar die begrenzte Öffentlichkeit einer einzelnen Gemeinde einschließt. Folglich muß sich eine Theologie des Lebenszyklus der Aufgabe annehmen, Modelle für die religiöse Kommunikation zu entwickeln – Modelle, die sowohl innerhalb der Kirche als auch in einer weiteren Öffentlichkeit genutzt werden können.

Warum müssen solche Modelle im Kontext des Lebenszyklus entwickelt werden? In meiner Sicht sprechen dafür zumindest zwei gewichtige Gründe. Der erste Grund hat wiederum mit den pädagogischen und entwicklungsbezogenen Voraussetzungen der religiösen Kommunikation zu tun. Diese Art der Kommunikation setzt nämlich bestimmte Fähigkeiten voraus: die Vertrautheit mit einer angemessenen Sprache; das Vermögen, den eigenen Glauben so zum Ausdruck zu bringen und so darzustellen, daß andere, die ihn nicht teilen, es verstehen können; die Perspektive des anderen einnehmen usw. Solche Fähigkeiten müssen jeweils zur rechten Zeit im Leben entwickelt und erworben werden, und deshalb sollte eine Theologie des Lebenszyklus über die dialogischen und kommunikativen Lernaufgaben in Bezug auf die Stufen des Lebenszyklus Auskunft geben können.

Der zweite Grund, warum die Perspektive der religiösen Kommunikation zu einer Theologie des Lebenszyklus hinzugehört, hat mit den Herausforderungen der Postmoderne zu tun. In dem Maße, in dem die postmoderne Pluralisierung zu religiösem Individualismus und religiöser Privatisierung führt, müssen Theologie und Kirche ein starkes Interesse daran haben, solchen Tendenzen entgegenzuwirken. Seinem ganzen Charakter nach kann der christliche Glaube nicht auf eine individualistische Privatangelegenheit reduziert werden. Er bezieht sich zwar auf jeden einzelnen Menschen in seinem Eigenrecht, das diesem Glauben zufolge zutiefst respektiert werden muß, aber genau dies läßt sich nur so erreichen, daß für diesen Glauben zugleich eine öffentliche Rolle in der Gesellschaft in Anspruch genommen wird. Eine Theologie des Lebenszyklus zu entwickeln bedeutet nicht, daß sich die Theologie auf individuelle oder persönliche Anliegen beschränken sollte oder könnte. Eine solche Theologie ist vielmehr selbst eine für die Öffentlichkeit bedeutsame und wichtige Angelegenheit, besonders unter den Voraussetzungen der Postmoderne.

Glaube, christliche Ethik und religiöse Kommunikation verweisen damit auf drei Richtungen, in denen die Perspektive einer Theologie des Lebenszyklus im einzelnen weiterverfolgt werden sollte. Von vornherein steht dabei fest, daß es heute um eine Theologie des *postmodernen* Lebenszyklus gehen muß – als eine Theologie für die Gegenwart. Und es muß eine Theologie sein, die beidem gerecht werden kann – dem postmodernen Leben mit seinen Anforderungen an Theologie und Kirche, aber auch der christlichen Überlieferung mit ihren Anforderungen an das Leben in der Postmoderne.

Rückblick und Ausblick: Noch immer ein Lebenszyklus?

Am Ende des Buches möchte ich zu einer Frage zurückkehren, die uns schon in der Einleitung begegnet ist und auf die mit Recht eine noch ausdrücklichere und klarere Antwort erwartet werden kann, als ich sie bislang gegeben habe. Im Titel des Buches ist vom »postmodernen Lebenszyklus« die Rede. Der Schwerpunkt meiner Darstellung lag bei den zahlreichen Veränderungen der verschiedenen Stufen des modernen Lebenszyklus – von Kindheit und Jugendalter, aber auch des Erwachsenenalters und bis hin zum Hohen Alter. Begegnet sind uns weitreichende Transformationen, die das herkömmliche Verständnis solcher Lebensalter oder Stufen nicht unberührt lassen können. Deutlich geworden ist darüber hinaus, daß sich neue Stufen herausgebildet haben, etwa die Postadoleszenz zwischen Jugend- und Erwachsenenalter oder das Dritte Alter zwischen dem modernen Erwachsenenalter und dem Hohen Alter. Führt all dies nun am Ende zu dem Schluß, daß wir die gesamte Vorstellung eines Lebenszyklus aufgeben sollten, um sie durch ein Symbol der Diskontinuität und Pluriformität zu ersetzen?

Angesichts der beschriebenen empirischen Belege ließe sich diese Folgerung vielleicht rechtfertigen. Ehe wir uns diese Auffassung jedoch zu eigen machen und ehe wir die Postmoderne als das Ende des Lebenszyklus ausrufen, müssen weitere Frage bedacht werden, um voreilige Schlußfolgerungen zu vermeiden, die auf unzutreffenden Annahmen im Blick auf frühere Zeiten beruhen. Trifft es wirklich zu, daß die Moderne die Erfahrung einer kontinuierlichen und sinnerfüllten Form des Lebens geboten hat oder zumindest bieten konnte? Schenkte die Moderne den Menschen tatsächlich die Möglichkeit, Ganzheit und Vollendung zu erreichen? Wo solche Fragen ernsthaft gestellt werden, liegt die Antwort fast auf der Hand: Ganz allgemein hat sich die Einsicht durchgesetzt, daß die Moderne alles andere war als eine ideale Zeit für Erfahrungen sinnerfüllter Ganzheit und Vollendung. Von Anfang an blieb in der Moderne vielen Menschen die Möglichkeit verschlossen, die oben beschriebenen hohen Ideale des Erwachsenseins mit realistischen Aussichten anzustreben oder sie wirklich zu erreichen. Autonomie, Rationalität, finanzielle Unabhängigkeit, berufliche Karriere und beruflicher Erfolg – darin lag für viele Menschen eben keine echte Perspektive, weil ihnen die persönlichen Fähigkeiten oder die für einen solchen Lebensweg erforderlichen sozialen und finanziellen Ressourcen abgingen. Darüber hinaus erfahren wir beispielsweise aus der Literatur des 20. Jahrhunderts, wie weit die Erfahrungen der Menschen von den Idealen von Ganzheit, Vollendung und eines sinnerfüllten Lebens entfernt waren. Man muß nur an die berühmten Romanfiguren denken, die von drohender Absurdität geradezu besessen waren und die in den Romanen zahlreicher Autorinnen und Autoren des 20. Jahrhunderts so eindrücklich beschrieben werden – von Franz Kafka bis hin zu Jean-Paul Sartre oder von Hermann Hesse bis hin zu Douglas Coupland. In den meisten Fällen scheitert das Leben dieser Figuren – am Ende bleibt ein Trümmerhaufen. Wenn überhaupt, dann ist es die Vorstellung von Fragmenten, die zu ihrem Leben paßt, niemals aber das Bild einer abgerundeten Gestalt (»Zyklus«). Aufs Ganze gesehen läßt sich wohl sagen, daß Ganzheit und Vollendung in der Moderne ebenso seltene Ausnahmen darstellen, wie dies ganz offenbar auch für die Postmoderne zutrifft. Analysen und Deutungen der Postmoderne fallen im Blick auf diese Erfahrung des Fragmentarischen deutlicher aus, aber dies bedeutet nicht, daß sich die Dinge im Blick auf die Erfahrungen – eben daß das eigene Leben den Erwartungen von Ganzheit und Vollendung nicht gerecht wird – wirklich verändert hätten.

Was ist aus dieser Beobachtung zu schließen? Was bedeutet es für die Vorstellung des Lebenszyklus, wenn diese in der Moderne den Erfahrungen der Menschen keineswegs weniger fern stand, als dies für die Postmoderne gilt? In dieser Situation erscheinen zwei – eher widersprüchliche – Folgerungen plausibel:

– Der ersten Folgerung gemäß könnten wir sagen, daß uns die Postmoderne endlich bewußtmacht, was schon immer der Fall war: Sie führt die hoch ideologischen und entstellenden Folgen der Ideale und Vorstellungen vor Augen, die von Gesellschaft oder Religion dem Leben auferlegt werden. Bereits im ersten Kapitel hatten wir Gelegenheit, verschiedene Vorstellungen von Familie zu betrachten, die in diesem Sinne so gedeutet werden können, daß die Gesellschaft bestimmte Modelle des Familienlebens normativ bevorzugt oder sogar vorschreibt und dann dafür sorgt, daß sich die Menschen diesen Erwartungen anpassen. Weitere Beispiele (in Kapitel 5) betrafen die moderne Sicht des Erwachsenen als eines autonomen, rationalen und unabhängigen Individuums oder (in Kapitel 6) als eines senilen Menschen im Hohen Alter. In solchen Fällen ist postmoderne Ideologiekritik treffend und hilfreich. Ideologische Verzerrungen im herkömmlichen Modell des Lebenszyklus müssen offengelegt und überwunden werden. Diese Art der kritischen Analyse ist als wichtiger Schritt hin zu menschlicheren Formen des Lebens zu begrüßen. In dem Maße, in dem entstellende Ideale hinterfragt werden, können die Realitäten des Lebens eher akzeptiert werden und müssen sich nicht mehr im Namen des gesellschaftlich Akzeptablen verstekken. Dies soll als eine mit der Postmoderne verbundene Befreiungserfahrung eigens hervorgehoben werden. Und soweit sich die Vorstellung eines Lebenszyklus auf solche verfehlten Ideale stützt, muß diese Vorstellung selbst hinterfragt und kritisiert werden. Ein kritischer Umgang mit dem Modell des Lebenszyklus bleibt deshalb auch in Zukunft wichtig.

- Zweitens: Was kommt nach der Kritik an den vorhandenen Modellen des Lebenszyklus? Können wir wirklich ohne eine Vorstellung von Ganzheit und Vollendung leben? Würde dies nicht bedeuten, daß wir uns selbst vorbehaltlos allen nicht vorhersehbaren Schwankungen im Sinne postmoderner Flexibilität und Diskontinuität ausliefern? In den Kapiteln dieses Buches ist deutlich geworden, daß ein solches Leben nicht mit den Auffassungen der christlichen Anthropologie und Ethik übereinstimmt. An diesem Punkt kommt eine zweite mögliche Reaktion auf die Einsicht in den nicht-realen Charakter des Lebenszyklus ins Spiel: Der Lebenszyklus kann als eine Vision oder eine Sehnsucht verstanden werden, deren Sinn nicht einfach daran zu messen ist, ob sie den Realitäten des Lebens zu einer bestimmten Zeit entspricht. Die Vision oder Idealvorstellung des Lebenszyklus ist von modernen Erfahrungen ebensoweit entfernt wie von postmodernen Erfahrungen. In beiden Fällen bleibt die Realität des menschlichen Lebens hinter dem visionär Erhofften zurück. Hoffnungen dürfen aber nicht einfach schon deshalb abgelehnt werden, weil sie mit der Realität nicht übereinstimmen – zumindest dann nicht, wenn sie die bleibende menschliche Sehnsucht nach einem sinnerfüllten Leben zum Ausdruck bringen, das zumindest ein Stück weit zu Ganzheit und Vollendung gelangt. Eine solche Kritik ist nur insoweit berechtigt, als das Ideal des Lebenszyklus das Leben selbst unterdrückt, beispielsweise indem es Menschen mit Karriere- und Erfolgserwartungen belastet. In sich selbst jedoch können Ideale oder Visionen niemals auf Grund ihrer Distanz zur Realität kritisiert oder gar widerlegt werden. Sonst könnten sie auch niemals die Aufgabe übernehmen, die Wirklichkeit herauszufordern und die Hoffnung auf ein besseres Leben oder eine veränderte Wirklichkeit wachzuhalten.

Wenn wir den Lebenszyklus als eine solche Vision verstehen, die unsere Hoffnungen auf eine bessere Wirklichkeit am Leben erhält, wird erneut klar, wie wichtig es ist, diese Vision aus der Perspektive einer Theologie des Lebenszyklus zu betrachten. Wenn es zutrifft, daß uns der Lebenszyklus vor allem mit Idealbildern, Sehnsüchten und normativen Visionen konfrontiert, dann steht eine theologische Betrachtung dem Lebenszyklus nicht fremd oder äußerlich gegenüber. Es geht keineswegs um eine theologische Einmischung in den Bereich der Sozialwissenschaften oder der Psychologie. Eine Theologie des Lebenszyklus bewegt sich vielmehr insofern auf derselben Ebene wie diese nicht-theologischen Disziplinen, als in allen Fällen normative Erwartungen und Ideale zur Diskussion stehen.

Den Lebenszyklus als Vision und als Leitbild zu verstehen bedeutet letztlich aber auch nicht, daß die Unterschiede zwischen Moderne und Postmoderne nun keine Rolle mehr spielen sollten. Während es zutrifft, daß das Modell des Lebenszyklus niemals einer Wirklichkeit im empirischen Sinne entsprach, und während es ebenfalls richtig ist, daß Visionen ihrer ganzen Natur nach über die Wirklichkeit hinausweisen, rufen Moderne und Postmoderne doch ihre jeweils spezifischen Spannungen und Widersprüche hervor. Aus diesem Grund brauchen wir nicht nur eine Theologie des Lebenszyklus, sondern eine *Theologie des postmodernen Lebenszyklus.*

Anmerkungen

Einleitung

1. Um nur einige ihrer Veröffentlichungen zu nennen: *R.R. Osmer*, A Teachable Spirit: Recovering the Teaching Office in the Church, Louisville 1990, *D.S. Browning*, Generative Man: Psychoanalytic Perspectives, New York 1975, A Fundamental Practical Theology: Descriptive and Strategic Proposals, Minneapolis 1991, *J.W. Fowler*, Weaving the New Creation: Stages of Faith and the Public Church, San Francisco 1991, Faithful Change: The Personal and Public Challenges of Postmodern Life, Nashville 1996. In diesen Zusammenhang gehört auch als gemeinsame Publikation *R.R. Osmer/F. Schweitzer*, Religious Education between Modernization and Globalization: New Perspectives on the United States and Germany, Grand Rapids 2003.
2. Drei Kapitel des vorliegenden Buches gehen auf frühere Veröffentlichungen zurück, die für das Buch jedoch überarbeitet und erheblich erweitert worden sind, vgl. Religious Affiliation and Disaffiliation in Late Adolescence and Early Adulthood: The Impact of a Neglected Period of Life. In: *L.J. Francis/Y.J. Katz* (Hg.), Joining and Leaving Religion: Research Perspectives, Leominster 2000, 87-101, Church, Individual Religion, Public Responsibility: Images of Faith between Modern and Postmodern Adulthood. In: Princeton Seminary Bulletin 21 (2000), 287-300, Practical Theology and Postmodern Life. Do We Need a New Paradigm? In: International Journal of Practical Theology 5 (2001), 169-183.

Kapitel 1
Religiöse Anforderungen des postmodernen Lebens: Herausforderungen für die Praktische Theologie

1. Vgl. *J.-F. Lyotard*, Das postmoderne Wissen. Ein Bericht, Bremen 1982.
2. *Deutsches Jugendinstitut* (Hg.), Was für Kinder. Aufwachsen in Deutschland. Ein Handbuch, München 1993, 62-72.
3. Im vorliegenden Sinne wurde dieser Begriff von Vertretern der Systemtheorie eingeführt, vgl. *N. Luhmann/K.-E. Schorr*, Reflexionsprobleme im Erziehungssystem, Stuttgart 1979, 277ff., besonders im Zusammenhang der modernen Erziehung.
4. Vgl. *U. Beck*, Risikogesellschaft. Auf dem Weg in eine andere Moderne, Frankfurt/M. 1986.
5. Vgl. z.B. *W. Helsper*, Das »postmoderne Selbst« – ein neuer Subjekt- und Ju-

gend-Mythos? Reflexionen anhand religiöser jugendlicher Orientierungen. In: *H. Keupp/R. Höfer* (Hg.), Identitätsarbeit heute. Klassische und aktuelle Perspektiven der Identitätsforschung, Frankfurt/M. 1997, 174-206.

6. *E. Beck-Gernsheim*, Was kommt nach der Familie? Einblicke in neue Lebensformen, München 1998, 17.
7. *H. Cox*, Stadt ohne Gott, Stuttgart 1966.
8. *H. Cox*, Religion in the Secular City: Toward a Postmodern Theology, New York 1984.
9. Zur Diskussion vgl. *P.L. Berger* (Hg.), The Desecularization of the World: Resurgent Religion and World Politics, Grand Rapids 1999.
10. Zur Entwicklung der Kirchenmitgliedschaft in Deutschland vgl. bes. die EKD-Kirchenmitgliedschaftsuntersuchungen, zuletzt *K. Engelhardt u.a.* (Hg.), Fremde Heimat Kirche. Die dritte EKD-Erhebung über Kirchenmitgliedschaft, Gütersloh 1997; für die USA s. *W.C. Roof/W. McKinney*, American Mainline Religion: Its Changing Shape and Future, New Brunswick 1987, *R. Wuthnow*, The Restructuring of American Religion: Society and Faith Since World War II, Princeton 1988.
11. Als besonders eindrückliche Darstellungen vgl. *W.C. Roof*, Spiritual Marketplace: Baby Boomers and the Remaking of American Religion, Princeton/Oxford 1999, *D. Eck*, A New Religious America: How a ›Christian Country‹ Has Now Become the World's Most Religiously Diverse Nation, San Francisco 2001. Zur Situation in Deutschland s. *M. Klöcker/U. Tworuschka*, Religionen in Deutschland, Kirchen, Glaubensgemeinschaften, Sekten, München 1994.
12. *P.L. Berger*, Der Zwang zur Häresie. Religion in der pluralistischen Gesellschaft, Frankfurt/M. 1980.
13. Als hilfreiche Einführung hierzu vgl. *P.L. Berger/B. Berger/H. Kellner*, Das Unbehagen in der Modernität, Frankfurt/M. 1975.
14. *J. Casanova*, Public Religions in Modern World, Chicago/London 1994, *P. Beyer*, Religion and Globalization, London 1994, s. auch *Berger*, The Desecularization, aaO.
15. *S.P. Huntington*, Kampf der Kulturen. Die Neugestaltung der Weltpolitik im 21. Jahrhundert, München 1996.
16. *R. Robertson*, Globalization: Social Theory and Global Culture, London 1992, *P. Beyer*, aaO., *A. Giddens*, Modernity and Self-Identity: Self and Society in the Late Modern Age, Stanford 1991; als Sammelband: *P. Beyer* (Hg.), Religion im Prozeß der Globalisierung, Würzburg 2001.
17. Als hilfreiche Einführung vgl. *K. Flanagan/P.C. Jupp* (Hg.), Postmodernity, Sociology and Religion, Houndmilles 1996.
18. Als gute Zusammenfassungen vgl. *W. Welsch*, Unsere postmoderne Moderne, Weinheim 1988, *D. Harvey*, The Condition of Postmodernity. An Enquiry into the Origins of Cultural Change, Oxford 1989.
19. Zur Diskussion methodologischer Fragen vgl. *D. Tracy*, Blessed Rage for Order: The New Pluralism in Theology, Neuausgabe Chicago 1986, *D.S. Browning*

(Hg.), Practical Theology, San Francisco 1983, *ders.*, A Fundamental Practical Theology: Descriptive and Strategic Proposals, Minneapolis 1991, *F. Schweitzer/J.A. van der Ven* (Hg.), Practical Theology – International Perspectives, Frankfurt/M. 1999.

20. Um nur ein Beispiel zu nennen: *A.C. Tiselton*, Interpreting God and the Postmodern Self: On Meaning, Manipulation and Promise, Grand Rapids 1995, ist an ähnlichen Fragen interessiert wie ich selbst. Sein Vorgehen ist jedoch deutlich anders. Als Systematischer Theologe konzentriert er sich auf die philosophische und theologische Tradition, ohne besondere Bezugnahme auf das Leben oder den Lebenszyklus unserer Gegenwart als Hintergrund des von ihm diskutierten »postmodernen Selbst«.
21. Vgl. *D. Harvey*, aaO., *W. Welsch*, aaO.
22. Eine detaillierte Beschreibung der Entwicklung des Werkes von Erikson findet sich jetzt bei *L.J. Friedman*, Identity's Architect: A Biography of Erik H. Erikson, New York 1999.
23. Die aufschlußreichsten Darstellungen über Religion bei Erikson finden sich bei *J.E. Wright*, Erikson: Identity and Religion, New York 1982, *H. Zock*, A Psychology of Ultimate Concern: Erik H. Erikson's Contribution to the Psychology of Religion, Amsterdam/Atlanta 1990.
24. *R. Kegan*, In Over Our Heads: The Mental Demands of Modern Life, Cambridge/London 1994. Kegan erwähnt Religion nur ganz am Rande (S. 266ff.).

Kapitel 2
Hineingeboren in eine plurale Welt: Aufwachsen zwischen multikulturellem Reichtum und religiöser Heimatlosigkeit

1. Zum folgenden vgl. z.B. die eindrückliche Bibliographie, die in dem Band *M.J. Bunge* (Hg.), The Child in Christian Thought, Grand Rapids 2001, 490-497 zum Thema »Geschichte der Kindheit und zeitgenössische Fragen im Blick auf Kinder« zusammengestellt ist.
2. *N. Postman*, Das Verschwinden der Kindheit, Frankfurt/M. 1983.
3. Eine detaillierte Darstellung sowie Nachweise der Quellen finden sich bei *F. Schweitzer*, Die Religion des Kindes. Zur Problemgeschichte einer religionspädagogischen Grundfrage, Gütersloh 1992, 31ff.; vgl. auch die verschiedenen historischen Kapitel in *M.J. Bunge*, aaO.
4. Detaillierte Nachweise bei *F. Schweitzer*, aaO., 153ff.
5. *J.H. Pestalozzi*, Wie Gertrud ihre Kinder lehrt, ein Versuch, den Müttern Anleitung zu geben, ihre Kinder selbst zu unterrichten in Briefen von Heinrich Pestalozzi (1801), SW 13, Berlin/Leipzig 1927ff., 353.
6. *F. Schleiermacher*, Erziehungslehre, Berlin 1849, 659f.
7. *J.-J. Rousseau*, Emile oder Über die Erziehung, Paderborn u.a. [5]1981, IV. Buch.

8. Zur kritischen Diskussion (und entsprechenden Nachweisen in Freuds Werk) vgl. *F. Schweitzer*, Lebensgeschichte und Religion. Religiöse Entwicklung und Erziehung im Kindes- und Jugendalter, Gütersloh [4]1999, 61ff., *A.-M. Rizzuto*, The Birth of the Living God: A Psychoanalytic Study, Chicago/London 1979, 13-53.
9. Vgl. *E.H. Erikson*, Kindheit und Gesellschaft, Stuttgart [6]1976, *ders.*, Der junge Mann Luther. Eine psychoanalytische und historische Studie, München 1975, *ders.*, Einsicht und Verantwortung. Die Rolle des Ethischen in der Psychoanalyse, Frankfurt/M. 1971, *ders.*, Lebensgeschichte und historischer Augenblick, Frankfurt/M. 1977, *ders.*, Ghandis Wahrheit. Über die Ursprünge der militanten Gewaltlosigkeit, Frankfurt/M. [3]1984, *ders.*, Jugend und Krise. Die Psychodynamik im sozialen Wandel, Stuttgart 1981, *ders.*, Identität und Lebenszyklus. Drei Aufsätze, Frankfurt/M. 1974, *ders.*, Der vollständige Lebenszyklus, Frankfurt/M. 1988 sowie weitere Veröffentlichungen Eriksons. Aus der Sekundärliteratur vgl. *J.E. Wright*, Erikson: Identity and Religion, New York 1982, *H. Zock*, A Psychology of Ultimate Concern: Erik H. Erikson's Contribution to the Psychology of Religion, Amsterdam/Atlanta 1990.
10. *E.H. Erikson*, Der junge Mann Luther, aaO., 130.
11. Zitiert nach *K.E. Nipkow*, Bildung in einer pluralen Welt. Bd. 2: Religionspädagogik im Pluralismus, Gütersloh 1998, 145f.
12. *M. Fay*, Do Children Need Religion? How Parents Today Are Thinking About the Big Questions, New York 1993, 202.
13. Eine allgemeine Darstellung findet sich bei *A. Miller*, Du sollst nicht merken. Variationen über das Paradies-Thema, Frankfurt/M. 1981, *dies.*, Am Anfang war Erziehung, Frankfurt/M. 1980; vgl. auch *P. Greven*, Spare the Child: The Religous Roots of Punishment and the Psychological Impact of Physical Abuse, New York 1991, *D. Capps*, The Child's Song: The Religious Abuse of Children, Louisville 1995, zur Diskussion s. auch *M.J. Bunge*, Introduction. In: *dies.*, aaO., 5. Aus der deutschen Literatur vgl. *D. Scherf* (Hg.), Der liebe Gott sieht alles. Erfahrungen mit religiöser Sozialisation, Frankfurt/M. 1984, *J. Richter*, Himmel, Hölle, Fegefeuer. Versuch einer Befreiung, Reinbek 1985, *K. Frielingsdorf*, Dämonische Gottesbilder, ihre Entstehung, Entlarvung und Überwindung, Mainz 1992, *H. Jaschke*, Dunkle Gottesbilder. Therapeutische Wege der Heilung, Freiburg u.a. 1992.
14. *A. Wheelis*, The Quest for Identity, New York 1958, 51.
15. *T. Moser*, Gottesvergiftung, Frankfurt/M. 1976.
16. *M. Schaefer*, Weil ich beim Beten lügen mußte. Rekonstruktion einer verlorenen Kindheit, Stuttgart 1992, bes. 51.
17. Eine spezielle Untersuchung zu diesem Argument ist mir nicht bekannt. Aber entsprechende Argumente finden sich in der allgemeinen feministischen Literatur zur Mutterrolle, vgl. die jetzt als klassisch zu bezeichnende Darstellung bei *N. Chodorow*, The Reproduction of Mothering. Psychoanalysis and the Sociology of Gender, Berkeley 1978.

18. Die Familie selbst wird als Privatbereich angesehen. Deshalb ist über die religiöse Erziehung in der Familie nur wenig bekannt; vgl. *M. Strommen/R. Hardel*, Passing on the Faith: A Radical New Model for Youth and Family Ministry, Winona 2000, *M.N. Ebertz*, »Heilige Familie« – ein Auslaufmodell? Religiöse Kompetenz der Familien in soziologischer Sicht. In: *A. Biesinger/H. Bendel* (Hg.), Gottesbeziehung in der Familie. Familienkatechetische Orientierungen von der Kindertaufe bis ins Jugendalter, Ostfildern 2000, 16-43.
19. Empirische Befunde zu den religiösen Orientierungen heutiger Eltern in Deutschland finden sich bei *M.N. Ebertz*, aaO., für die USA vgl. *W-C. Roof*, A Generation of Seekers: The Spiritual Journeys of the Baby Boom Generation, San Francisco 1993, *ders.*, Spiritual Marketplace: Baby Boomers and the Remaking of American Religion, Princeton 1999.
20. Vgl. die Angaben in Anm. 13.
21. *D. Coupland*, Life After God, London 1995, 178, 161
22. Besonders in den USA nimmt die Zahl von Eheschließungen zwischen Angehörigen verschiedener Religionsgemeinschaften stark zu. 1995 spricht *L.A. Sousa*, Interfaith Marriage and the Individual and Family Life Cycle. In: Family Therapy 22 (1995), 97-104, 97 von 375000 Eheschließungen dieser Art, wobei es sich in den meisten Fällen um Angehörige von Judentum und Christentum handelt. In Deutschland sind die Zahlen natürlich weit geringer, doch zeichnen sich ähnliche Tendenzen ab, vgl. *R. Froese*, Zwei Religionen – eine Familie: Das Gottesverständnis und die religiöse Praxis von Kindern in christlich-muslimischen Familien, Diss. Tübingen (Publikation in Vorbereitung).
23. In einem Interview mit dem New York Times Magazin vom Mai 1998 sagte H. Cox: »Wir haben jetzt eine Stufe in der Beziehung zwischen Juden und Christen erreicht, auf der ein Kind als Teil beider Traditionen aufwachsen kann, ohne gegen eine von ihnen zu verstoßen. Er wird jüdisch erzogen und wird danach den ›christlichen Zusatz‹ zu der jüdischen Geschichte erhalten«; zitiert nach *M. Fay*, aaO., 198.
24. *M. Fay*, aaO., 196.
25. Hingewiesen sei beispielsweise auf Veröffentlichungen von Theologen wie J. Hicks oder P. Knitter.
26. Vgl. *R. Froese*, aaO., sowie *dies.*, »Für mich sind Muslime und Christen dasselbe…«. Junge Erwachsene aus christlich-muslimischen Familien. In: Zeitschrift für Pädagogik und Theologie 52 (2000), 171-186.
27. Für die Situation in den USA gibt das Buch *D. Browning u.a.*, From Culture Wars to Common Ground: Religion and the American Family Debate, Louisville 1997, 51-72, einen guten Überblick zu den wichtigsten Tendenzen; vgl. auch *S. Dreman* (Hg.), The Family on the Threshold of the 21st Century: Trends and Implications, Mahmah 1997, *W.C. Nichols/M.A. Pace-Nichols* (Hg.), Handbook of Family Development and Intervention, New York 2000. Für Deutschland bietet den besten Überblick auf knappem Raum *R. Nave-Herz*, Familie heute. Wandel der Familienstrukturen und Folgen für die Erziehung, Darmstadt [2]2002.

28. Dies ist die Stärke – und Schwäche – besonders der Literatur aus Großbritannien, vgl. etwa *J. Hull*, Studies in Religion and Education, London/New York 1984, *R. Jackson*, Religious Education: An Interpretive Approach, London 1997; zur amerikanischen Diskussion vgl. *N.H. Thompson* (Hg.), Religious Pluralism and Religious Education, Birmingham 1988, *B. Wilkerson* (Hg.), Multicultural Religious Education, Birmingham 1997; zur deutschen Diskussion vgl. *K.E. Nipkow*, Bildung in einer pluralen Welt. 2 Bde., Gütersloh 1998, *F. Schweitzer u. a.*, Entwurf einer pluralitätsfähigen Religionspädagogik, Freiburg/Gütersloh 2002.
29. *D. Coupland*, aaO., 5f.
30. *F. Schweitzer*, Das Recht des Kindes auf Religion. Ermutigungen für Eltern und Erzieher, Gütersloh 2000.
31. Vgl. auch *M. Bunge*, aaO.

Kapitel 3
Auf der Suche nach eigenem Glauben: Die Identität des pluralen Selbst im Jugendalter

1. Diese Vorlesungen liegen auch in veröffentlichter Form vor: Growing up Postmodern: Imitating Christ in the Age of ›Whatever‹, Princeton 1999.
2. Vgl. *F. Schweitzer*, Die Suche nach eigenem Glauben. Einführung in die Religionspädagogik des Jugendalters, Gütersloh [2]1998.
3. *J. Westerhoff*, Will Our Children Have Faith? New York 1976.
4. Die in Anm. 1 genannten Princeton-Vorlesungen sind ein gutes Beispiel dafür. Auf ähnliche Entwicklungen verweise ich in meinem Buch: Die Suche nach eigenem Glauben, aaO.
5. Vgl. *P. Ariès*, Geschichte der Kindheit, München/Wien 1975. Ariès vertritt die Auffassung, daß sich die Menschen noch im 18. Jahrhundert gar nicht vorstellen konnten, was wir heute als Jugendalter oder Adoleszenz bezeichnen; s. auch *J.F. Kett*, Rites of Passage: Adolescence in America 1790 to the Present, New York 1977, zur europäischen Erfahrung *J.R. Gillis*, Geschichte der Jugend. Tradition und Wandel im Verhältnis der Altersgruppen und Generationen in Europa von der zweiten Hälfte des 18. Jahrhunderts bis zur Gegenwart, Weinheim/Basel 1980 sowie die im folgenden genannte Literatur.
6. Die klassische Untersuchung kommt von *A. van Gennep*, Les Rites de Passage: Etude Systématique des Rites (1909), Paris 1981, für heutige Sichtweisen vgl. *G. Klosinski* (Hg.), Pubertätsriten. Äquivalente und Defizite in unserer Gesellschaft, Berlin u.a. 1991.
7. *Van Gennep*, aaO., bietet eindrückliche Beispiele für solche Riten.
8. *P. Ariès*, aaO., *J.F. Kett*, aaO., auch *M. Mitterauer*, Sozialgeschichte der Jugend, Frankfurt/M. 1986.
9. Vgl. *J.-J. Rousseau*, Emil oder Über die Erziehung, Paderborn u.a. [5]1981; das

vierte Buch ist der Adoleszenz gewidmet. Gleich zu dessen Beginn (S. 210f.) deutet Rousseau das Jugendalter als »zweite Geburt«.

10. *G.S. Hall*, Adolescence, its Psychology and its Relations to Physiology, Anthropology, Sociology, Sex, Crime, Religion and Education, New York 1905.

11. S. bes. *E.H. Erikson*, Jugend und Krise. Die Psychodynamik im sozialen Wandel, Stuttgart 1981, Der Junge Mann Luther. Eine psychoanalytische und historische Studie, Frankfurt/M. 1975. Seine früheren Veröffentlichungen hatten dafür schon den Weg bereitet, mit wichtigen Ausführungen über Identität in der Adoleszenz, vgl. sein in erster Auflage im Jahre 1950 veröffentlichtes Buch: Kindheit und Gesellschaft, Stuttgart [6]1976.

12. *J. Joyce*, Ein Porträt des Künstlers als junger Mann, Frankfurt/M. 1988, *H. Hesse*, Demian. Die Geschichte von Emil Sinclairs Jugend, Frankfurt/M. [16]1982.

13. Vgl. *D.S. Browning*, Generative Man: Psychoanalytic Perspectives, New York 1975.

14. Ein gutes Beispiel aus seinem umfangreichen Werk stellt der Artikel *T. Parsons*, Jugend im Gefüge der amerikanischen Gesellschaft. In: *ders.*, Sozialstruktur und Persönlichkeit, Frankfurt/M. 1981, 194-229, dar.

15. Vgl. bes. *M. Mitterauer*. aaO., *J.F. Kett*, aaO., auch *J. Gillis*, aaO.

16. Zur Geschichte der Konfirmation vgl. *R.R. Osmer*, Confirmation: Presbyterian Practices in Ecumenical Perspective, Louisville 1996, sowie die nach wie vor aufschlußreichen älteren Darstellungen bei *K. Frör* (Hg.), Confirmatio. Forschungen zur Geschichte und Praxis der Konfirmation, München 1959, *L. Vischer*, Die Geschichte der Konfirmation, Zollikon 1958 oder, aus neuerer Zeit, *M. Meyer-Blanck*, Wort und Antwort. Geschichte und Gestaltung der Konfirmation am Beispiel der Ev.-luth. Landeskirche Hannovers, Berlin/New York 1992.

17. Insbesondere *J.F. Kett*, aaO.

18. Vgl. u.a. *H. Küng*, Existiert Gott? Antwort auf die Gottesfrage der Neuzeit, München 1978, *W. Pannenberg*, Anthropologie in theologischer Perspektive, Göttingen 1983, *D. Capps*, Pastoral Care: A Thematic Approach, Philadelphia 1979, *H.-J. Fraas*, Glaube und Identität. Grundlegung einer Didaktik religiöser Lernprozesse, Göttingen 1983, *F. Schweitzer*, Lebensgeschichte und Religion. Religiöse Entwicklung und Erziehung im Kindes- und Jugendalter, Gütersloh [4]1999.

19. S. dazu *F. Schweitzer*, Erikson als Klassiker der Religionspädagogik? Zum 100. Geburtstag von Erik H. Erikson (12.5.2002). In: Zeitschrift für Pädagogik und Theologie 54 (2002), 311-316.

20. *E.H. Erikson*, Der junge Mann Luther, aaO., 43ff., 129ff.

21. Zum weiteren Hintergrund s. *E.H. Erikson*, Lebensgeschichte und historischer Augenblick, Frankfurt/M. 1977.

22. *E.H. Erikson*, Der junge Mann Luther, aaO., 129.

23. *E.H. Erikson*, Jugend und Krise, aaO., 34ff.

24. Ebd.

25. Vgl. *K.J. Gergen*, Saturated Self: Dilemmas of Identity in Contemporary Life, New York 1991, *H. Keupp/R. Höfer* (Hg.), Identitätsarbeit heute. Klassische und aktuelle Perspektiven der Identitätsforschung, Frankfurt/M. 1997, *H. Keupp* (Hg.), Zugänge zum Subjekt. Perspektiven einer reflexiven Sozialpsychologie, Frankfurt/M. 1994, *A. Giddens*, Modernity and Self-Identity. Self and Society in Late Modern Age, Stanford 1991. Weitere Aspekte bei *S. Bukatman*, Terminal Identity. The Virtual Subject in Postmodern Science Fiction, Durham/London 1993, *J.S. Epstein* (Hg.), Youth Culture. Identity in a Postmodern World, Malden/Oxford 1998.

26. Diese Kritik findet sich zum Teil in den in der vorangehenden Anmerkung genannten Veröffentlichungen. Die wichtigste Kritik unter dem Aspekt des Geschlechts stammt von *C. Gilligan*, Die andere Stimme. Lebenskonflikte und Moral der Frau, München/Zürich 1984; vgl. auch *M.F. Belenky u. a.*, Women's Ways of Knowing: The Development of Self, Voice and Mind, New York 1986.

27. Solche Veränderungen habe ich ausführlich dargestellt in *F. Schweitzer*, Die Suche, aaO.

28. Schlaglichtartig beleuchtet dies: *Deutsche Shell* (Hg.), Jugend 2000. Bd. 1, Opladen 2000.

29. Aus soziologischer Perspektive diskutiert dies *W.C. Roof*, At-risk Youth. In: At-risk Youth, At-risk Church: What Jesus Christ and American Teenagers Are Saying to the Mainline Church, Princeton 1998, 86.

30. S. etwa *K.J. Gergen*, aaO., *H. Keupp*, aaO.

31. *C. Gilligan*, aaO.

32. Ebd.

33. Das Symbolbild der »Patchwork-Identitäten« findet sich besonders in den Arbeiten von *H. Keupp*, aaO.

34. Vgl. *W.C. Roof u. a.* (Hg.), The Post-War Generation and Establishment Religion: Cross-Cultural Perspectives, Boulder u.a. 1995, *U. Nembach* (Hg.), Jugend – 2000 Jahre nach Jesus. Jugend und Religion in Europa II. Bericht vom 2. Internationalen Göttinger Religionssoziologischen Symposion, Frankfurt/M. u.a. 1996, *R.J. Campiche* (Hg.), Cultures Jeunes et Religions en Europe, Paris 1997.

35. *T. Luckmann*, Bemerkungen zur Gesellschaftsstruktur, Bewußtseinsformen und Religion in der modernen Gesellschaft. In: *B. Lutz* (Hg.), Soziologie und gesellschaftliche Entwicklung. Verhandlungen des 22. Deutschen Soziologentages in Dortmund 1984, Frankfurt/M./New York 1985, 475-484.

36. Vgl. dazu meine Darstellung in *F. Schweitzer*, Die Suche nach eigenem Glauben, aaO.

37. Aus anderer Perspektive wird dies diskutiert bei *R. Osmer*, A Teachable Spirit. Recovering the Teaching Office in the Church, Louisville 1990.

38. Vgl. *U. Nembach*, aaO.; s. auch die Schweizer Studie *A. Dubach/R.J. Campiche* (Hg.), Jede(r) ein Sonderfall? Religion in der Schweiz. Ergebnisse einer Repräsentativbefragung, Zürich 1993.

39. *P. König*, Wir Vodookinder. In: *K.M. Michel/T. Spengler* (Hg.), Deutsche Jugend. Kursbuch 113, Berlin 1993, 1-6.
40. Als zusammenfassenden Überblick zur einschlägigen Literatur vgl. *F. Schweitzer*, Die Suche nach eigenem Glauben, aaO.
41. Vgl. *K.E. Nipkow*, Erwachsenwerden ohne Gott? Gotteserfahrung im Lebenslauf, München 1987, *G. Leyh*, Mit der Jugend von Gott sprechen. Gottesbilder kirchlich orientierter Jugendlicher im Horizont korrelativer Theologie, Stuttgart u.a. 1994.
42. *G. Leyh*, aaO., 42.
43. *J.W. Fowler*, Stufen des Glaubens. Die Psychologie der menschlichen Entwicklung und die Suche nach Sinn, Gütersloh 1991, zur Diskussion vgl. *K.E. Nipkow/F. Schweitzer/J.W. Fowler* (Hg.), Glaubensentwicklung und Erziehung, Gütersloh 1988, *F. Schweitzer*, Lebensgeschichte und Religion. Religiöse Entwicklung und Erziehung im Kindes- und Jugendalter, Gütersloh ^{4}1999.
44. Es sollte jedoch festgehalten werden, daß J.W. Fowlers spätere Arbeiten genau in diese Richtung weisen, vgl. seine Bücher: Weaving the New Creation: Stages of Faith and the Public Church, San Francisco 1991, Faithful Change: The Personal and Public Challenges of Postmodern Life, Nashville 1996.
45. Vgl. bes. *R. Kegan*, In Over Our Heads: The Mental Demands of Modern Life, Cambridge/London 1994.
46. Literaturhinweise im Blick auf die Postadoleszenz s.u. Kap. 4.
47. Ein eindrückliches Beispiel dafür bietet *H. Barz*, Postmoderne Religion am Beispiel der jungen Generation in den Alten Bundesländern, Opladen 1992. Diese Studie wurde bekanntlich im Auftrag der Evangelischen Jugendarbeit durchgeführt und spiegelt deren Wahrnehmungen.
48. Vgl. *F. Schweitzer*, Die Suche nach eigenem Glauben, aaO., 179ff. mit zahlreichen weiteren Literaturhinweisen, *R.R. Osmer*, Confirmation, aaO., *W.R. Meyers* (Hg.), Becoming & Belonging: A Practical Design for Confirmation, Cleveland 1993.
49. Als klassische Darstellung, die noch immer lesenswert ist, vgl. *P. Blos*, Adoleszenz. Eine psychoanalytische Interpretation, Stuttgart 1973.
50. *L.M. Brown/C. Gilligan*, Die verlorene Stimme. Wendepunkte in der Entwicklung von Mädchen und Frauen, Frankfurt/M. u.a. 1994.
51. Vgl. dazu meine Analysen *F.* Schweitzer, Die Suche, aaO., bes. 25ff. sowie die verschiedenen Arbeiten von *W.C. Roof*, bes.: A Generation of Seekers: The Spiritual Journeys of the Baby Boom Generation, San Francisco 1993.
52. Vgl. *D. Tracy*, Blessed Rage For Order: The New Pluralism in Theology, Neuausgabe Chicago/London 1996.
53. Um nur zwei Beispiele aus dem Bereich der Praktischen Theologie und Religionspädagogik zu nennen: *D.S. Browning*, A Fundamental Practical Theology: Descriptive and Strategic Proposals, Minneapolis 1991, *G. Baudler*, Korrelationsdidaktik: Leben durch Glauben erschließen. Theorie und Praxis der Korre-

lation von Glaubensüberlieferung und Lebenserfahrung auf der Grundlage von Symbolen und Sakramenten, Paderborn u. a. 1984.

54. Diese Studie ist als ganze noch nicht veröffentlicht. Vgl. jedoch *F. Schweitzer/J. Conrad*, Globalisierung, Jugend und religiöse Sozialisation. Neue Herausforderungen für die Religionspädagogik? In: Pastoraltheologie 91 (2002), 293-307.

55. Vgl. *F. Schweitzer*, Jugendkultur und Religionspädagogik. In: *P. Biehl/K. Wegenast* (Hg.), Religionspädagogik und Kultur. Beiträge zu einer religionspädagogischen Theorie kulturell vermittelter Praxis in Kirche und Gesellschaft, Neukirchen-Vluyn 2000, 165-178 (mit zahlreichen Literaturhinweisen); aus der amerikanischen Diskussion: *T. Beaudoin*, Virtual Faith: The Irreverent Ritual Quest of Generation X, San Francisco 1998.

56. Vgl. *A. Gödicke*, Evangelikalismus und Bekehrung. Qualitative Interviews mit Jugendlichen in der Schweiz. In: *B. Dressler u. a.* (Hg.), Fundamentalistische Jugendkultur, Loccum 1995, 114-131; zum weiteren Hintergrund vgl. *M.E. Marty/R.S. Appleby* (Hg.), The Fundamentalism Project. 5 Bde., Chicago/London 1991-1995, *U. Kühn u. a.* (Hg.), Christlicher Wahrheitsanspruch zwischen Fundamentalismus und Pluralität, Leipzig 1998.

57. *W. Pannenberg*, Anthropologie in theologischer Perspektive, Göttingen 1983 beschreibt dieses Verständnis im einzelnen.

58. *H. Luther*, Religion und Alltag. Bausteine zu einer Praktischen Theologie des Subjekts, Stuttgart 1992, 160-183.

59. Vgl. dazu *M. Welker*, Gottes Geist. Theologie des Heiligen Geistes, Neukirchen-Vluyn 1992, 32ff.

Kapitel 4
Religiöse Bindung und Entfremdung in der Postadoleszenz: Zum Einfluß einer vernachlässigten Lebenszeit

1. Eine der ersten Bezugnahmen auf die »Postadoleszenz« oder die »postmoderne« Jugend findet sich bei *K. Kenniston*, Young Radicals: Notes on Committed Youth, New York 1968, bes. 257ff.

2. *K. Engelhardt u. a.* (Hg.), Fremde Heimat Kirche. Die dritte EKD-Erhebung über Kirchenmitgliedschaft, Gütersloh 1997, 311.

3. Z.B. *A. Kuphal*, Abschied von der Kirche, Gelnhausen 1979, 77; *U. Müller-Weißner/R. Volz*, Kirchenaustritte aus der Evangelischen Kirche. In: *U. Müller-Weißner u. a.* (Hg.), Kirche ohne Volk. Kirchenaustritte. Interpretationen und Schlußfolgerungen, Speyer 1991, 19.

4. *W.C. Roof/W. McKinney*, American Mainline Religion: Its Changing Shape and Future, New Brunswick/London 1987, 181.

5. *Schweizerisches Pastoralsoziologisches Institut* (Hg.), Jenseits der Kirchen – Analyse und Auseinandersetzung mit einem neuen Phänomen in unserer Gesellschaft, Zürich 1998, 41.

6. *A. Feige*, Kirche auf dem Prüfstand: Die Radikalität der 18-20jährigen. Biogra-

phische und epochale Elemente im Verhältnis der Jugend zur Kirche – ein Vergleich zwischen 1972 und 1982. In: *J. Matthes* (Hg.), Kirchenmitgliedschaft im Wandel. Untersuchungen zur Realität der Volkskirche. Beiträge zur 2. EKD-Umfrage »Was wird aus der Kirche?«, Gütersloh 1990, 65-98, *K. Engelhardt u. a.*, aaO., 89ff., *J. Eiben*, Kirche und Religion – Säkularisierung als sozialistisches Erbe? In: *Jugendwerk der Deutschen Shell* (Hg.), Jugend '92. Bd. 2: Im Spiegel der Wissenschaften, Opladen 1992, 91-104, als Überblick *F. Schweitzer*, Die Suche nach eigenem Glauben. Einführung in die Religionspädagogik des Jugendalters, Gütersloh 1996.

7. Vgl. *J. Henkys/F. Schweitzer*, Atheism, Religion and Indifference in the Two Parts of Germany: Before and After 1989. In: *M. Bar-Lev/W. Shaffir* (Hg.), Leaving Religion and Religious Life, Greenwich 1997, 117-138, *D. Pollack/G. Pickel* (Hg.), Religiöser und kirchlicher Wandel in Ostdeutschland 1989-1999, Opladen 2000, s. auch *D. Pollack u. a.* (Hg.), Religiöser Wandel in den postkommunistischen Ländern Ost- und Mitteleuropas, Würzburg 1998.
8. Vgl. *K. Engelhardt u. a.*, aaO., 315, *G. Pickel*, Dimensionen religiöser Überzeugungen bei jungen Erwachsenen in den Neuen und Alten Bundesländern der Bundesrepublik Deutschland. In: Kölner Zeitschrift für Soziologie und Sozialpsychologie 47 (1995), 516-534.
9. Vgl. *M. Bar-Lev u. a.*, Culture-specific Factors Which Cause Jews in Israel To Abandon Religious Practice. In: *M. Bar-Lev/W. Shaffir*, aaO., 185-204.
10. Als besonders deutliches Beispiel vgl. *G. Schmidtchen*, Was den Deutschen heilig ist. Religiöse und politische Strömungen in der Bundesrepublik Deutschland, München 1979, 28.
11. Vgl. bes. *J. Eiben*, aaO., *G. Schmidtchen*, Ethik und Protest. Moralbilder und Wertkonflikte junger Menschen, Opladen 1993.
12. *E.H. Erikson*, Der junge Mann Luther. Eine psychoanalytische und historische Studie, Frankfurt/M. 1975.
13. Vgl. z. B. die Diskussion bei *A. Feige*, aaO.
14. *L. Kohlberg*, Die Psychologie der Moralentwicklung, Frankfurt/M. 1995.
15. Vgl. u. a. *W.G. Perry*, Forms of Intellectual and Ethical Development in the College Years: A Scheme, New York 1968, *J.W. Fowler*, Stufen des Glaubens. Die Psychologie der menschlichen Entwicklung und die Suche nach Sinn, Gütersloh 1991, *F. Oser/P. Gmünder*, Der Mensch – Stufen seiner religiösen Entwicklung. Ein strukturgenetischer Ansatz, Zürich/Köln 1984.
16. *R. Schuster* (Hg.), Was sie glauben. Texte von Jugendlichen, Stuttgart 1984, 251.
17. Vgl. *J.W. Fowler*, aaO., 201ff. mit Hinweis auf Paul Ricoeur.
18. *R. Schloz*, Das Bildungsdilemma der Kirche. In: *J. Matthes* (Hg.), Kirchenmitgliedschaft im Wandel. Untersuchungen zur Realität der Volkskirche. Beiträge zur zweiten EKD-Umfrage »Was wird aus der Kirche?«, Gütersloh 1990, 215-230; *R. Wuthnow*, The Restructuring of American Religion: Society and Faith Since World War II, Princeton 1988.
19. *F. Oser/P. Gmünder*, aaO., 201.

20. *EKD*, Der Dienst der evangelischen Kirche an der Hochschule. Eine Studie im Auftrag der Synode der EKD, Gütersloh 1991.
21. Vgl. *K. Engelhardt u. a.*, aaO., *W.C. Roof/W. McKinney*, aaO.
22. *R. Wuthnow*, aaO., *K. Gabriel*, Christentum zwischen Tradition und Postmoderne, Freiburg 1993, *W.C. Roof u. a.* (Hg.), The Post-War Generation and Establishment Religion: Cross-Cultural Perspectives, Boulder 1995.
23. *W.C. Roof*, A Generation of Seekers: The Spiritual Journeys of the Baby Boom Generation, San Francisco 1993.
24. *U. Schwab*, Familienreligiosität. Religiöse Traditionen im Prozeß der Generationen, Stuttgart u. a. 1995.
25. *J. Zinnecker/R.K. Silbereisen*, Kindheit in Deutschland. Aktueller Survey über Kinder und ihre Eltern, Weinheim/München 1996, 331ff.
26. Vgl. *G. Pickel*, aaO., 526, *J. Henkys/F. Schweitzer*, aaO.
27. *E.H. Erikson*, Jugend und Krise. Die Psychodynamik im sozialen Wandel, Stuttgart 1981, *D.J. Levinson*, Das Leben des Mannes. Werdenskrisen, Wendepunkte, Entwicklungschancen, Köln 1979, *C. Gilligan*, Die andere Stimme. Lebenskonflikte und Moral der Frau, München/Zürich 1984; für eine hilfreiche Erörterung vgl. *R.C. Aylmer*, The Launching of the Single Young Adult. In: *B. Carter/M. McGoldrick* (Hg.), The Changing Family Life Cycle: A Framework for Family Therapy. Second Edition, Boston 1989, 191-208.
28. *K. Kenniston*, aaO.
29. *J.W. Fowler*, Stufen des Glaubens, aaO., *ders.*, Becoming Adult Becoming Christian: Adult Development and Christian Faith, San Francisco 1984, *ders.*, Faith Development and Pastoral Care, Philadelphia 1987, 68-71.
30. *E.E. Whitehead/J.D. Whitehead*, Christian Life Patterns: The Psychological Challenges and Religious Invitations of Adult Life, Garden City 1979, 63-118.
31. *S. Parks*, The Critical Years: The Young Adult Search for a Faith to Live by, San Francisco 1986, XII.
32. Vgl. *S. Parks*, aaO., 133-176.
33. Einen guten Anfang bietet hier *H. Atkinson* (Hg.), Handbook of Young Adult Religious Education, Birmingham 1995, vgl. auch *N. Copray*, Jung und trotzdem erwachsen. 2 Bde. , Düsseldorf 1987/1988.
34. *R.C. Aylmer*, aaO., *E.E. Whitehead/J.D. Whitehead*, aaO.
35. *V.B. Gillespie*, The Experience of Faith, Birmingham 1988, 175ff., spricht in diesem Zusammenhang von der »Neuordnung des Glaubens«; vgl. auch *S. Parks*, aaO.

Kapitel 5
Kirche – individuelle Religion – öffentliche Verantwortung: Leitbilder zwischen modernem und postmodernem Erwachsenenalter

1. *I. Kant*, Beantwortung der Frage: »Was ist Aufklärung?« in: Werke, Bd. VI, Frankfurt/M. 1964, 51-61. Die berühmte Eröffnungspassage lautet: »*Auflä-*

rung ist der Ausgang des Menschen aus seiner selbst verschuldeten Unmündigkeit. Unmündigkeit ist das Unvermögen, sich seines Verstandes ohne Leitung eines anderen zu bedienen. *Selbstverschuldet* ist diese Unmündigkeit, wenn die Ursache derselben nicht am Mangel des Verstandes, sondern der Entschließung und des Mutes liegt, sich seiner ohne Leitung eines andern zu bedienen. Sapere aude! Habe Mut, dich deines *eigenen* Verstandes zu bedienen! ist also der Wahlspruch der Aufklärung«.

2. Vgl. die Darstellungen bei *N.J. Smelser/E.H. Erikson* (Hg.), Themes of Work and Love in Adulthood, Cambridge 1980.
3. Vgl. *E.H. Erikson*, Kindheit und Gesellschaft, Stuttgart ^{6}1976; vgl. auch die Kapitel zu Erikson in meinen Büchern: Lebensgeschichte und Religion. Religiöse Entwicklung und Erziehung im Kindes- und Jugendalter, Gütersloh ^{4}1999, Identität und Erziehung. Was kann der Identitätsbegriff für die Pädagogik leisten? Weinheim/Basel 1985.
4. *E.H. Erikson*, On the Generational Cycle: An Address. In: International Journal Psychoanalysis 61 (1980), 213-233.
5. Am deutlichsten bei *E.H. Erikson*, Der junge Mann Luther. Eine psychoanalytische und historische Studie, Frankfurt/M. 1975.
6. Vgl. *D. Rössler*, Grundriß der Praktischen Theologie, Berlin/New York 1986.
7. *D.J. Levinson*, Das Leben des Mannes. Werdenskrisen, Wendepunkte, Entwicklungschancen, Köln 1979, *ders.*, The Seasons of a Woman's Life, New York 1996.
8. *Levinson*, Das Leben, aaO., z.B. 42.
9. *W.C. Roof*, At-Risk Youth. In: At-Risk Youth, At-Risk Church: What Jesus Christ and American Teenagers are Saying to the Mainline Church. The 1997 Princeton Lectures on Youth, Church, and Culture, Princeton 1998, 86.
10. *D.S. Browning u. a.*, From Culture Wars to Common Ground: Religion and the American Family Debate, Louisville 1997, 52.
11. Vgl. *R. Nave-Herz*, Familie heute: Wandel der Familienstrukturen und Folgen für die Erziehung, Darmstadt ^{2}2002, *Deutscher Bundestag* (Hg.), Zehnter Kinder- und Jugendbericht vom 25.8.1998, Bonn 1998.
12. Vgl. etwa *E. Beck-Gernsheim*, Was kommt nach der Familie? Einblicke in neue Lebensformen, München 1998.
13. *N. Postman*, Das Verschwinden der Kindheit, Frankfurt/M. 1983.
14. Wie in Kapitel 1 erwähnt, können die Veröffentlichungen von Harvey Cox als exemplarisch für entsprechende Veränderungen in der wissenschaftlichen Sicht genannt werden. Vgl. dort auch weitere Literaturhinweise.
15. Für meine eigenen Auffassungen vgl. *W. Lück/F. Schweitzer*, Religiöse Bildung Erwachsener. Grundlagen und Impulse für die Praxis, Stuttgart u.a. 1999.
16. Vgl. *K. Engelhardt u.a.* (Hg.), Fremde Heimat Kirche. Die dritte EDK-Erhebung über Kirchenmitgliedschaft, Gütersloh 1997, *W.C. Roof/W. McKinney*, American Mainline Religion: Its Changing Shape and Future, New Brunswick/London 1987.

17. *A. Dubach/R.J. Campiche* (Hg.), Jede(r) ein Sonderfall? Religion in der Schweiz. Ergebnisse einer Repräsentativbefragung, Zürich/Basel 1993.
18. Für weitere Nachweise vgl. *W. Lück/F. Schweitzer*, aaO.
19. Vgl. *J. Casanova*, Public Religions in the Modern World, Chicago/London 1994, *P. Beyer*, Religion and Globalization, London 1994.
20. Aus dieser Diskussion vgl. *P.J. Palmer*, The Company of Strangers: Christians and the Renewal of America's Public Life, New York 1981, *J.L. Cohen/A. Arato*, Civil Society and Political Theory, London 1992, *M. Walzer* (Hg.), Toward a Global Civil Society, Providence 1995.
21. *R. Wuthnow*, Christianity and Civil Society: The Contemporary Debate, Valley Forge 1996.
22. Vgl. z.B. die Diskussionen in *F. Schweitzer/J. van der Ven* (Hg.), Practical Theology – International Perspectives, Frankfurt/M. 1999, *M. Viau/J. Poling/F. Schweitzer*, Perspectives on Practical Theologies and Methodologies. In: *P. Ballard/P. Couture* (Hg.), Globalization and Difference: Practical Theology in a World Context, Cardiff 1999, 193-212.
23. *P. Ricoeur*, Symbole des Bösen, Freiburg u.a. 1971.
24. Vgl. *F. Schleiermacher*, Die Weihnachtsfeier. Ein Gespräch, Halle 1806.
25. So bes. *H. Luther*, Religion und Alltag. Bausteine zu einer Praktischen Theologie des Subjekts, Stuttgart 1992, 160ff.
26. Vgl. *C. Gilligan*, Die andere Stimme. Lebenskonflikte und Moral der Frau, München u.a. 1984, *M.F. Belenky u.a.*, Das andere Denken. Persönlichkeit, Moral und Intellekt der Frau, Frankfurt/M. u.a. 1989.
27. Vgl. die großen Darstellungen von *W. Pannenberg*, Anthropologie in theologischer Perspektive, Göttingen 1983, *H.W. Wolff*, Anthropologie des Alten Testaments, München 1973.
28. So im Rahmen des amerikanischen Forschungs- und Entwicklungsprojekts »Family, Religion, and Culture Project«, vgl. *D.S. Browning u.a.*, aaO.
29. Ebd., 1.
30. Vgl. *A. MacIntyre*, Der Verlust der Tugend. Zur moralischen Krise der Gegenwart, Frankfurt/M. u.a. 1987, *S. Hauerwas*, A Community of Character: Toward a Constructive Christian Social Ethic, Notre Dame 1981. Eine hilfreiche Einführung bieten *M. Brumlik/H. Brunkhorst* (Hg.), Gemeinschaft und Gerechtigkeit, Frankfurt/M. 1993.
31. *J. Habermas*, Theorie des kommunikativen Handelns. 2 Bde., Frankfurt/M. 1981. Zur theologischen Diskussion vgl. *D.S. Browning/F. Schüssler Fiorenza* (Hg.), Habermas, Modernity, and Public Theology, New York 1992.
32. Zur theologischen Diskussion und entsprechenden Visionen für die Kirche vgl. *E. Herms*, Kirche für die Welt. Lage und Aufgabe der evangelischen Kirche im vereinigten Deutschland, Tübingen 1995, *M. Welker*, Kirche im Pluralismus, Gütersloh 1995, *W. Huber*, Kirche in der Zeitenwende. Gesellschaftlicher Wandel und Erneuerung der Kirche, Gütersloh 1998.
33. Vgl. über die bereits genannte Literatur hinaus *J.W. Fowler*, Weaving the New

Creation: Stages of Faith and the Public Church, San Francisco 1991, *ders.*, Faithful Change: The Personal and Public Challenges of Postmodern Life, Nashville 1996, s. auch *J.L. Seymour u.a.*, The Church in the Education of the Public Refocusing the Task of Religious Education, Nashville 1984.

Kapitel 6
Zwischen Erwachsenenalter und Hohem Alter: Die Frage eines »Dritten Alters«

1. Erik H. Erikson war einer der ersten, die sich auf dieses Feld der Entwicklungspsychologie des Erwachsenenalters vorgewagt haben, vgl. sein: Kindheit und Gesellschaft, Stuttgart ^{6}1976 (Erstveröff. 1950), bes. die darin enthaltene zukunftsweisende Darstellung zu den »acht Lebensaltern«, 241ff.
2. Eines der eindrücklichsten Beispiele hierfür ist noch immer *J.W. Fowler*, Stufen des Glaubens. Die Psychologie der menschlichen Entwicklung und die Suche nach Sinn, Gütersloh 1991.
3. Vgl. meine Bücher: Lebensgeschichte und Religion. Religiöse Entwicklung und Erziehung im Kindes- und Jugendalter, Gütersloh ^{4}1999, Die Religion des Kindes. Zur Problemgeschichte einer religionspädagogischen Grundfrage, Gütersloh 1992, Die Suche nach eigenem Glauben. Einführung in die Religionspädagogik des Jugendalters, Gütersloh ^{2}1998, *W. Lück/F. Schweitzer*, Religiöse Bildung Erwachsener. Grundlagen und Impulse für die Praxis, Stuttgart u.a. 1999.
4. *P. Laslett*, Das Dritte Alter. Historische Soziologie des Alterns, Weinheim/München 1995.
5. Vgl. etwa die Erörterung bei *M. Blasberg-Kuhnke*, Gerontologie und Praktische Theologie. Studien zu einer Neuorientierung der Altenpastoral an der psychischen und gesellschaftlichen Wirklichkeit des alten Menschen, Düsseldorf 1985, *H.* Seibert, Paradigmenwechsel in der Altenarbeit. In: *F. Barth/G. Buttler* (Hg.), Bildung und Diakonie. Festschrift für E.-L. Spitzner zum 60. Geburtstag, Darmstadt 2000, 251-264, *K.B. Lyon*, Toward a Practical Theology of Aging, Philadelphia 1985, *M.A. Kimble u.a.* (Hg.), Aging, Spirituality, and Religion: A Handbook, Minneapolis 1995.
6. Diese Sorge ist in der politischen Diskussion ebensoweit verbreitet wie in der wissenschaftlichen Literatur; als Darstellung aus jüngerer Zeit vgl. *B. Goldberg*, Age Works: What Corporate America Must Do to Survive the Graying of the Workforce, New York u.a. 2000.
7. Als Zusammenfassung vgl. *P. Laslett*, aaO., *P. Johnson/P. Thane* (Hg.), Old Age from Antiquity to Post-Modernity, London/New York 1998.
8. *E.H. Erikson*, Kindheit und Gesellschaft, aaO., 262.
9. Ebd., 263.
10. Vgl. *P. Johnson/P. Thane*, aaO., *P. Borscheid*, Der alte Mensch in der Vergangenheit. In: *P.B. Baltes u.a.* (Hg.), Alter und Altern. Ein interdisziplinärer Studientext zur Gerontologie, Berlin/New York 1994, 35-61.

11. Vgl. *G.J. Gruman*, Cultural Origins of Present-Day »Age-ism«: The Modernization of the Life Cycle. In: *S.F. Spicker u. a.* (Hg.), Aging and the Elderly: Humanistic Perspectives in Gerontology, Atlantic Highlands 1978, 359-387.
12. Vgl. *P. Laslett*, aaO., *P.B. Baltes u. a.*, aaO., *P. Johnson/P. Thane*, aaO.
13. *B. Goldberg*, aaO.
14. Vgl. *P. Laslett*, aaO.,
15. *E.H. Erikson*, Kindheit und Gesellschaft, aaO., 263.
16. *E.H. Erikson*, Jugend und Krise. Die Psychodynamik im sozialen Wandel, Stuttgart 1981, 143f.
17. Ebd., 144.
18. Vgl. *W.C. Roof/W. McKinney*, American Mainline Religion: Its Changing Shape and Future, New Brunswick 1987, Beispiele aus Deutschland bei *J. Matthes* (Hg.), Kirchenmitgliedschaft im Wandel. Untersuchungen zur Realität der Volkskirche. Beiträge zur zweiten EKD-Umfrage »Was wird aus der Kirche?«, Gütersloh 1990.
19. So bes. *M. Blasberg-Kuhnke*, aaO., *K.B. Lyon*, aaO.
20. Vgl. die Erörterung bei *M. Blasberg-Kuhnke*, aaO.
21. Einen guten Überblick über die Veränderungen im 20. Jahrhundert bietet *Deutsches Jugendinstitut* (Hg.), Wie geht's der Familie? Ein Handbuch zur Situation der Familien heute, München 1988.
22. *P. Laslett*, aaO., 35.
23. Vgl. *K.U. Mayer/P.B. Baltes* (Hg.), Die Berliner Altersstudie, Berlin 1999, s. auch *P.B. Baltes/J. Mittelstraß*, aaO.
24. Vgl. die Überblicksdarstellungen bei *M.A. Kimble u. a.* (Hg.), Aging, Spirituality, and Religion: A Handbook, Minneapolis 1995, *H.G. Koenig*, Aging and God: Spiritual Pathway to Mental Health in Midlife and Later Years, New York u. a. 1994, *M. Habersetzer*, Leben und Glauben – ein katechetischer Weg mit älteren Menschen, Würzburg 1998, *U. Moser*, Identität, Spiritualität und Lebenssinn. Grundlagen seelsorgerlicher Begleitung im Altenheim, Würzburg 2000.
25. Vgl. die Ausführungen zu Beginn dieses Kapitels.
26. *H.G. Koenig*, aaO.
27. Ebd., 284ff.
28. Auf die wichtigste Darstellung von *M. Blasberg-Kuhnke* habe ich bereits mehrfach hingewiesen.
29. Vgl. eindrucksvoll *A. Auer*, Geglücktes Altern. Eine theologisch-ethische Ermutigung, Freiburg 1995, 109.
30. Vgl. *D. Levinson*, Das Leben des Mannes. Werdenskrisen, Wendepunkte, Entwicklungschance, Köln 1979, 144ff., 453ff.
31. Die inzwischen klassische Untersuchung stammt von *P. Ariès*, Geschichte des Todes, München 1982; vgl. auch *J. Wittkowski*, Psychologie des Todes, Darmstadt 1990.
32. *E. Kübler-Ross*, Interviews mit Sterbenden, Stuttgart/Berlin 1969.

Kapitel 7
Theologische Anforderungen an das postmoderne Leben: Auf dem Weg zu einer Theologie des Lebenszyklus

1. Hauptausnahme in Deutschland war lange Zeit *A. Grözinger*, Die Kirche – ist sie noch zu retten? Anstiftungen für das Christentum in postmoderner Gesellschaft, Gütersloh 1998; einen Überblick zur deutschen Literatur bietet *W. Steck*, Praktische Theologie. Horizonte der Religion, Konturen des neuzeitlichen Christentums, Strukturen der religiösen Lebenswelt. Bd. 1, Stuttgart 2000, 209ff.
2. Vgl. *W. Brueggemann*, Texts under Negotiation: The Bible and Postmodern Imagination, Minneapolis 1993 sowie die Sammelbände: *D.R. Griffin/W.A. Beardslee/J. Holland*, Varieties of Postmodern Theology, Albany 1989, *T.W. Tilley* (Hg.), Postmodern Theologies: The Challenge of Religious Diversity, New York 1995. Um noch einige weitere Beispiele aus Deutschland zu nennen: *B. Beuscher*, Positives Paradox. Entwurf einer neostrukturalistischen Religionspädagogik, Wien 1993, *H. Kochaneck* (Hg.), Religion und Glaube in der Postmoderne, Nettetal 1996, *M. Meyer-Blanck*, Praktische Theologie und Postmoderne. Ein Dialog mit Wolfgang Welsch. In: Pastoraltheologie 85 (1996), 225-238, *J. Kunstmann*, Christentum in der Optionsgesellschaft. Postmoderne Perspektiven, Weinheim 1997.
3. *D. Harvey*, The Condition of Postmodernity: An Enquiry into the Origins of Cultural Change, Oxford 1989, *W. Welsch*, Unsere postmoderne Moderne, Weinheim 1988.
4. Vgl. *W. Helsper*, Das »postmoderne Selbst« – ein neuer Subjekt- und Jugendmythos? Reflexionen anhand religiöser jugendlicher Orientierungen. In: *H. Keupp/R. Höfer* (Hg.), Identitätsarbeit heute. Klassische und aktuelle Perspektiven der Identitätsforschung, Frankfurt/M. 1997, 174-206.
5. Vgl. als frühere Veröffentlichungen *F. Schweitzer*, Lebensgeschichte und Religion. Religiöse Entwicklung und Erziehung im Kindes- und Jugendalter, Gütersloh [4]1999, *ders.*, Die Suche nach eigenem Glauben. Einführung in die Religionspädagogik des Jugendalters, Gütersloh [2]1998, *ders.*, Das Recht des Kindes auf Religion. Ermutigungen für Eltern und Erzieher, Gütersloh 2000.
6. Vgl. *J. Scharfenberg*, Einführung in die Pastoralpsychologie, Göttingen 1985, *D. Capps*, Pastoral Care: A Thematic Approach, Philadelphia 1979, *J.J. Gleason*, Growing Up to God: Eight Steps in Religious Development, Nashville 1975.
7. Zur Diskussion vgl. *W. Gräb*, Lebensgeschichten, Lebensentwürfe, Sinndeutungen. Eine Praktische Theologie gelebter Religion, Gütersloh 1998.
8. *U. Beck/A. Giddens/S. Lash*, Reflexive Modernisierung. Eine Kontroverse, Frankfurt/M. 1996.
9. Die klarsten Ausführungen dazu finden sich in *F. Schleiermacher*, Über die Religion. Reden an die Gebildeten unter ihren Verächtern, Göttingen [6]1967; zur Praktischen Theologie bei Schleiermacher s. auch *ders.*, Kurze Darstellung des

Theologischen Studiums zum Behuf einleitender Vorlesungen, Darmstadt 1973, *ders.*, Die praktische Theologie nach den Grundsätzen der evangelischen Kirche im Zusammenhange dargestellt, Berlin 1850.

10. Zu diesem Verständnis vgl. u.a. *V. Drehsen*, Neuzeitliche Konstitutionsbedingungen der Praktischen Theologie. Aspekte der theologischen Wende zur sozialkulturellen Lebenswelt christlicher Religion. 2 Bde., Gütersloh 1988; zur gegenwärtigen Diskussion vgl. *F. Schweitzer/J.A. van der Ven* (Hg.), Practical Theology – International Perspectives, Frankfurt/M. 1999.
11. Vgl. dazu die bereits genannte Literatur zur Postmoderne, *D. Harvey*, aaO., *W. Welsch*, aaO., *U. Beck/A. Giddens/S. Lash*, aaO.
12. Eine ausführlichere Erörterung dieser verschiedenen Formen von Religion in der Neuzeit findet sich bei *D. Rössler*, Grundriß der Praktischen Theologie, Berlin/New York 1986.
13. Vgl. *J. Casanova*, Public Religions in the Modern World, Chicago/London 1994.
14. Weitere Diskussion bei *F. Schweitzer/J. van der Ven*, aaO., *D.S. Browning* (Hg.), Practical Theology, San Francisco 1982, *ders.*, A Fundamental Practical Theology: Descriptive and Strategic Proposals, Minneapolis 1991.
15. *T.S. Kuhn*, Die Struktur wissenschaftlicher Revolutionen, Frankfurt/M. 1967.
16. Als Beispiel aus der älteren Literatur vgl. *R. Guardini*, Die Lebensalter. Ihre ethische und pädagogische Bedeutung, Würzburg o.J. (1955).
17. Viele von diesen Veröffentlichungen habe ich in den bisherigen Kapiteln bereits zitiert.
18. *J.E. Loder*, The Logic of the Spirit: Human Development in Theological Perspective, San Francisco 1998.
19. Dieser Überblick ist meinem Buch: Lebensgeschichte und Religion. Religiöse Entwicklung und Erziehung im Kindes- und Jugendalter, Gütersloh [4]1999, 202 entnommen. Sie beruht auf verschiedenen korrelativen Ansätzen etwa von *J.J. Gleason*, aaO., *J. Scharfenberg*, Menschliche Reifung und christliche Symbole. In: Concilium 14 (1978), 86-92, *D. Capps*, aaO., 114, *H. Müller-Pozzi*, Gott – Erbe des verlorenen Paradieses. Ursprung und Wesen der Gottesidee im Lichte psychoanalytischer Konzepte. In: Wege zum Menschen 33 (1981), 190-203, *J.E. Wright*, Erikson: Identity and Religion, New York 1982, 160, *H.-J. Fraas*, Glaube und Identität. Grundlegung einer Didaktik religiöser Lernprozesse, Göttingen 1983, 107ff., *P. Biehl*, Symbol und Metapher auf dem Weg zu einer religionspädagogischen Theorie religiöser Sprache. In: Jahrbuch der Religionspädagogik 1 (1985), 54ff.
20. *E.H. Erikson*, Einsicht und Verantwortung. Die Rolle des Ethischen in der Psychoanalyse, Frankfurt/M. 1971, 95ff.
21. Vgl. *C. Gilligan*, Die andere Stimme. Lebenskonflikte und Moral der Frau, München/Zürich 1984.

Namenregister